Manfred und Maria Baatz

Der richtige Umgang mit dem HUND

Halten ■ Erziehen ■ Ausbilden

Vierte überarbeitete und erweiterte Auflage

BLV

Die Deutsche Bibliothek – CIP-Einheitsaufnahme

Baatz, Manfred:
Der richtige Umgang mit dem Hund: Halten,
Erziehen, Ausbilden / Manfred und Maria Baatz. –
4., überarb. u. erw. Aufl. – München; Wien; Zürich: BLV, 1994
ISBN 3-405-14731-X
NE: Baatz, Maria:

BLV Verlagsgesellschaft mbH
München Wien Zürich
80797 München

Foto Nr. 107 von Gerhard Seilmeier,
Foto Nr. 145 von Erwin Härtl
alle übrigen M. Baatz
Umschlaggestaltung: Studio Schübel
Umschlagfoto: Alfred Limbrunner
Lektorat: Gerhard Seilmeier
Herstellung: Hermann Maxant

Gesamtherstellung: Ludwig Auer GmbH, Donauwörth

Gedruckt auf chlorfrei gebleichtem Papier
Printed in Germany · ISBN 3-405-14731-X

Inhaltsverzeichnis

Vorwort

»Wißt Ihr, Euch helfe ich gern, Ihr möchtet lernen, das merkt man«, bekamen wir einmal von einem alten, erfahrenen Hundeführer zur Antwort, als wir uns bei ihm für seinen guten Rat bedankten. Dieser Mann interessierte uns. Im Gegensatz zu vielen, die ohne fundiertes Wissen, ohne wirkliches Können laut herumtönten, war er stets so still und bescheiden, fiel aber immer und überall durch seinen liebevollen Umgang mit dem Hund und durch hervorragende Leistungen seines Vierbeiners auf. Wir haben ihn sehr geschätzt.
Und dann sagte er noch: »Ich habe in meinem Leben manchmal Hundebesitzer kennengelernt, bei denen ich den Eindruck gewann, daß sie sich nicht gern belehren ließen. Wenn ich ihnen etwas zu erklären versuchte, dann war es tatsächlich, als wolle ich Esel zur Tränke führen, die eigentlich gar keinen Durst haben“. Über diesen Vergleich haben wir damals gelacht und gemeint, daß er die Sache wohl doch etwas zu pessimistisch sehe. Inzwischen sind Jahre vergangen – wir verstehen ihn jetzt.
Wer von vornherein alles besser weiß und keine Lehren annehmen mag, der wird sich ja hoffentlich dieses Buch nicht gekauft haben. Es ist nicht für ihn geschrieben. Vielmehr ist es für all diejenigen gedacht, die es nicht unter ihrer Würde finden, sich von einem anderen etwas sagen zu lassen, sondern die gern und freudig dazulernen möchten. Ihnen und ihren Vierbeinern gilt unser Interesse und unser Bemühen. Und wenn wir denen helfen dürfen, ihren Hund mehr als zuvor zu verstehen, mit ihm besser umgehen zu können und dadurch auch noch größere Freude an ihm zu haben, so wären wir darüber glücklich. In diesem Sinne begleiten nun unsere Wünsche das Buch.
An dieser Stelle möchten wir auch noch all unseren Hundeführern, die sich mit ihren Vierbeinern für Fotoaufnahmen zur Verfügung stellten, herzlich danken.

Die Verfasser

Vorwort zur zweiten Auflage

Aus zahlreichen Zuschriften und Gesprächen mit Hundebesitzern wissen wir, daß sich unser Buch als nützlich und hilfreich erwiesen hat. Mehr Verständnis für das Tier konnte geweckt und damit zu einem engeren Kontakt zwischen Hund und Hundeführer beigetragen werden. Und wer seinen Vierbeiner nach unserem Trainingsprogramm ausgebildet hat, der weist entweder stolz auf eine inzwischen mit dem Hund erfolgreich bestandene Dressur-Abschluß- oder Begleithundprüfung hin oder aber kann glücklich berichten, daß er jetzt mit seinem nicht nur fröhlichen und pfiffigen, sondern auch sehr gehorsamen vierbeinigen Begleiter überall angenehm auffällt.
Besonders freut uns, daß auch Leiter von Hundeausbildungskursen sich gern nach unserem Trainingsprogramm richten, weil sie damit gute Erfahrungen gemacht haben.
Viele Jäger bestätigen, daß sie auch beim Jagdhund mit dieser Methode eine solide Grundlage erzielten, auf der sie dann mit dem Folgeband „Hundeausbildung für die Jagd“ gut aufbauen konnten.
Infolge dieses so positiven Echos wird nunmehr die zweite Auflage unseres Buches erforderlich. Möge es auch künftig vielen Hundebesitzern ein guter, hilfreicher Freund sein!

Die Verfasser

Vorwort zur dritten Auflage

Die Nachfrage nach diesem Buch ist unvermindert groß, so daß jetzt schon die dritte Auflage erforderlich wird. Wir dürfen daraus die überaus positive Schlußfolgerung ziehen, daß es weit mehr Hundebesitzer mit hohem Verantwortungsbewußtsein gegenüber ihrem Vierbeiner gibt, als wir dies zu hoffen gewagt haben. Hundeführer also, die sehr daran interessiert sind, möglichst viel Fachwissen zu sammeln, und die sich gern beraten lassen, um Fehler im Umgang mit ihrem Hund zu vermeiden.

Diese erfreuliche Tatsache hat nun uns wiederum zum Nachdenken darüber angespornt, wie wir vielleicht noch mehr Hilfestellung geben könnten.

Aus unseren zahlreichen Kursen für Hundeführer wissen wir, daß es allen doch etwas Mühe macht, die mit dem Vierbeiner erlernten Gehorsamsübungen in das tägliche Geschehen zu übertragen, sie also in der Praxis wirklich anzuwenden. Sobald wir dann aber darauf hinweisen und die Phantasie der Hundeführer mit einigen Beispielen aus dem Alltagsleben anregen, kommt plötzlich Leben in die bislang viel zu trockene, wenig praxisbezogene Überei.

Das gleiche Ziel möchten wir auch hier verfolgen und haben deshalb dem Buch noch einige Seiten hinzugefügt. Die in diesem Anhang zu den einzelnen Übungswochen des Trainingsprogramms gegebenen praxisbezogenen Beispiele und Hinweise sowie die dazugehörenden Abbildungen sollen jedem Hundeführer helfen, die unbedingt notwendige Ausbildung seines Vierbeiners im Gehorsam noch positiver und effektiver zu gestalten. Für Hund und Hundeführer dazu viel Erfolg!

Die Verfasser

Vorwort zur vierten Auflage

Mit der nun vorliegenden vierten Auflage bietet sich uns die Möglichkeit, noch ein paar neue, wichtige Aspekte in unserem Buch zu berücksichtigen (s. Seite 159 ff.). Unsere langjährige Erfahrung mit vielen Hunden und Hundeführern hat uns gelehrt, daß es eigentlich immer wieder die gleichen Fehler sind, durch die die Mensch-Hund-Beziehung beeinträchtigt, wenn nicht sogar schwerwiegend gestört werden kann. Auf den neu hinzugefügten Seiten haben wir uns deshalb bemüht, nicht nur auf solche Fehler hinzuweisen, sie bewußt zu machen, sondern auch versucht, aufzuzeigen, wie sie sich vermeiden lassen, bzw. ihre Folgen wieder beseitigt werden können. Und diese Ergänzung wird – so hoffen wir – für den Umgang mit dem Hund eine weitere Hilfe sein.

Die Verfasser

Der allgemeine Umgang mit dem Hund

Wir dürfen wohl davon ausgehen, daß es jedem, der einen Hund zu sich nimmt, ein besonderes Anliegen ist, ihm ein schönes Zuhause zu bieten. Damit dies aber nicht etwa nur Wunschdenken bleibt, sondern im Alltag auch realisiert werden kann, gilt es, sich zunächst einmal über die hierfür erforderlichen Dinge einige Gedanken zu machen. Hunde, die nun schon seit Jahrtausenden treue Begleiter, Helfer, Beschützer, ja, oft sogar Retter des Menschen sind, können sich nur wohlfühlen und es kann ihnen nur gutgehen, wenn sie sehr viel Liebe und Zuwendung durch den Menschen erfahren. Die Mensch-Hund-Beziehung muß stimmen, d. h. es muß eine feste Bindung und volles Vertrauen zwischen beiden bestehen. Dies aber läßt sich nicht etwa nur dadurch erreichen, daß man für seinen Vierbeiner gut sorgt, indem man z. B. ihn seinen Bedürfnissen entsprechend ernährt, ihn täglich pflegt und auch jeden Tag mit ihm spazierengeht, damit er genügend Auslauf hat. Sicher, dies sind alles wesentliche Voraussetzungen, die unbedingt erfüllt sein müssen, sie reichen allein aber noch nicht aus. Doch wer – aus Mangel an Zeit oder finanziellen Mitteln – schon diesen Grundpflichten gegenüber einem Hund nicht gerecht werden kann, sollte auf alle Fälle auf einen Vierbeiner verzichten. Er würde sich nämlich anderenfalls nur am Tier schuldig machen.

Bei älteren Menschen sowie in Haushalten mit kleinen Kindern könnte das Leben für einen Hund unter Umständen einmal recht problematisch werden. Es geht dabei um Fragen, die uns sehr wichtig erscheinen, und auf die wir deshalb noch in gesonderten Kapiteln näher eingegangen sind (*s. Seite 133 ff.*).

Ein Hund gehört darüber hinaus nur in eine Familie, in der jedes Mitglied ihm aufrichtig zugetan ist. Wenn sich darunter auch nur eine Person befindet, die Hunde nicht mag und dementsprechend Ablehnung dem Tier gegenüber zeigt, es vielleicht sogar schlecht behandelt, dann ist eben ein Vierbeiner in dieser Umgebung nicht gut untergebracht, hat er leider kein schönes Zuhause.

Der Hund ist ein sehr geselliges Tier – seine Ahnen, die Wölfe, leben ja im Rudel. Dieses so anpassungsfähige und anhängliche Lebewesen ist daher auch weit mehr als die meisten anderen Tiere darauf angewiesen, sich in unmittelbarer Nähe des Menschen aufhalten zu können, ihm z. B. bei der Arbeit zuzuschauen, ja, eben an dessen Leben voll teilnehmen zu dürfen. Da scheint so ein Vierbeiner mit halbgeschlossenen Augen den Tag zu verdösen und doch, an seinen Reaktionen wird einem plötzlich klar, daß er die ganze Zeit alles genau mitbekommen hat und daß ihm absolut nichts entgangen ist. Um das Interesse an seiner Umwelt zu fördern, haben wir unserem Hund z. B. extra einen Fensterplatz eingerichtet, von dem aus er – besonders bei schlechtem Wetter oder auch im Winter – solange er mag das bunte Leben und Treiben auf der Straße beobachten kann (*s. Abb. 1*).

Gewiß wird ein Hund auch einmal für ein paar Stunden sich völlig allein überlassen sein können und dadurch noch keinen inneren Schaden nehmen. Dies darf allerdings niemals zur Regel werden, sondern muß immer die Ausnahme bleiben. Daher kann es für ganztägig Berufstätige von uns auch nur ein entschiedenes Nein zur Anschaffung eines Vierbeiners geben, es sei denn, daß jemand

in der glücklichen Lage ist, seinen Hund auch während der Arbeitszeit um sich haben zu können, oder aber die Möglichkeit hat, ihn tagsüber der Obhut einer zuverlässigen und wirklich tierlieben Person anzuvertrauen.
Aus dem soeben erwähnten Grund ist auch die reine Zwingerhaltung von Hunden grundsätzlich abzulehnen. Heute weiß doch wohl eigentlich schon jeder, daß man seinen Hund nicht wie eine Kuh im Stall behandeln und halten kann. Es wird auch hoffentlich niemanden geben, der auf die absurde Idee käme, seinen Begleithund in einen Zwinger zu tun. Daher kann es sich hierbei also nur um Schutz- oder Jagdhunde handeln. Bei ihnen mag es in bestimmten Fällen vielleicht angebracht sein, sie tagsüber für eine Weile im Zwinger zu lassen, der aber ganz die gesetzlich geforderten Bedingungen erfüllen muß. Jeder kann die entsprechenden Bestimmungen selbst im Bundesgesetzblatt – Verordnung über das Halten von Hunden im Freien vom 6. Juni 1974 – nachlesen. Es ist aber noch darauf hinzuweisen, daß es sich hierbei wirklich nur um Mindestanforderungen handelt und daß jeder verantwortungsvolle Hundebesitzer bestrebt sein wird, diesbezüglich weit mehr für seinen Vierbeiner zu tun.
Außerdem sollte die Verweildauer im Zwinger nie zu lange sein, denn, sobald es nur irgend möglich ist, müssen auch diese Hunde sich beim Menschen, vor allem in der Nähe ihrer direkten Bezugsperson, aufhalten dürfen. Dies gilt insbesondere für den Abend und die Nacht, wo alle Hunde, auch der Schutzhund, unbedingt ins Haus gehören. Man muß sich darüber im klaren sein, daß in unserer Zeit jedem Verbrecher genügend Möglichkeiten gegeben sind, einen Hund – auch den stärksten und schärfsten – mit Leichtigkeit so schnell auszuschalten, daß er kaum noch zum Warnen durch Bellen kommt. Der Hund stellt also, wenn er nachts draußen ist, heutzutage für seinen Besitzer absolut keinen Schutz mehr dar. Befindet er sich dagegen im Haus, ist also selbst geschützt, vermag

Abb. 1: Der Fensterplatz fördert das Interesse des Hundes an seiner Umwelt.

ihn niemand am Lautgeben zu hindern und damit kann er hier auch wirklich noch Schutzfunktion für Mensch, Hab und Gut übernehmen. Abgesehen davon, bellen wachsame Hunde nachts draußen schon bei den geringsten Geräuschen und stören so meist unnötig die Nachtruhe ihrer gesamten Umgebung, während sie drinnen nur anschlagen, sobald etwas Verdächtiges in unmittelbarer Nähe des Hauses von ihnen wahrgenommen wird.
Früher wurde von vielen Jägern fälschlicherweise angenommen, daß ein Jagdhund gesünder und widerstandsfähiger sei, wenn er im Zwinger gehalten wird. Heute weiß man, daß dies nicht stimmt, sondern vielmehr so manche Anfälligkeit oder direkte Krankheit des Hundes gerade eben auf die Zwingerhaltung zurückzuführen ist. Neueste Statistiken zeigen, daß das Leben von reinen Zwingerhunden außerdem im Durchschnitt kürzer als das der anderen Hunde ist.
Manche Jäger sind heute noch der Ansicht, daß ein Jagdhund verdorben würde, wenn man sich allzuviel mit ihm beschäftigt oder gar mit ihm spielt. Die Praxis hat auch diese Theorie widerlegt und bewiesen, daß Jagdhunde um so besser arbeiten und um so höhere Leistun-

Abb. 2: Verteidigungsschärfe in richtige Bahnen gelenkt.

gen vollbringen, je fester ihr Kontakt zum Besitzer ist, je mehr dieser sich liebevoll und fürsorglich um seinen Vierbeiner kümmert und je intensiver er sich insgesamt mit ihm zu beschäftigen pflegt. Dazu gehören selbstverständlich auch das fröhliche Spiel und muntere Herumtollen, das einfach jeder Hund, auch der Jagdhund, zu seinem Wohlbefinden braucht. Gerade beim Jagdhund lassen sich durch das Spiel z. B. schnelles Reaktionsvermögen und Faßtrieb – also für die Jagd dringend erforderliche Eigenschaften – gut wecken und fördern. Warum wohl würde sonst die Hündin mit ihren Welpen spielen? Das Spiel mit dem Ring (*s. Abb. 2*) fördert z. B. den Faß- und Fangtrieb sowie die Ausdauer. Man traut einem Hund einfach viel zu wenig zu, wenn man der Meinung ist, er könne etwa nicht zwischen Spaß und Ernst, zwischen Spiel und Arbeit haargenau unterscheiden. Wir müssen hier aber leider auch auf die traurige Tatsache hinweisen, daß es Leute gibt, die ganz offensichtlich unfähig sind, mit ihrem Hund zu spielen. Ihr Necken artet nämlich meist in ein böses Trietzen des Hundes aus, wobei sie zu allem Übel dann noch unverhältnismäßig grob werden. Das aber hat natürlich nichts mehr mit einem Spielen gemein und verrät außerdem nicht gerade einen guten Charakter. Ein solches Verhalten gegenüber einem Tier ist schlicht eines Menschen unwürdig.

Jeder Hund braucht im wahrsten Sinne des Wortes Ansprache. Aber mit seinem Vierbeiner zu reden, das war früher auch so eine Sache, vor der mancher zurückgeschreckt ist. Er wollte eben nicht gern riskieren, deshalb von anderen als Trottel eingestuft zu werden. Solch ein Reden mit dem Hund war allerhöchstens noch alten Mütterchen erlaubt, die man sowieso jenseits von Gut und Böse wähnte. Heute aber wissen wir, wie glücklich es Hunde macht, wenn man sich derart mit ihnen befaßt und gerade auch mit ihnen spricht. Es ist erstaunlich, wie sehr sich Anteilnahme und Aufnahmefähigkeit, ja, auch die Konzentration eines Hundes dadurch steigern lassen. Wir sind immer wieder davon fasziniert, wie schnell Hunde im Grunde genommen die Bedeutung eines Wortes erfassen und auch behalten können. Das ist wirklich schon eine enorme Leistung ihres Gehirns. Wie erfreulich, die lebhaften, munteren Augen eines Hundes zu sehen, der seine gesamte Umgebung so bewußt und voller Interesse wahrzunehmen imstande ist, an allem so aufmerksam Anteil nimmt, und dessen pfiffiger Blick verrät, wie sehr er auf den Menschen geprägt ist und ihm nahezu schon jedes Wort vom Munde abzulesen vermag. Wie traurig, ja, erschütternd dagegen der verlorene, weit in die Ferne gerichtete Blick eines Hundes, mit dem sich niemand liebevoll beschäftigt hat und dem deshalb der Mensch nicht sonderlich viel bedeuten kann. Warum also sollte er ihn denn wohl anschauen wollen?

Manche möchten oder können sich aus Zeitmangel nun vielleicht doch nicht genügend um ihren Vierbeiner kümmern, wollen aber keineswegs, daß er sich einsam und verlassen fühlt. Sie glauben, dem Hund einen großen Gefallen zu tun, wenn sie ihm einen Artgenossen praktisch als Spielkameraden verschaffen. Vor diesem riesengroßen Irrtum kann man gar nicht genug warnen. Abgesehen davon, daß sich einer von den beiden stets als Kopfhund aufmandeln wird und immer das Sagen hat, während sich der andere notgedrungen in das Schicksal des ewig Unterdrückten fügen muß, kann es zu furchtbaren Komplikationen kommen, die für alle Beteiligten – einschließlich dem Besitzer – alles andere als schön sein werden. Gesellt man dem Rüden eine Hündin zu, wird's ständig schlimm bei der Läufigkeit. Zwei Rüden vertragen sich anfangs meistens recht gut aber wehe, wenn beide das zweite Lebensjahr überschritten und damit voll ausgewachsen sind. Da braucht's nur ganz geringer, harmloser Anlässe, und die Fetzen fliegen. Auch bei Hündinnen untereinander kommt es zu ernsten Kämpfen, und zwar meist immer dann, wenn eine von beiden läufig ist. Wir könnten hier mehrere Fälle aufzählen, wo, zum großen Entsetzen des Besitzers, eine Hündin die andere in einem kritischen, unbewachten Augenblick umgebracht hat. Auch wenn es dazu nun nicht gerade kommt, gibt es doch oft genug Situationen, in denen man den Streit schlichten und schon ein richtiges Machtwort sprechen muß. Das aber ist auf die Dauer nicht gerade erfreulich und kann ganz schön das Nervenkostüm eines Menschen strapazieren. Hier sollte keiner unsere Warnung überhören, sich unnötige Aufregungen ersparen und deshalb von der so gutgemeinten Idee ganz schnell wieder Abstand nehmen. Was macht man, wenn sich zwei Hunde dann absolut nicht mehr vertragen? Den einen weggeben oder gar töten lassen? Wer will denn sein Gewissen mit einer so grausamen Tat belasten? Auch hier trägt der Mensch eine hohe Verantwortung.

Jeder Hund hat also ein viel schöneres Zuhause, wenn er allein sein darf und einen Zweibeiner als besten Freund hat, der sich viel mit ihm beschäftigt und eben auch mit ihm spricht. Selbstverständlich muß auch hier Maß gehalten und das Gehirn eines Vierbeiners darf keinesfalls überstrapaziert werden. Er soll ja kein Mensch werden, sondern muß immer ein Tier, ein lieber, gescheiter Hund, bleiben dürfen.

Auch bei den Streicheleinheiten soll die goldene Mitte gewahrt bleiben, denn allzuviel Getätschel wird jedem Vierbeiner auf die Dauer lästig. Wie der Mensch, so hat auch der Hund ein Recht auf einen gewissen Freiraum und auf Ruhe. Er darf also keineswegs einer pausenlosen Einwirkung durch den Menschen ausgesetzt sein, sondern muß sich, wann immer er mag, zurückziehen können.

Hierfür braucht er mindestens einen ganz festen Platz im Haus oder in der Wohnung, den er voll als sein Reich akzeptiert, und wo ihn grundsätzlich niemand zu stören hat. Dieser Platz, der in den meisten Fällen wohl aus einem gemütlichen, kuschligen Hundekorb bestehen wird, sollte sich in einer Ecke befinden, durch die der Vierbeiner gewissermaßen Rückendeckung hat und von der aus er alles gut beobachten kann, was so im Zimmer vor sich geht. Man sollte dafür immer ein wirklich stilles Eckchen wählen, also nicht etwa in der Nähe eines Ganges oder einer Tür den Korb hinstellen, wo dann möglicherweise der gesamte Familienverband ständig vorbeimarschiert. Außerdem darf der Hund keiner Zugluft ausgesetzt sein. Ein Platz unter oder in der Nähe eines Fensters wäre

Abb. 3: So läßt sich ein Dach für den großen Hundekorb basteln.

also denkbar ungeeignet für ihn. Wenn man seinem Vierbeiner eine Höhle bauen kann, wird er gewiß darüber sehr glücklich sein. Wir haben für diesen Zweck das Körbchen unseres Hundes oben mit einer Drahtkonstruktion versehen, über die wir dann eine Decke gelegt haben (*s. Abb. 3, 4*). In seine Höhle zieht er sich immer gern zurück.

In diesem Zusammenhang muß auch noch darauf hingewiesen werden, daß man den schlafenden Hund niemals stören darf, besonders auch dann nicht, wenn er sehr lebhaft träumt, also seine Pfötchen bewegt und dabei vielleicht eine ganze Palette von Tönen – vom dunklen Knurren bis zum hellsten Jiffjiff – von sich gibt. Es ist zwar liebevoll gedacht, wenn jemand seinen Hund dann wecken möchte, damit er sich im Traum nicht etwa ängstigen muß. Dies wäre aber grundverkehrt und würde dem Hund schaden, denn auch er muß einfach die Möglichkeit haben, im Traum alles Erlebte zu verarbeiten, das ist wichtig und gesund. Hier möchten wir noch darauf aufmerksam machen, daß der Hund in seinem Körbchen möglichst kein Halsband tragen soll, er könnte bei heftigen Bewegungen im Traum damit nämlich doch einmal irgendwo unglücklich hängenbleiben und sich dann im schlimmsten Fall sogar erdrosseln. Aus dem gleichen Grund dürfen selbstverständlich Hunde im Zwinger keinerlei Halsung tragen und auch im Haus, Garten oder in der Wohnung ist sie eigentlich völlig überflüssig.

Abb. 4: In einer Höhle fühlt sich jeder Hund wohl.

Der Hund braucht nicht nur Ruhe, sondern auch Schutz vor Lärm. Es ist bekannt, daß Hunde ein sehr feines Gehör haben und z. B. noch Obertöne wahrnehmen, die ein menschliches Ohr nicht mehr ausmachen kann. Jeder wird sich daher vorstellen können, daß laute Musik, ganz gleich, ob sie vom Radio, Plattenspieler, Kassettenrekorder oder vom Fernseher kommt oder durch ein Musikinstrument entsteht, vom Hund als etwas furchtbar Unangenehmes, Störendes empfunden wird, das seinem besonders sensiblen Gehör Schmerzen verursacht. Wir können nur hoffen, daß es unter den Hundebesitzern niemanden gibt, der sich in egoistischer Weise über diese Tatsache hinwegsetzt und keine Rücksicht auf seinen Vierbeiner nimmt. Wenn ein Hund einem derartigen Lärmstreß ausgesetzt wird, muß er über kurz oder lang unweigerlich krank werden.

Noch feiner als das Gehör ist die Nase beim Hund ausgeprägt. Sie ist sein wichtigstes Sinnesorgan und ohne diese feine Nase würde z. B. kein Jagdhund im Revier etwas leisten, wäre die Polizei beim Rauschgiftschmuggel recht hilflos, könnte kein Spürhund das Leben eines Menschen retten. Wir sollten alle Achtung vor dieser großen Fähigkeit und Leistung des Hundes haben, mit der er uns Menschen, die sich stets so überaus wichtig nehmen, haushoch überlegen ist. Jeder Raucher muß wissen, daß er die hochempfindliche Nase seines Hundes mit dem Tabaksqualm unendlich quält. Es wird ihm deshalb hoffentlich Verpflichtung sein, stets dafür Sorge zu tragen, daß solch lästiger und zugleich schädlicher Rauch seinen Vierbeiner auf keinen Fall plagt. Die Hundenase sollte natürlich auch niemals extrem scharfen Gerüchen, z. B. von Putz- oder Lösungsmitteln oder gar ätzenden Dämpfen, ausgesetzt sein. Und man darf keinesfalls – nicht einmal aus Versehen – dem Hund auf die Nase hauen.

Grundsätzlich ist die Hand des Menschen überhaupt immer nur zum Abliebeln da, und schon jede Drohbewegung mit der Hand hat strikt zu unterbleiben, weil der Vierbeiner dadurch sehr leicht handscheu werden kann. Ein scheußliches Bild, wenn Hunde vor der Hand eines Menschen mit mißtrauischem, ängstlichem Blick nervös zurückweichen wollen. Handscheue Jagdhunde können z. B. keine Prüfung in jagdlichen Fächern bestehen; das sollte kein Jäger vergessen.

Wie man dagegen Hunde richtig erzieht oder, wenn tatsächlich einmal nötig, straft, ohne daß sie dabei körperlichen oder seelischen Schaden nehmen, wird im Kapitel ›Ausbildung des Hundes im Gehorsam‹ erklärt. Es gibt zwar manche, das soll hier auch noch Erwähnung finden, die die Arbeit und Mühe einer Ausbildung des Hundes scheuen, sich das Leben leichter machen und deshalb den Hund zur Dressur weggeben möchten, wie dies früher leider gar nicht so selten bei Jägern üblich gewesen ist. Abgesehen davon, daß es dem, der das tun will, irgendwie sowieso an Herz und Liebe für seinen Vierbeiner fehlt, kann man jeden davor nur warnen. Entweder gelangt der Hund dabei nämlich in die Hand eines Grobians, der das Wesen des Hundes zerstört, oder aber, er wird zwar von einem gewissenhaften, kundigen Hundeführer gut ausgebildet und folgt diesem auch vorbildlich, fällt dann aber – wieder daheim in der alten Umgebung und bei seinem Besitzer angelangt, der nichts von Hundeführung versteht – ganz rapide zurück. Von der gesamten Ausbildung bleibt so zum Schluß beinahe nichts mehr übrig – und damit ist dann eben alles umsonst gewesen. Dergleichen könnte nur funktionieren, wenn ein sehr versierter Hundeführer zunächst den Vierbeiner und danach aber auch dessen Besitzer ausbildet, damit dieser genau weiß, wie er mit seinem Hund umzugehen hat. Es kann sich also kein Hundebesitzer jemals darum drücken, hier selbst alles von Grund auf erlernen zu müssen.

Da aber die konsequente Ausbildung im Gehorsam frühestens erst mit dem 7. Lebensmonat des Hundes beginnen soll, weil man – genau wie bei kleinen Kindern – auch den jungen Hund einfach nicht überfordern darf, braucht man Hilfsmittel, um eben einem so kleinen und jungen Tier schon irgendwie klarmachen zu können, was gestattet ist und was keinesfalls geht. In den meisten Fällen wird hierfür die menschliche Stimme völlig ausreichend sein, mit der man sich in unterschiedlicher Lautstärke und mit Worten wie »Pfui« oder »Nein« sehr gut verständlich zu machen vermag. Sollte dann wirklich einmal bei einem Verbot noch etwas mehr Nachdruck notwendig sein – was aber immer die Ausnahme bleiben muß – dann hat man hierfür eben nicht etwa die Hand zu verwenden, sondern soll eine zusammengefaltete Zeitung nehmen, mit der man dem Tier jedoch noch nicht einmal einen Klapps geben muß, sondern einfach nur auf einen Gegenstand zu klopfen braucht. Das durch die Zeitung verursachte Geräusch wird in den meisten Fällen als Erziehungsmaßnahme völlig ausreichend sein. Hierbei sind allerdings Fingerspitzengefühl und Vorsicht geboten, damit man

Abb. 5: Das Kreuz des Tieres muß beim Hochnehmen gestützt werden.

Abb. 6: Hier sitzt der Hund gut auf dem Arm und hat festen Halt.

den kleinen Kerl nicht schreckhaft macht. Es sollte sich wohl erübrigen, darauf hinzuweisen, daß man – was immer ein Hund angestellt haben mag – nie jähzornig werden oder gar den Vierbeiner als Blitzableiter für schlechte Laune mißbrauchen darf.

Für die Aufzucht und den richtigen Umgang mit einem so jungen Lebewesen ist besonders viel Zeit erforderlich, weil man es eben keinesfalls sich allein überlassen darf, sondern sich ungemein viel damit beschäftigen und es auch sehr genau beobachten muß. Nur durch intensives Beobachten lernt man das Tier und seinen gesamten Lebensrhythmus innerhalb kurzer Zeit genau kennen und hat damit z. B. auch die Möglichkeit, seinen Hund ziemlich schnell stubenrein zu bekommen. So weiß man schon nach ein paar Tagen, daß der kleine Vierbeiner, sobald er aus dem Schlaf erwacht, ein Pfützchen machen muß. Wenn er sich also, nachdem er aufgewacht ist, einige Male gestreckt hat, nimmt man ihn liebevoll auf den Arm – reißt ihn also nicht etwa so unvermittelt vom Boden hoch – und trägt ihn nach draußen, wo man »mach Pfützchen« oder dergleichen zu ihm sagt und ihn sehr lobt, wenn er dieser Aufforderung folgt.

Wir möchten hier gleich noch erwähnen, daß man den Hund auf keinen Fall nur an den Vorderläufen hochnehmen darf, sondern unbedingt sein Kreuz stützen muß, indem man die eine Hand unter seine Brust und die andere unter die Hinterläufe schiebt und ihn dann hochhebt (*s. Abb. 5*). Auch wenn man den kleinen Fratz trägt, soll er praktisch auf dem Arm richtig sitzen können (*s. Abb. 6*).

Bald nach dem Fressen sollte man mit dem kleinen Hund ein Stück spazierengehen, denn er wird sich dann meistens lösen können. Auch wenn junge Hunde plötzlich besonders wild toben und dabei heftig raufen und beißen wollen, ist dies sehr oft ein Zeichen dafür, daß in kürzester Zeit »Gassigehen« nottut. Aber, wie erwähnt, jeder, der gut beobachtet, weiß diesbezüglich über seinen Vierbeiner schon selber sehr schnell bestens Bescheid.

Sollte nun anfangs doch noch einmal ein Malheur passieren, dann stubst man nicht etwa – wie das früher häufig gemacht wurde – das Näschen des kleinen Kerls dort hinein, sondern zeigt es ihm nur und tut dabei seinen Unmut hierüber mit »Pfui, das ist pfui« deutlich kund und bringt ihn anschließend sofort hinaus.

Das kleine Malheur wird mit einem Tuch aufgewischt, das man dann anschließend draußen an einem bestimmten Platz deponiert und zu dem der Vierbeiner nun immer geführt wird, wenn er sein Geschäft verrichten soll. Schon nach einigen Tagen wird man zu seiner großen Freude feststellen können, wie das kleine Wollknäuel bereits von ganz allein zur Tür läuft und damit deutlich zu verstehen gibt, was jetzt nötig ist. Hier wird klar, wie wichtig es eben ist, den kleinen Fratz ständig im Auge zu behalten. Wohnt nun jemand z. B. im Hochhaus, dann wird gewiß diese Prozedur für ihn recht umständlich und nervenraubend sein. Hier aber kann man sich gut mit einem Katzenklo helfen, das auf dem Balkon deponiert wird.

Es sollte an dieser Stelle auch sogleich noch darauf hingewiesen werden, daß einem Hund unbedingt ausreichender und seiner Anlage entsprechender Lebensraum geboten werden muß, d. h., daß man in beengten Wohnverhältnissen oder gar im Hochhaus sich – wenn überhaupt – eben nur einen kleinen Hund halten darf, weil das Leben für ein größeres Tier hier zwangsläufig zur Qual wird.

Doch zurück zu dem schlauen Kerlchen, das schon von allein zur Tür gerannt ist. Wahrscheinlich dauert es nicht lange, bis durch Kratzen an ihr dem Anliegen Nachdruck verliehen wird. Pech für die schöne Tür, auf der – sobald die Pfötchen größer und die Krallen stärker werden – deutlich erkennbare Spuren bleiben. Keine Sorge, hier kann leicht und wirksam abgeholfen werden. Zunächst bringt man dem Hund dafür das Lautgeben auf Befehl über sein Futter bei (*s. Seite 26*). Hat er dies begriffen, kennt also nunmehr den Befehl, sagt man auch »Gib Laut« wenn er vor einer geschlossenen Tür sitzt und gern hinauslaufen will. Sobald der Vierbeiner nur den geringsten Beller macht, wird gelobt und die Tür geöffnet. So lernt der Hund schnell, daß man und wie man sich dem Menschen gegenüber verständlich machen kann, und es wird garantiert dann auch keinerlei Schrammen mehr auf den Türen geben. Wichtig ist aber dabei, daß der Mensch wirklich immer sehr auf seinen Vierbeiner achten und sofort reagieren muß, wenn dieser sich ihm verständlich zu machen sucht.

Auf der anderen Seite ist ein ständiges Hundegebell wirklich unerträglich und bringt einem mit Sicherheit den Zorn der gesamten Nachbarschaft ein. Nun darf man aber keinesfalls den großen Fehler begehen und das Lautgeben etwa restlos unterbinden wollen, denn das wäre wider die Natur. Man denke daran, daß sich die Wölfe im Rudel so untereinander verständigen. Wie bereits öfter erwähnt, muß ein Hund wirklich Hund bleiben und daher auch bellen dürfen. Mit ein wenig Geschick läßt sich hier durchaus das richtige Maß finden. Wenn der Hund bellt und damit warnen oder aber auch einmal auf sich selbst aufmerksam machen will, dann sollte der Mensch auf keinen Fall achtlos darüber hinweggehen wollen. Man muß dem Vierbeiner vielmehr deutlich zeigen, daß man ihn und sein Bellen versteht. Unser Hund geht z. B. manchmal ins Bad, setzt sich vor das Waschbecken und bellt. Er macht uns damit klar, daß er nicht das abgestandene Wasser aus der Schüssel, sondern gern etwas vom fließenden Naß haben möchte. Für ihn ist es so selbstverständlich, daß wir ihn verstehen und daß einer von uns dann »Warte, ich komme« ruft und ihm seinen Wunsch erfüllt. Wie traurig wäre es für ihn, wenn wir ihn nicht verstehen oder aber nicht auf ihn eingehen würden. So kommt er auch und bellt, um uns zu holen, wenn er uns etwas zu zeigen hat und ist stolz, wenn auch wir uns dafür interessieren und ihn loben. Will er uns warnen, weil z. B. jemand draußen am Gartenzaun stehengeblieben ist, dann hören wir dies bereits an der Art seines Bellens, nehmen ihn ernst und schauen nach. Wir lassen ihn einige Male anschlagen und können ihn dann mit den Worten »Brav, mein Hund, ich weiß, jetzt ist's gut. Aus!« wieder ganz schnell zur Ruhe bringen. Man muß sich hier einfach nur ein bißchen Mühe geben und das mit seinem Vierbeiner üben. Die Bedeutung des Wortes »aus« hat unser Hund beim Spielen gelernt. Wir haben stets »aus« gesagt, wenn damit Schluß sein sollte. So hat er innerhalb kurzer Zeit begriffen, daß er bei »aus« das, was er gerade tut, nicht fortsetzen darf, sondern damit sofort aufhören muß. Der gesamte Lernprozeß ist jedoch verpatzt, wenn man hier inkonsequent wäre. Es darf nach »aus« wirklich keinerlei Spiel mehr geben, auch wenn der Vierbeiner mit viel Charme und Tricks darum betteln sollte. Zuvor muß aber einige Zeit mit ihm gespielt worden sein, weil er sich sonst zu Recht schikaniert fühlen würde. Wenn der Hund dann schon insgesamt aufs Wort zu folgen gelernt hat, ist dies überhaupt kein Problem mehr. Auch hier macht sich eben die Ausbildung des Hundes im Gehorsam bezahlt.

So gibt es bei einem folgsamen Hund auch kein Nagen an Teppichen, Polstermöbeln oder dergleichen. Das Tier kann aber von allein nicht wissen, daß man das nicht darf. Es muß ihm also ausdrücklich verboten und dann als Ersatz dafür ein Kau- oder Kalbsknochen angeboten werden.

Bei scheinträchtigen Hündinnen, die »Bettchen bauen« möchten und dabei häufig alles zu zerfetzen beginnen, läßt sich dies allerdings nur selten durch ein Verbot unterbinden. Sie sind oft kaum ansprechbar und befinden sich durch ihre Scheinträchtigkeit in einem gewissen Ausnahmezustand, von dem man sie aber durch ein verhältnismäßig harmloses Medikament schnell wieder befreien kann. Hier sollte der Tierarzt um Rat und Hilfe gebeten werden.

Und wenn ein Hund einmal an der Tapete kratzt, um an der Wand zu nagen und zu lecken, so ist dies nicht etwa eine Unart von ihm, sondern läßt auf Kalkmangel schließen, der schnellstens durch ein Kalkpräparat behoben werden muß.

Zum Beseitigen von lästigen Hundehaaren stehen heute leistungsstarke Staubsauger zur Verfügung. Daß der Hund nach dem »Gassigehen« bei schlechtem Wetter Dreck ins Haus oder die Wohnung bringt, läßt sich durchaus vermeiden. Viele Hunde haben zwar schon gelernt, sich geschickt und gut selbst auf einem Tuch trockenzureiben, aber jede Pfote einzeln gründlich putzen, damit überhaupt nichts schmutzig wird, ist ein kleiner Liebesdienst, den man sich und seinem Vierbeiner tun sollte. Trotz Hundehaltung können also Haus oder Wohnung jederzeit einen gepflegten Eindruck machen. Wer hier jedoch tatsächlich zur Übertreibung neigt und wem überhaupt tote Gegenstände weit mehr bedeuten als ein Lebewesen, der sollte sich eben auf keinen Fall einen Hund anschaffen.

Ein gewissenhafter Hundebesitzer wird mit Rücksicht auf sein Tier auch auf den einen oder anderen Komfort verzichten können. Eine lackierte Holztreppe z. B. – das Schmuckstück manchen Hauses – kann für den Hund lebensgefährlich sein. Auf dem glatten Holz findet er kaum Halt, verkrampft sich daher, rutscht aus oder stürzt sogar und kann sich dabei schwer verletzen. Dies gilt genauso für geflieste Dielen- und Wohnzimmer- sowie Parkettböden. Sie sind eine Qual für das Tier, seine Knochen und Gelenke. In solche Räume gehören dann wenigstens Teppiche, denn wie sollte sich ein Hund dort wohlfühlen, wo er allein schon beim Laufen große Unsicherheit verspürt und das für ihn so wichtige, fröhliche Herumtollen mit Gelenkschmerzen oder noch Schlimmerem verbunden ist?

Die Ernährung des Hundes

Heute weiß jeder bereits – so können wir voraussetzen –, daß der Hund eine seinen Bedürfnissen entsprechende Ernährung braucht und daß hierzu außer Fleisch auch Kohlenhydrate, Ballaststoffe, Mineralien, Spurenelemente und Vitamine gehören. Verwechslungen des Hundes mit dem Mülleimer finden daher zum Glück nur noch selten statt.
Beginnen wir zunächst mit dem *Fleisch*, das selbstverständlich Hauptbestandteil des Hundefutters ist und nach wie vor ⅔ der Mahlzeit betragen soll. Hier stellt sich sogleich die Frage, ob man dies dem Hund roh oder gekocht reichen muß. Darauf läßt sich keine generelle Antwort geben. Fest steht jedoch, daß alles vom Schwein – ganz gleich, ob Fleisch, Knorpel oder Innereien – zunächst tüchtig gekocht werden muß. Durch rohes Schweinefleisch wird beim Hund die Aujeszkysche Krankheit, auch Pseudowut genannt, hervorgerufen. Sie entsteht durch Herpesviren, die für den Menschen nicht gefährlich sind, beim Hund aber unweigerlich zum Tode führen. Alle Tierärzte weisen heute auf diese Gefahr für den Hund hin. Darüber hinaus ist zuviel fettes Fleisch vom Schwein für den Hund nicht gut.
Beim rohen Rindfleisch wird wegen der Gefahr einer Salmonelleninfektion ebenfalls von vielen schon zur Vorsicht gemahnt, insbesondere, wenn es um das Futter für Hunde mit empfindlichem Magen und Darm geht. Obwohl durch das Kochen wertvolle Stoffe verlorengehen, sollte man für Hunde unter sechs Monaten oder für kranke Hunde stets gekochtes Fleisch als Futter wählen, weil eine durch rohes Rindfleisch möglicherweise hervorgerufene Salmonelleninfektion zu schweren Verdauungsstörungen und bei Tieren unter sechs Monaten sogar zum Tode führen kann. Ausgewachsenen und gesunden Hunden, besonders Jagdhunden, gibt man rohes Rindfleisch, das ruhig etwas anbrüchig und stinkig sein kann, was sogar gut für sie ist. Allerdings darf das mit gekochtem Rindfleisch niemals passieren.
Gekochtes Fleisch sofort von Brühe trennen (wegen Entstehen von Bakterien) und nur in einwandfreiem Zustand geben. Sollte der Hund sein Futter nicht auffressen, darauf achten, daß das Fleisch nicht umschlägt. Wenn gekochtes Fleisch nicht mehr ganz in Ordnung ist, darf es der Hund auf keinen Fall haben, man könnte ihn damit regelrecht umbringen. Hier ist also stets größte Gewissenhaftigkeit und Vorsicht geboten!
Rinderherz ist gutes Muskelfleisch, nur darf der Hund es nicht allzu oft bekommen, weil im Herzfleisch sehr viele Purine sind, also Harnsäure, die beim Hund zur Erkrankung der Nieren führen würde, wenn er zuviel davon erhält. Rinderleber ist für ihn sehr gesund, kann auch roh gegeben werden (Schweineleber dagegen immer kochen!). Der Hund darf allerdings auch von der Leber nicht zuviel auf einmal und auch nicht zu oft hintereinander haben, weil er dann Durchfall bekommt. Bei sehr empfindlichen Hunden auch die Rinderleber lieber kurz kochen. Nieren sollte man nicht verfüttern. Man muß sich nur vergegenwärtigen, daß Nieren ja die Aufgabe haben, wie ein Filter zu wirken, das den Körper von Giftstoffen befreit. Wer mag denn seinem Hund so ein Giftfilter zu fressen geben?
Gekochter *Fisch* ist gesund, der aber natürlich nicht gesalzen sein darf und bei dem man sehr achtgeben muß, daß er

keine Gräten enthält. Viele Hunde fressen Trockenfisch gern. Wir selbst haben immer etwas Bedenken, unserem Hund das anzubieten, weil wir nicht wissen, aus welchen giftigen Gewässern diese Trockenfische vielleicht stammen.

Geflügel ist wohl für jeden Hund ein Leckerbissen, doch darf er nie Geflügelknochen erhalten! Hierbei handelt es sich um ganz heimtückische Röhrenknochen, die, wenn der Hund sie zerbeißt, splittern und damit zu entsetzlich spitzen Stücken werden. Da im Magen des Hundes durchaus nicht alle Knochen zersetzt werden, wirken diese spitzen Stücke dann wie Nadeln, die den Darm des Hundes regelrecht durchlöchern oder Längsrisse in der Darmwand verursachen können. Jetzt kann sich doch wohl jeder vorstellen, unter welch furchtbaren Schmerzen der Hund dann eingehen muß. Die Wirkung von Geflügelknochen läßt sich gut an der eigenen Hand feststellen, wenn man z. B. mit einem solchen spitzen Splitter auf sie drückt. Das sticht fürchterlich, obwohl die menschliche Hand doch relativ unempfindlich ist.

Hinsichtlich der Fütterung von *Knochen* ist allgemein Zurückhaltung geboten, weil Knochen beim Hund sehr leicht zu Verstopfungen führen. Wenn überhaupt, sollte der Hund aber nur Kalbsknochen bekommen. Der Kalkbedarf des Hundes sollte jedoch überwiegend durch Kalkpräparate, die man dem Futter beigibt, gedeckt werden. Der Kalkbedarf des Junghundes ist enorm hoch, da er sehr viel Kalk zum Aufbau des Knochengerüsts und für die Zähne benötigt. Er braucht unbedingt Kalbsknochen, schon um darauf zu kauen und damit den im Kiefer vorgebildeten Zähnen zum Durchbruch zu verhelfen. Beim Junghund muß man also sehr darauf achten, daß kein Kalkmangel entsteht und ihm daher trotz der Kalbsknochen zusätzlich noch Kalkpräparate geben.

Den *Blättermagen vom Rind,* der nicht ausgewaschen, sondern lediglich ausgeschlagen sein soll, so daß noch recht viel von dem grünen, stinkenden Zeug darin enthalten ist, soll man roh allen gesunden, ausgewachsenen Hunden, besonders aber auch den Jagdhunden, zu fressen geben (Hunde unter sechs Monaten dürfen das jedoch nicht bekommen!). Hierdurch werden den Hunden sehr viele notwendige Stoffe zugeführt. Bei Jagdhunden, die man hiermit ein- oder zweimal jede Woche – aber nicht öfter – füttert, besteht kaum die Gefahr, daß sie zum Anschneider*) werden. Getrockneter Pansen ist gut, der frische aber viel besser. Jagdhunde können auch ab und an mit etwas Wild gefüttert werden. Wenn sie regelmäßig den Blättermagen vom Rind bekommen, erzieht man sie damit keineswegs zum Anschneiden. Jedoch darf der Hund auch vom Wild wieder nicht zu viel oder zu oft etwas erhalten. Wir wissen von einem Jäger, der aus Unkenntnis seinen Hund fast ausschließlich mit allem fütterte, was im Jagdbetrieb anfiel, und dann nach gar nicht allzu langer Zeit einen durch diese falsche Ernährung schwer erkrankten Hund hatte. Durch die Schuld seines Besitzers hat dieser Vierbeiner sehr viel aushalten müssen und konnte sich trotz mehrmaliger Behandlung in der Tierklinik nur ganz allmählich wieder erholen. Das Geld, das der Besitzer für die Genesung seines Hundes nun aufwenden mußte, hätte lange Zeit gereicht, um seinen Vierbeiner gesund zu ernähren und zu erhalten. Hier wird deutlich, wieviel Unheil ein Hundebesitzer infolge Unkenntnis, falsch verstandener Sparsamkeit oder gar Geiz anstellen kann. Es wird aber ferner auch deutlich, welch hohe Verantwortung der Mensch gegenüber einem ihm ausgelieferten Tier hat und was er anrichten kann, wenn er nicht gewissenhaft genug ist und sich selbst und sein Handeln nicht stets einer kritischen Überprüfung unterzieht.

Geizige Leute sollten sich überhaupt niemals einen Hund anschaffen, denn das arme Tier kann es hier wirklich nicht gut haben. Wenn diese Leute an sich selber

*) Anschneider = ein Jagdhund, der verendetes, gefundenes Wild anfrißt.

sparen, so haben wir durchaus nichts dagegen, selbst wenn sie sich eines Tages damit ganz einsparen würden. Es ist ihre eigene, freie Willensentscheidung. Wenn jedoch jemand bei seinem Hund geizt, der hier völlig hilflos und vollkommen auf seinen guten oder bösen Besitzer angewiesen ist, so ist dies äußerst verwerflich. Wer einen Vierbeiner zu sich genommen hat, muß auch voll und ganz für dieses Tier einstehen und es eben auch unbedingt gut und artgerecht ernähren, so daß es keinerlei Mangel erleidet. Wir haben großen Respekt vor all denjenigen, die Hunde sehr liebhaben, die aber, weil ihnen zur guten Ernährung des Tieres nicht genügend finanzielle Mittel zur Verfügung stehen, solange auf die Anschaffung eines Vierbeiners verzichten, bis sie in der Lage sind, ihm optimale Möglichkeiten zu bieten.

Doch zurück zum Futter: Rinderblut – auf keinen Fall Blut vom Schwein – kann dem Hundefutter in geringer Menge beigefügt werden, aber wieder nicht zu viel und nicht zu oft, weil das dann ebenfalls Durchfall gibt. Wenig kleingeschnittene, frische Fellstückchen, dann Schwarten, Knorpel, Gurgel und Sehnen – vom Schwein wiederum unbedingt nur gekocht – sollten in der Nahrung des Hundes nicht fehlen. Beim Schneiden der Gurgel ist es äußerst wichtig, daß dabei nur Stücke, niemals aber Ringe entstehen dürfen, die sich nämlich beim Fressen dem Hund sehr leicht über die Zunge ziehen und zum Erstickungstod führen, wenn nicht in kürzester Zeit der Tierarzt hier noch rettend eingreifen kann. Daran muß man auch denken, wenn man z. B. ein Stück Darm von der Leberwurst zerschneidet. Auch darf ein Hund nie etwas vom Kunstdarm bekommen.

⅓ des Hundefutters soll aus *Getreideprodukten* bestehen. Gewiß kann man dem Hund ab und an einmal Nudeln reichen, die nehmen manche Hunde sogar sehr gern. Auch hin und wieder ein Hirsebrei oder gekochter Reis, wobei aber immer der ungeschälte Reis verwendet werden soll, ist für die Vierbeiner geeignet. Das beste Getreideprodukt für den Hund sind aber mit Sicherheit die Haferflokken. Und hier nun gehen die Meinungen der Fachleute auseinander. Die einen treten dafür ein, dem Hund die Haferflocken einfach trocken über das Futter zu streuen und unterzumengen, weil auf diese Weise die Vitamine in den Haferflocken erhalten bleiben. Die anderen vertreten die Ansicht, daß die Haferflokken zunächst gekocht oder zumindest überbrüht werden und dann quellen müssen, weil der Verdauungsapparat des Hundes die in den Haferflocken enthaltenen wertvollen Stoffe anderenfalls gar nicht aufschließen kann. Wir haben für unseren eigenen Hund nun einfach den Kompromiß gewählt. Er bekommt einmal die Haferflocken roh und dann wieder gekocht. Wir müssen allerdings sagen, daß sich unser Vierbeiner über sein Futter mehr freut, wenn wir ihm die Haferflocken trocken darübergestreut haben. Das kann aber natürlich durchaus reine Geschmackssache sein. Man muß nur darauf achten, daß unbedingt Wasser zur Verfügung steht, wenn er die Haferflocken trocken bekommen hat, denn er trinkt logischerweise danach mehr.

Kartoffeln sind nicht gut für den Hund, sein Magen kann mit den Stücken nichts anfangen. Wenn man überhaupt einmal Kartoffeln gibt, muß man sie wenigstens zu Brei zerdrücken. Manche Hunde mögen Brot ganz gern. Man sollte es ihnen trotzdem nur selten geben, weil es im Magen säuert. Kuchen oder Keks am besten meiden. Der darin enthaltene Zukker schadet Zähnen und Nieren. Traubenzucker dagegen tut gut, doch nur wenig und nicht zu oft, nichts übertreiben!

Natürlich soll der Hund auch *Obst und Gemüse* haben, wobei einige Sorten sehr zu empfehlen sind, von anderen abzuraten ist. Wir wollen hier einmal aufzeigen, wie man z. B. dem Hund innerhalb einer Woche jeden Tag ein geschmacklich anderes Futter anbieten kann, und er auf diese Weise eine abwechslungsreiche Kost mit sehr wertvollen Stoffen erhält. Dem Futter, das, wie beschrieben, täglich aus ⅔ Fleisch und ⅓ Getreideprodukt besteht, wird dann hinzugefügt:

Am 1. Tag:
Je nach Größe des Hundes 1 bis 2 Eßlöffel geriebener Apfel, aber nicht mehr (sonst zuviel Säure). Deshalb auch eine etwas süßlichere Sorte wählen und gut aufpassen, daß der Apfel einwandfrei ist, also keine braunen oder gar fauligen Stellen hat. Wir wissen heute alle, daß dies Krebs erzeugt;
am 2. Tag:
Ein Eidotter, also immer nur das Eigelb, aber niemals das Eiweiß, weil Hühner-Eiweiß durch das darin enthaltene Avidin die Nährstoffverwertung stört;
am 3. Tag:
Je nach Größe des Hundes 1 bis 2 Eßlöffel geriebene, rohe Möhre, wobei man – wie beim Apfel – auch wieder sehr aufpassen muß, daß die Möhre wirklich einwandfrei ist. Man soll sie reiben oder raspeln, weil sie somit auch gleich noch als Ballaststoff dient. Gekochte Möhren sind weit weniger wertvoll, weil Vitamine durch das Kochen verlorengehen;
am 4. Tag:
Eine kleine bis mittlere Knoblauchzehe, nicht mehr. Diese Zehe reiben oder ganz fein hacken und danach unter das Futter mischen. Bei sehr empfindlichen Hunden soll man sie mit dem Fleisch kochen und dann gut zerdrücken und untermengen. Wie gut Knoblauch für den Vierbeiner ist, haben wir im Kapitel über die Pflege des Hundes beschrieben (s. Seite 31). Sollte der Hund vor der Futterschüssel zurückweichen, so ist dies nur ein Zeichen, daß man vom Knoblauch etwas zuviel erwischt hat, oder aber das Futter nicht gut genug umgerührt ist;
am 5. Tag:
1 bis 2 Eßlöffel gut zerdrückte Banane, die von den Hunden sehr gern genommen wird. Bananenstücke dagegen mögen die meisten Hunde nicht; ihr Magen könnte auch mit den Stücken nichts anfangen;
am 6. Tag:
1 bis 2 Eßlöffel rohen, im Mixer zerkleinerten, grünen Salat. Auch hier darf man natürlich nur sehr gute Salatblätter, die man selbst gern essen würde, verwenden und muß die Salatblätter vor dem Zerkleinern selbstverständlich sehr gründlich waschen;
am 7. Tag:
Je nach Größe des Hundes 1 bis 2 Eßlöffel Hüttenkäse. Dieser Hüttenkäse ist äußerst gesund für den Hund und wird daher auch für die Diät bei magen- oder darmkranken Hunden eingesetzt. Im Gegensatz zum Hühner-Eiweiß handelt es sich beim Hüttenkäse um ein ganz anderes Eiweißprodukt, das für ihn sehr wertvoll ist;
am 8. Tag:
1 bis 2 Eßlöffel feingehackte Petersilie, die wegen ihres hohen Vitamin-C-Gehalts für den Hund sehr gesund ist. Damit das Vitamin C aber nicht zerstört wird, darf man die Petersilie erst zum Schluß unter das bereits fertige, lauwarme Futter mischen. Sollte der Hund nicht alles auffressen, muß man mit dem Rest vorsichtig sein, weil er, wenn er länger steht, durch die Petersilie leicht sauer werden könnte und damit für den Hund ungenießbar würde. Sauer gewordenes Futter darf er niemals haben.

Es bleibt nur noch zu ergänzen, daß der Apfel wie Ei, Banane und der Hüttenkäse ebenfalls nicht mit dem Futter gekocht werden dürfen, sondern erst zum Schluß unter das bereits fertige, handwarme Futter gemengt werden.

Außer Banane und Apfel bietet sich als Obst auch noch eine süßere Birne an, die man ebenfalls gut zerdrücken muß. Alle Obstsorten mit stärkerer Säure, wie z. B. Kirschen, sind für den Hund weniger gut geeignet. Man muß hier einfach ausprobieren, was der eigene Vierbeiner gern nimmt und was ihm gut bekommt.

Als Gemüse kann man außer den Möhren und dem grünen Salat auch Spinat nehmen, der zuvor im Mixer zerkleinert wird. Beim Spinat ist allerdings Vorsicht geboten, wenn der Hund nicht alles auffrißt und noch ein Rest in der Futterschüssel bleibt. Spinat entwickelt nämlich, wenn er länger steht, einen giftigen Stoff. Deshalb ist es hier ratsam, dem Hund entweder von vornherein nur eine kleinere Menge anzubieten, die er dann bestimmt gänzlich auffressen wird, oder aber den in der Futterschüssel verbliebenen Rest wegzutun. Das ist in diesem Fall nicht etwa Verschwendung, sondern ein Zeichen von Vernunft! Auch etwas Porree, Zwiebel oder Fenchel bieten sich als Gemüse an – am besten leicht gedünstet und gut zerkleinert unter das Futter mischen. Kohl oder Hülsenfrüchte sollte man dem Hund nie geben. Sie blähen und tun ihm einfach nicht gut. Gewürze sind ebenfalls nichts für ihn.

Statt der Petersilie kann man auch einmal kleingehackten Schnittlauch nehmen, und außer dem Hüttenkäse wäre noch Quark zu empfehlen oder ganz wenig Dickmilch.

Als Ballaststoff eignet sich Weizenkleie, von der das Tier aber auf keinen Fall zu viel haben darf. Je nach Größe des Hundes sollte man ½ bis 1 Eßlöffel voll über das Futter streuen, nicht mehr. Dies gilt auch für Leinsamen, von dem man noch etwas weniger nimmt, weil er nämlich den Stuhlgang des Hundes sehr geschmeidig macht.

Daß dem Hundefutter Mineralien, Spurenelemente und Vitamine zugesetzt werden sollen, ist bekannt. Im Handel werden dementsprechende Produkte angeboten. Diese Mineralien, Spurenelemente, Vitamine wie auch alle Kalkpräparate darf man jedoch nicht etwa mitkochen wollen, denn sie würden dadurch unwirksam, und ihre Zugabe wäre somit sinnlos. Deshalb werden sie stets erst zuletzt unter das bereits fertige, handwarme Futter gemischt. Damit der Hund von diesen Beigaben die richtige, seiner Größe entsprechende Menge bekommt, muß man sich genau an die Anweisungen auf den Packungen halten, denn ein Zuviel könnte auch hier wieder direkt schaden. Es muß halt immer und überall die goldene Mitte gewahrt bleiben.

Lecithintabletten sollen hier noch Erwähnung finden, die für die Vierbeiner sehr gut sind, denn Lecithin verbessert die Futterverwertung sowie den Leber-, Fett- und Gallestoffwechsel.

Wir halten es im übrigen für angebracht und wichtig, über Ernährungsfragen des Hundes auch einmal mit dem Tierarzt zu sprechen, der dann natürlich genau informiert werden muß, wie die Nahrung des Vierbeiners zusammengesetzt ist. Wenn er ein unseren Vorschlägen entsprechendes Futter erhält, wird z. B. sein zusätzlicher Vitaminbedarf gewiß nicht allzu hoch sein. Da aber die Hunde durchaus nicht alle gleich sind, braucht der eine hiervon, der andere davon ein wenig mehr. Und weil der Tierarzt in den meisten Fällen den Vierbeiner doch insgesamt recht gut kennt, kann auch er im Einzelfall am besten raten, damit es eben zu keinerlei Mangelschäden kommt.

Der Hund soll zwar niemals zuviel Fett erhalten, braucht aber täglich doch eine geringe Menge davon, um z. B. die fettlöslichen Vitamine verwerten zu können. Hierfür sind eine nicht zu fette Brühe, ½ Eßlöffel gutes Speiseöl oder ein paar Stücke fettes Fleisch geeignet. Man kann aber auch hin und wieder einen Teelöffel voll Schmalz unter das Futter rühren, das nehmen die Hunde im allgemeinen recht gern. Und wenn sie ab und an einmal ein kleines Stück Butter vom Finger lecken dürfen, ist das natürlich für sie ein Hochgenuß, doch, wie gesagt, hier unbedingt maßhalten!

Manche verwechseln Hunde mit Katzen und stellen ihnen täglich Milch zum Trinken hin. Der Hund kann zwar gelegentlich durchaus einmal Milch bekommen, die jedoch etwas mit Wasser verdünnt werden sollte. Zuviel Milch aber verursacht nicht nur Durchfall, sondern kann sogar zu einer schweren Ernährungsstörung beim Hund führen. Die meisten Vierbeiner spüren das wohl instinktiv und nehmen Milch daher nur äußerst selten. Auch bei den jungen Tieren kommt irgendwann der Augenblick, wo Milch bei ihnen heftige Durchfälle auszulösen beginnt.

Da falsche Ernährung oder eine plötzliche Ernährungsumstellung beim Welpen und Junghund noch ganz schnell zu schweren Störungen und sogar zum Tode führen kann, sollte man sich beim Kauf des Welpen vom Züchter genauestens sagen lassen, wie der kleine Kerl bislang

ernährt worden ist und darf eine Veränderung beim Futter nur sehr vorsichtig und ganz allmählich vornehmen. Hier sollte auf alle Fälle auch stets der Tierarzt um Rat gebeten werden, damit aus dem so empfindlichen, kleinen Wesen ein gesunder, kräftiger Hund werden kann.
Kochsalz braucht der Vierbeiner nur in ganz geringem Maße; es genügt also vollkommen, wenn man ihm einige, wenige Körnchen davon ins Futter gibt. Zuviel Salz würde den Nieren des Hundes schaden.
Honig ist gut und kann – zwar nicht zu oft – dem Hund in geringer Menge angeboten werden. Sonstige Süßigkeiten aber sollte der Hund allein schon wegen der schädlichen Wirkung auf seine Zähne nicht bekommen. Als Leckerli eignen sich da weit besser die Hundeschokolade oder Milchdrops, die natürlich auch wieder nicht im Übermaß gegeben werden dürfen.
Auf Nüsse sind die meisten Hunde regelrecht scharf; man sollte aber hier ebenfalls nicht zuviel des Guten tun. Vorsicht, wenn Nüsse innen dunkelgelb aussehen, besonders die Paranüsse, denn dieser dunkelgelbe Farbton weist deutlich auf einen krebserregenden Stoff hin.
Ein paar Blut- oder Leberwurststücke sind ein herrlicher Schmaus, und mit Käse kann man wohl alle Vierbeiner mächtig erfreuen. Es ist lange behauptet worden, daß Käse für den Hund schädlich sei. Grundsätzlich ist dies aber nicht der Fall, es sei denn, daß es sich um sehr fette Käsesorten oder um Hartkäse handelt, den der Hund nur sehr schwer verdauen kann, und den man ihm darum nicht geben sollte. Selbstverständlich darf der Vierbeiner vom Käse überhaupt nur wenig und nicht etwa größere Mengen bekommen. Es stimmt zwar, daß durch Käse die Riechleistung des Hundes vorübergehend etwas gemindert wird. Dies liegt aber nicht etwa am Geruch des Käses, sondern an Eiweißverbindungen, die für eine gewisse Zeit die Riechleistung etwas herabsetzen.
Ein Eßlöffel Weizenkeime, Soja- oder Hefeflocken könnte ab und an dem Futter beigegeben werden. Doch Vorsicht bei Hefeflocken, weil manche Hunde darauf allergisch reagieren.
Zum Knabbern und damit zugleich zum Putzen der Zähne bieten sich neben dem weichen Kalbsknochen die Büffelhautknochen an, bei denen aber mit Rücksicht auf die Nieren des Hundes auch wieder nichts übertrieben werden darf.
Doch nun zum Füttern selbst. Es ist wohl allgemein bekannt, daß der gesunde, ausgewachsene Hund täglich nur eine Mahlzeit bekommen soll. Junge Hunde erhalten dagegen bis zum Ende des dritten Lebensmonats in regelmäßigen Abständen vier bis fünf Mahlzeiten pro Tag. Hierdurch wird erreicht, daß sich die Bäuche dieser kleinen Wesen nicht durch zuviel Futteraufnahme übermäßig weiten.
Bis etwa Ende des siebten Lebensmonats erhält der Vierbeiner dann dreimal täglich – wieder in regelmäßigem Abstand – eine Mahlzeit und danach wird ihm bis zur Vollendung seines ersten Lebensjahres nur noch morgens und abends Futter gereicht.
Beim kranken Hund muß man sich selbstverständlich strikt an die Anweisungen des Tierarztes halten und dem alten Hund sollte man wieder zweimal am Tag etwas zu fressen geben, damit er nicht zuviel auf einmal frißt, was seinem meist schon etwas geschwächten Herz und Kreislauf nicht gerade dienlich wäre.
Wichtig ist, daß das Futter niemals zu kalt oder zu heiß sein darf, sondern dem Hund stets handwarm gereicht werden soll und daß beim Füttern immer große Regelmäßigkeit herrschen muß, denn der gesamte Organismus des Vierbeiners stellt sich darauf ein. Bei Unregelmäßigkeit kommt der Lebensrhythmus des Hundes völlig durcheinander, was ihn auf die Dauer dann unweigerlich krankwerden läßt. Hier trägt also jeder, der für einen Hund zu sorgen hat, eine hohe Verantwortung!
Da Hunde normalerweise nur soviel Nahrung zu sich nehmen, wie sie wirklich brauchen, wird die Futtermenge

auch weitgehend von ihnen selbst bestimmt, d. h., es wird dem Vierbeiner soviel Futter in die Schüssel getan, wie er im Durchschnitt aufzufressen pflegt. Hierzu muß man noch wissen, daß, im Verhältnis zu den großen, die kleinen Hunde etwas mehr Futter benötigen.

Ausnahmen bestätigen die Regel, und so gibt es leider manchmal Hunde, die überhaupt kein Maß zu kennen scheinen. Diese Tiere verschlingen ihr Futter regelrecht und würden schier fressen bis sie platzen. Ein solch unnormales Verhalten ist fast immer auf einen unverantwortlichen, schweren Fehler des Züchters zurückzuführen, der entweder aus Unkenntnis oder aber einfach aus Bequemlichkeit die Welpen nicht getrennt, sondern alle aus einer großen Schüssel gefüttert hat. Da mußte dann natürlich jeder der kleinen Kerle mächtig darauf bedacht sein, auch genügend abzubekommen, um später nicht Hunger leiden zu müssen.

Diese Freßsucht könnte aber auch einmal ein Zeichen für eine Krankheit des Hundes sein, die mit einer unzureichenden Verwertung der Bestandteile des Futters verbunden ist. Hier sollte also unbedingt der Tierarzt konsultiert werden, der zunächst einmal den Grund für diese Freßgier herausfinden muß und der dann gezielt mit Medikamenten dem Tier helfen kann. Auf keinen Fall darf man einer so unnatürlichen Freßsucht des Hundes damit Einhalt gebieten wollen, daß man ihn einfach hungern läßt. Man würde das Tier dann nicht nur furchtbar quälen, sondern sein Freßverhalten damit möglicherweise sogar noch verschlimmern.

Auch bei Hunden, die im Gegensatz hierzu viel zu wenig fressen, ja, manchmal tagelang nichts zu sich nehmen wollen, und daher dann wirklich richtig elend und klapperdürr sind, kann der Tierarzt entweder mit einem Aufbaupräparat oder einem appetitanregenden Mittel helfend eingreifen. Zuvor muß jedoch hier ebenfalls wieder durch eine gründliche Untersuchung abgesichert werden, daß diese große Appetitlosigkeit des Vierbeiners nicht etwa auf eine versteckte Krankheit zurückzuführen ist. Und wenn ein Hund gut frißt, aber trotzdem immer dünner wird, kann dies zwar ein Zeichen für Wurmbefall sein, könnte aber ebensogut auch auf eine Erkrankung hinweisen. Wie bereits im Kapitel über die Pflege des Hundes erwähnt, darf man in einem solchen Fall nicht etwa eigenmächtig durch Verabreichung eines Wurmmittels Abhilfe schaffen wollen, sondern muß zunächst eine Kotprobe vom Tierarzt auf Würmer untersuchen lassen (s. hierzu Seite 30).

Hunde sollen nicht zu dünn, sondern richtig stämmig und kräftig, aber niemals dick oder gar fett sein. Man muß sich stets vergegenwärtigen, daß Übergewicht praktisch das Hundeleben verkürzt. Es führt – wie beim Menschen – leicht zur Zuckerkrankheit. Wenn ein Vierbeiner also aus der Form zu geraten droht, muß das für seinen Besitzer ein ernstes Alarmsignal sein. Man hat dann genauestens zu prüfen, woran dies liegt. Hierfür gibt es im allgemeinen vier Gründe, und zwar

1. der Hund bekommt insgesamt einfach zu viel Futter. Das liegt dann meistens an den zahlreichen Brocken und Bröckchen, die er sich geschickt zu erbetteln versteht. Eine derartige Bettelei sollte man im Interesse der Gesundheit des Hundes von vornherein niemals gestatten. Besonders gefährlich ist die Situation für den Vierbeiner, wenn einzelne Familienmitglieder ihm heimlich etwas zuzustekken pflegen und offensichtlich nicht einmal ahnen, wie sehr sie dem Tier damit schaden.

   Nein, wenn überhaupt, dann muß der Hund daran gewöhnt werden, daß er bei Tisch nur einen »letzten Happen« erhält, wenn alle mit dem Essen fertig sind. Er wird sich bestimmt schon bald mit dieser Regelung abfinden und nicht mehr betteln, weil er genau weiß, daß er doch nur ganz zum Schluß einen guten Happen bekommt. Der aber darf dann allerdings keineswegs vergessen werden, weil

man seinen Vierbeiner ja sonst enttäuschen und damit alle bisherigen Erziehungsmaßnahmen wieder zunichtemachen würde.
Will man jedoch eisern bleiben und dem Hund bei Tisch keinen einzigen Brocken gestatten, dann sollte man aber Verständnis für ihn zeigen und ihn z. B. abends zunächst erst gefüttert haben, bevor man sich anschließend selbst zu Tisch setzt. Der Vierbeiner ist somit satt und zufrieden und muß daher keine Qualen ertragen, wenn die Zweibeiner genüßlich speisen.

2. Der Hund wird falsch ernährt, d. h., er bekommt z. B. zuviel Fett oder Kohlenhydrate. Hier muß also der Futterplan für den Hund genauestens überprüft und entsprechend abgeändert werden.
3. Der Hund wird dick infolge von Bewegungsmangel. In einem solchen Fall muß ihm dann unbedingt sofort mehr Auslauf verschafft werden.
4. Der Hund leidet an einer Drüsenstörung, die vom Tierarzt diagnostiziert und behandelt werden muß.

Und nun noch ein Wort zum Naschen. Wenn Hunde sich etwas stehlen, so ist der Mensch daran immer selbst schuld. Man soll kein Tier in Versuchung führen, und deshalb gehören Lebensmittel – besonders eben auch Fleisch oder Süßigkeiten – so weggestellt, daß ein Vierbeiner dort gar nicht herankommen kann.
Einem heimlichen Naschen des Hundes kann man schon dadurch gut vorbeugen, daß man stets in der Nähe bleibt, wenn er sein Futter genießt. Ist er nämlich von klein auf daran gewöhnt, beim Fressen niemals gänzlich allein zu sein, dann kommt er tatsächlich weit weniger auf die Idee, sich etwas stehlen zu wollen. (Auch Jagdhunde, die gewöhnt sind, immer in Gegenwart eines Menschen zu fressen, schneiden Wild schon allein aus diesem Grunde viel seltener an.)
Während der Hund frißt, soll der Mensch zwar in seiner Nähe bleiben, muß sich dabei aber immer recht ruhig verhalten. Er darf also keinesfalls durch geschäftiges Hin- und Herlaufen, durch Klappern mit Geschirr und dergleichen Unruhe oder gar Hektik verbreiten. Dem Tier sollte darüber hinaus natürlich nie die Futterschüssel oder ein Knochen weggenommen werden, wenn hierfür nicht ein zwingender Grund besteht. Man würde nämlich sonst seinen Vierbeiner ganz automatisch zu einem Futterschlinger erziehen, der dann obendrein auch kein rechtes Vertrauen mehr zum Menschen besitzt.
Man darf seinen Hund auch niemals zum Fressen zwingen wollen – das würde ihm mit Sicherheit nicht bekommen –, sondern kann lediglich versuchen, ihn durch liebevollen, leisen Zuspruch und Hinhalten von kleinen Bröckchen zur Futteraufnahme zu animieren und seinen Appetit anzuregen.
Und nach dem Fressen gehört dem Hund der Fang gründlich – am besten mit einem Papierhandtuch (Küchenkrepp) – geputzt. So läßt sich leicht verhindern, daß jemals irgend etwas schmutzig wird.
Gewiß wird dem Vierbeiner beim Fressen hier und da etwas vom Futter neben die Schüssel fallen. Dies ist überhaupt kein Problem, wenn man am Futterplatz, der sich immer an der gleichen Stelle im Haus oder der Wohnung befinden soll, ein Tuch unter den Freßnapf legt, mit dem sich dann jeder übergefallene Futterbrocken beseitigen läßt. Außerdem steht die Futterschüssel auf einem solchen Tuch fester und rutscht nicht so leicht weg, wenn der Hund daraus frißt. Im Handel werden heute farbenfrohe Aufwischtücher angeboten, die den Futterplatz richtig ansehnlich gestalten (*s. Abb. 7*). Da auch die Wasserschüssel sich stets am Futterplatz des Hundes befinden soll, wird alles übergeschwappte Wasser sofort vom Tuch aufgesaugt.
Es soll hier noch kurz erwähnt werden, daß im Handel Futterschüsseln unterschiedlichster Größe und Höhe angeboten werden, so daß man z. B. gut daran tut, einem Hund mit längeren Behängen, wie dem Spaniel, einen kegelförmigen Futternapf mit höherem Rand zu kaufen (*s. Abb. 8*), weil sich auf diese Weise

Abb. 7: Ein ansprechender, sauberer Futterplatz.

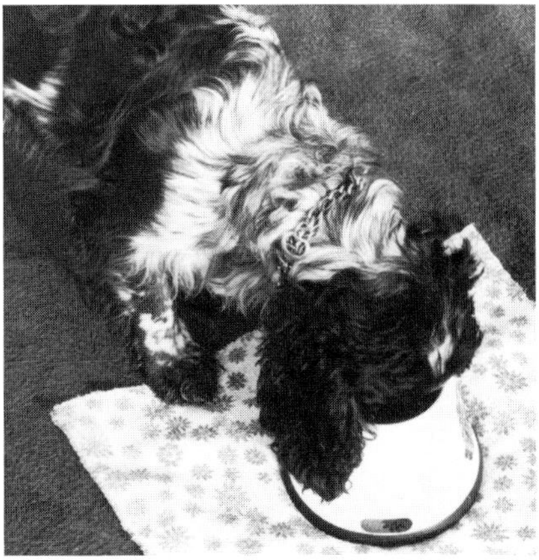

Abb. 8: Bei diesem kegelförmigen Futternapf werden die Behänge des Spaniel nicht schmutzig.

Abb. 9: Bequeme Futteraufnahme für große Hunde.

recht gut vermeiden läßt, daß die Behänge ins Futter stippen. Für sehr große Hunde, wie z. B. Windhunde, bietet sich ein Gestell an, in das Futter- und Wasserschüssel eingehängt werden (*s. Abb. 9*), womit für diese hochbeinigen Tiere die Futter- wie Wasseraufnahme angenehmer ist.

Es braucht wohl eigentlich gar nicht erwähnt zu werden, daß dem Vierbeiner stets eine saubere Schüssel mit Wasser zur Verfügung stehen soll, das täglich erneuert werden muß. Allerdings gibt es Hunde, die regelrecht aus Langeweile Wasser saufen, was natürlich keinesfalls gut für sie ist. Wer bei seinem Hund eine solche Angewohnheit bemerkt, sollte ein wenig dagegensteuern und ihm zwar unbedingt mehrmals am Tag Wasser anbieten, die Wasserschüssel aber nicht ständig stehenlassen. Man muß hier jedoch sehr genau beobachten und differenzieren, denn der Grund für eine vermehrte Wasseraufnahme könnte ja durchaus auch auf das Futter – z. B. Trockenfutter – zurückzuführen sein, nach dessen Verzehr der Hund dann auf alle Fälle mehr Wasser braucht. Auch bei trockener Luft in zentralbeheizten Räumen oder bei Hitze im Sommer trinkt der Hund natürlich mehr. Außerdem könnte sich hinter ständigem Durst ebensogut eine ernste

Krankheit – wie z. B. Zuckerkrankheit – verbergen. Hier darf also niemals ein vorschnelles Urteil gefällt und damit dann möglicherweise genau die falsche Entscheidung getroffen werden.
Kein Hundebesitzer sollte vergessen, wie wichtig die richtige Aufbewahrung der Futtermittel ist. Keller oder andere feuchte Räume sind hierfür absolut ungeeignet. Die Feuchtigkeit würde zu leicht vom Futter – z. B. den Hafer- oder speziellen Hundeflocken – aufgenommen, sie muffig machen oder gar schimmlig werden lassen. Das mag oft genug kaum wahrzunehmen sein, hat aber verheerende Wirkung, denn Schimmel verursacht Krebs. Unverantwortlich wäre z. B. auch eine Lagerung in der Garage, wo zu der hohen Feuchtigkeit noch Benzindämpfe und Abgasgifte kämen. Bitte auch bei Dosen und Verpackungen genau auf das Verfallsdatum achten!
Im Zusammenhang mit dem Futter muß noch auf die Gefahr einer Magenumdrehung hingewiesen werden, von der meistens ältere, größere Hunde bedroht sind, wenn sie nach dem Fressen mit vollem Magen sehr lebhaft herumrennen und springen. Da der Magen beim Hund wie ein Beutel aufgehängt ist, werden Mageneingang und -ausgang bei einer Umdrehung abgeschnürt, was unweigerlich zum Tode führt, wenn der Hund nicht binnen kürzester Zeit operiert wird. Sollte also ein Hund nach dem Fressen wild herumgelaufen und gesprungen sein und plötzlich regelrecht apathisch werden und keinen Schritt mehr laufen wollen, muß unverzüglich der Tierarzt oder eine Tierklinik mit ihm aufgesucht werden, denn hier kann bereits eine Stunde über Leben oder Tod entscheiden.
Zum Abschluß möchten wir noch darauf hinweisen, daß man seinem Hund über das Futter das Lautgeben, also das Bellen auf Befehl, schnell und zuverlässig beibringen kann. Wie praktisch und nützlich ein solches Lautgeben im täglichen Umgang mit dem Hund sein kann, haben wir auf Seite 15 beschrieben. Auch Jäger, die ihren Jagdhund einmal zum Totverbeller oder lauten Verweiser ausbilden wollen, können hiermit bereits den Grundstein dafür legen. Dieses Lautgeben wird wie folgt eingeübt: Man ruft den hungrigen Vierbeiner zum Futterplatz und zeigt ihm die Schüssel mit dem so gut duftenden Fressen, stellt sie ihm aber nicht hin, sondern regt seinen Appetit weiter an, indem man ihm mit Worten wie »Schau, was ich hier Gutes habe, das schmeckt fein« sein Futter noch etwas schmackhafter macht. Der Hund wird jetzt versuchen, an seinen Napf heranzukommen, den man ihm aber nicht gibt, sondern, im Gegenteil, nun noch ein wenig höher hält, so daß er ihn nicht erreichen kann, und sagt dabei mehrmals hintereinander mit lockendem Tonfall »Gib Laut«. Dies wird den Hund zunächst verwirrt und unsicher werden lassen, ihn dann aber sogar etwas wütend machen, denn er möchte ja liebend gern schnell an das gute Futter gelangen, das ihm so vor die Nase gehalten, aber nicht gegeben wird. Meist genügt es schon, den Vierbeiner so für ganz kurze Zeit zum Narren zu halten, bis er seinen Unmut hierüber mit irgendeinem Laut zum Ausdruck bringen wird. Und wenn er nur den kleinsten Piepser von sich gibt, wird er sofort ausgiebig dafür gelobt und ihm die Futterschüssel augenblicklich hingestellt.
Und dann dauert es nur noch wenige Tage, bis der Hund völlig begriffen hat, daß er nur zu bellen braucht, um sein gutes Futter sogleich zu erhalten. Von diesem Zeitpunkt an wird dem Vierbeiner das Fressen stets nur gereicht, wenn er auf den Befehl »Gib Laut« drei- oder viermal kräftig gebellt hat. Damit ist Sinn und Zweck der Übung erreicht, und dieses Verfahren kann nun auch für andere Anlässe wirksam eingesetzt werden.
Man kann das Lautgeben dem Hund selbstverständlich auch über gute Fleischbrocken oder Leckerli (Hundedrops) beibringen.

Die Pflege des Hundes

Wer hätte nicht schon fasziniert und amüsiert den Affen im Zoo zugeschaut. Dabei fällt einem auf, wie ausgiebig und mit welch großem Behagen diese Tiere untereinander Körperpflege treiben. Wissenschaftler haben herausgefunden, daß dieses gegenseitige Putzen keinesfalls nur dem Befreien von Ungeziefer, also der Reinlichkeit dient, sondern von den Affen ebenso zur Förderung des Kontaktes untereinander verstanden und genutzt wird.

Auch jeder Hund hat es sehr gern, wenn der Mensch sich so intensiv mit ihm befaßt und ihn liebevoll pflegt, indem er ihn kämmt, bürstet, massiert oder krault. Und genau wie bei den Affen wird dadurch zwischen Hund und Pflegeperson ein besonders enger Kontakt aufgebaut. Dabei genießt der Vierbeiner es nicht etwa nur, daß er z. B. durch Kämmen und Bürsten von Schmutz, Kletten oder losen, toten Haaren und damit von lästigem Juckreiz oder scheußlichem Ziepen befreit wird, sondern empfindet es darüber hinaus als ungemein beglükkend, seiner geliebten Bezugsperson auf diese Weise so hautnah sein zu dürfen. Schon hier wird deutlich, wie überaus wichtig es ist, daß ein Hundeführer seinen Vierbeiner selbst pflegt und dies nicht einfach irgendwelchen anderen Personen überläßt.

Es mag nun aber Situationen geben, in denen jemand mit der Pflege seines Hundes nicht allein zurechtkommt, z. B. beim Scheren oder Trimmen eines Hundes, wobei aber noch darauf hingewiesen werden soll, daß für das Scheren praktisch nur der Pudel in Frage kommt, weil sein dichtes, sehr krauses Haar anderenfalls zu stark verfilzen könnte. Man darf ja nicht vergessen, daß das Fell für den Hund im Winter zwar Kälteschutz, im Sommer aber Schutz gegen Wärme ist, und damit ein Scheren eigentlich zu jeder Jahreszeit für den Hund nur ungesund sein kann. Wird Trimmen oder Scheren durch einen Fachmann nötig, dann darf man den Hund jedoch nie einfach irgendwo abliefern, um ihn später wieder abzuholen (als würde man nur Schuhe zum Besohlen bringen). Der Hund ist kein toter Gegenstand, sondern ein Lebewesen, das fühlt und das auf alles reagiert. Deshalb hat man es als unbedingte Pflicht anzusehen, wenigstens bei seinem Vierbeiner zu bleiben, um ihm damit eine gewisse Geborgenheit zu geben, so daß er sich nicht noch zusätzlich ängstigen muß, weil er alleingelassen worden ist. Andernfalls kann eben aus Hund und Hundeführer niemals ein richtig gutes Gespann werden.

Die innere Einstellung des Menschen zu seinem Tier ist also bei der ganzen Sache ausschlaggebend. Nur der, dem sein Hund tatsächlich etwas bedeutet, wird bei dessen täglicher Pflege die nötige Sorgfalt walten lassen. Er wird vorsichtig und umsichtig zu Werke gehen und während der Pflege leise gesprochene, freundliche Worte gewissermaßen als beruhigende, zur Entspannung beitragende Begleitmusik verwenden.

Ist ein Hundebesitzer dagegen ziemlich gefühllos, wenn nicht sogar grob oder in herzloser Weise nur darauf bedacht, die Pflege seines Hundes als lästige Pflicht möglichst schnell hinter sich zu bringen, dann braucht er sich auch nicht zu wundern, wenn sein Hund nicht gern Kontakt zu ihm hält, sondern eher von ihm wegstrebt. Keiner sollte unterschätzen, wie negativ es sich auf die gesamte Mensch-Hund-Beziehung zwangsläufig

auswirken muß, wenn das Tier während der Pflege unangenehme Erfahrungen macht und obendrein vielleicht auch noch gescholten wird, weil es nicht stillhält, oder wenn es durch die Pflege möglicherweise sogar Schmerzen erleidet.
Um dem Hund solche schlechten Erlebnisse bei seiner Pflege zu ersparen, muß sachgemäßes Gerät verwendet werden, d. h., daß Kamm und Bürste funktionstüchtig sein und dem Haartyp des Hundes entsprechen müssen, ganz abgesehen davon, daß doch wohl für die Pflege nur sauberes Gerät in Frage kommt. Es sollte selbstverständlich sein, daß man z. B. für einen Hund mit langem, dichtem Haar keinen zu kleinen Kamm mit engstehenden Zähnen benutzen darf, weil das dem Vierbeiner ja unweigerlich wehtun muß. Bei verfilzten Stellen oder bei Kletten kann man nicht einfach so mit dem Kamm durch das Haar fahren, sondern muß sehr achtsam vorgehen, indem man – genau wie beim Menschen – das Haar weiter oben zusammennimmt und festhält, also regelrecht gegenhält, und dann weiter unten vorsichtig auskämmt. Hierdurch läßt sich das fürchterliche Ziepen auf ein Minimum reduzieren, was doch wohl fast jeder aus der Erfahrung mit seinen eigenen Haaren schon kennt. Bürsten ist gut und reinigt gründlich, es bringt allen Schmutz und Staub aus dem

Abb. 10: Trimmen des rauhhaarigen Hundes.

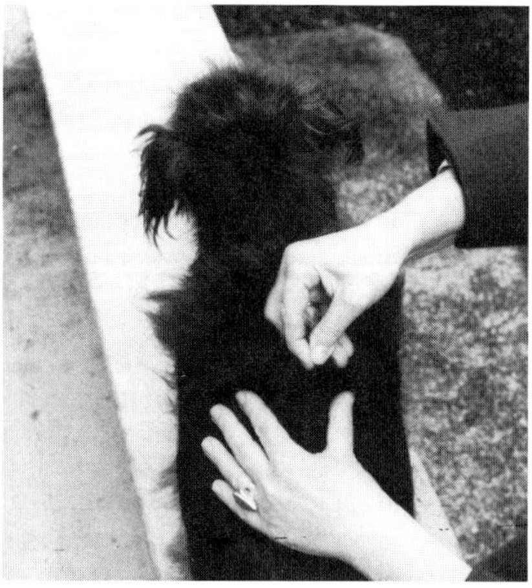

Haar und aktiviert die Haut. Aber natürlich darf dabei nichts übertrieben werden, weil sonst eine schädliche Reizung der Haut gar verursacht werden könnte. Beim kurzhaarigen Hund muß immer in Strichrichtung gebürstet werden, weil ein Bürsten gegen den Strich ihm sehr wehtun würde. Auch sollte die Bürste hier härter als die für langhaarige Hunde sein. Rauhhaarige Hunde muß man trimmen, d. h., daß man das lose, abgestorbene Haar, das noch in der Haut des Hundes steckt, praktisch durch Herauszupfen entfernt. Hierzu drückt man mit der linken Hand auf den Körper des Hundes, wobei man Daumen und Zeigefinger auseinanderspreizt, während man mit Daumen und Zeigefinger der rechten Hand in Strichrichtung vorsichtig am Haar des Hundes zupft *(s. Abb. 10)*. Außerdem gibt es im Fachhandel Trimmmesser (Handhabung vom Fachmann zeigen lassen).
Zur Pflege braucht man Fingerspitzengefühl und muß seine Handhabungen ständig einer selbstkritischen Prüfung unterziehen. Dies führt gewiß dazu, daß bei der Pflege die berühmte goldene Mitte gefunden wird, man also nicht zu wenig, aber auch nicht zuviel des Guten tut.
Ein Zuviel ist jedoch mit Sicherheit dann erreicht, wenn der Hund eigentlich gar nicht mehr Hund sein darf, sondern sich praktisch nur noch wie ein niedliches Stofftier verhalten soll, also um alles in der Welt nicht durch Pfützen laufen oder sich einmal so richtig im Sand tummeln darf. Und wenn er dann womöglich auch noch wie alle anderen Familienmitglieder zum Wochenende in die Badewanne muß, ist wirklich das Maß der Unvernunft überschritten. Der Hund ist ein Tier und soll auch immer ein Tier bleiben. Man darf ihn keineswegs vermenschlichen, sondern hat ihn artgerecht zu behandeln, d. h. der Hund muß sich wenigstens ab und an auch einmal so richtig dreckig machen dürfen. Das schadet doch auch gar nichts, denn der Hund hat ja eine hervorragende, natürliche Reinigungsmethode. Er schüttelt sich einige Male recht kräftig und ist damit im

Handumdrehen bereits wieder vom größten Schmutz befreit. Wenn man anschließend durch Kämmen und Bürsten noch ein wenig nachhilft, reicht dies vollkommen aus. Ein Wannenbad dagegen schadet dem Hund weit mehr als es nützt, besonders dann, wenn hierbei vielleicht auch noch ein großer Fehler begangen und Seife oder Kopfwaschmittel für die Reinigung verwendet werden. Beides zerstört nämlich den natürlichen Fettschutz im Haar des Hundes, den man sich wie ein Imprägniermittel vorstellen muß, an dem Wasser abperlt. Fehlt nun dieser Fettschutz, so fehlt damit die Imprägnierung, und das Haar des Hundes saugt sich regelrecht voll Wasser. Außerdem ist das Haar ohne Fett nicht nur stumpf und spröde, sondern darüber hinaus auch nicht funktionstüchtig, d. h., es schützt dann einfach nicht mehr gegen Wärme oder Kälte. Daß dies für den Vierbeiner schädlich sein muß, wird doch wohl jeder einsehen. Hinzu kommt, daß durch die Seife leicht Reizungen der Haut verursacht werden, was dann auch noch zu einer Hautallergie beim Hund führen könnte. Wenn also tatsächlich einmal ein Bad für den Vierbeiner unvermeidbar scheint – was aber immer die Ausnahme bleiben sollte – ist es am besten, hierfür nur lauwarmes Wasser zu nehmen. Hat sich der Hund jedoch zuvor in Kot oder auf irgendetwas anderem penetrant Stinkendem gewälzt, dann sollte man bei seiner Reinigung auf alle Fälle nur ein spezielles Hundeschampon verwenden, das in den Hundefachgeschäften erhältlich ist und bei dem vom Hersteller besonders darauf geachtet wird, daß das Mittel eben diesen Fettschutz im Haar so wenig wie möglich angreift.

Beim Ohrenputzen des Vierbeiners sollte lediglich einmal jede Woche die Ohrmuschel ganz vorsichtig mit einem sauberen Tuch gereinigt werden, das man zuvor mit lauwarmem Olivenöl befeuchtet hat. Man muß aber sehr aufpassen, daß dabei nicht etwa Schmutz ins Innenohr fällt. Dort könnte sich sonst ein Pfropf bilden, der den Gehörgang verstopft, so daß also bereits Schaden angerichtet wäre. Es ist auch nicht ratsam, für dieses Säubern Wattestäbchen zu verwenden, weil hiermit versehentlich die feine Haut im Ohr eingeritzt werden kann, in diese Verletzung dann Schmutz und Bakterien eindringen und damit eine Entzündung bis hin zur Eiterung verursacht werden könnte. Bei Hunden mit Hängeohren und langer Behaarung, besonders auch beim Pudel, müssen die in der Ohrtrompete befindlichen Haare vorsichtig mit einer Pinzette entfernt werden, die vorne rund sein sollte. Diese Haare lassen nämlich nicht genug frische Luft ins Ohr gelangen, wodurch eine Gehörgangsentzündung begünstigt wird.

Wenn sich der Vierbeiner häufiger die Ohren schüttelt oder auffällig viel an ihnen kratzt und die Ohren zudem noch rot und heiß sind, sollte man unverzüglich den Tierarzt aufsuchen und nicht etwa erst in entsetzlich laienhafter Form herumzudoktern beginnen. Mit Sicherheit liegt dann eine Erkrankung der Ohren vor, möglicherweise Ohrenzwang, was aber zunächst einmal vom Tierarzt diagnostiziert werden und auch von ihm – und nicht etwa mit irgendwelchen Mittelchen – behandelt werden muß.

Bei der Pflege der Augen sollte man sich darauf beschränken, lediglich mit einem sauberen Tuch den sogenannten Augenschlaf zu entfernen, indem man vorsichtig seitlich vom Nasenrücken von oben nach unten wischt. Beobachtet man jedoch eine stärkere weißliche oder gelbliche Absonderung am Auge, wobei die Bindehäute oft auch stärker gerötet sind, dann muß man dies unbedingt dem Tierarzt zeigen. Auf keinen Fall darf man aber beim Hund irgendetwas mit Kamille machen wollen, weil sehr viele Hunde auf das in der Kamille enthaltene ätherische Öl überempfindlich reagieren.

Wenn uns irgendwo Hunde begegnen, bei denen die Haare wie Gardinen vor den Augen hängen, dann können wir einfach nicht begreifen, daß es tatsächlich Hundebesitzer gibt, die aus irgend einer modischen Laune heraus ihrem Vierbeiner so Gewalt antun. Am liebsten möchten wir solchen Leuten auch einmal Fransen an die Stirn kleben, damit sie am eigenen Leibe spüren, wie unangenehm das ist. Deshalb: Weg mit den Haaren vor den Augen, damit der Hund froh und munter in die Welt schauen und seine Umwelt klar und nicht nur verschleiert wahrnehmen kann, er hat ein Recht darauf! Diese Fransen sind nicht nur grausame Mißachtung des Lebewesens, sie können zu allem Übel auch noch Augenentzündungen verursachen, weil ja unweigerlich immer etwas Staub in den Haaren hängt.

Die Zähne des Hundes kann man wöchentlich einmal mit einem sauberen, feuchten Tuch reinigen, auf das man ein wenig Natron streut. Gegen Zahnsteinbildung hilft am besten Zitronensaft. Davon sollte man jedoch nur dann ganz wenig auf das Tuch träufeln, wenn das Zahnfleisch stärker als normal gerötet ist.

Hinsichtlich der Pflege wären auch noch die Analdrüsen zu erwähnen. Wenn der Hund schlittenfährt, also mit dem After auf dem Boden entlangrutscht, dann kann das unter anderem ein Zeichen dafür sein, daß diese Drüsen verstopft sind, weil das in ihnen befindliche Sekret sich verhärtet hat und infolgedessen beim Stuhlentleeren nicht mehr abfließen kann. Das aber schafft dem Hund verständlicherweise Beschwerden. Meistens haben ältere Hunde darunter zu leiden, und wenn dagegen nichts unternommen wird, kann es zu einer Analdrüsenentzündung kommen. Deshalb gehört es mit zur Pflege des Hundes, daß in einem solchen Fall dann die Drüsen vom Tierarzt ausgedrückt werden. Man kann dies auch selber tun, sollte es sich zuvor aber vom Tierarzt einmal richtig zeigen lassen, damit man nicht etwa durch unsachgemäßes Vorgehen gar noch Schaden anrichtet, statt zu helfen. Nun dürfen jedoch die Analdrüsen keinesfalls zu häufig ausgedrückt werden, weil durch dieses Ausdrücken nämlich die Sekretbildung wiederum angeregt wird, so daß also die ganze Sache auf lange Sicht dadurch immer schlimmer werden könnte. Auch hier heißt es also, stets Vernunft walten zu lassen.

Ein derartiges Schlittenfahren könnte aber ebensogut auch anzeigen, daß der Hund Würmer hat. Leider wird in vielen Fällen von den Hundebesitzern dann regelrecht ohne Sinn und Verstand vorgegangen. Statt bei Verdacht auf Würmer zunächst einmal Kotproben des Hundes vom Tierarzt daraufhin untersuchen zu lassen, wird eigenmächtig und selbstherrlich zur Apotheke gegangen, ein sogenanntes Breitbandmittel gekauft, das – ach, wie praktisch – gleich allen Würmern den Garaus macht. Und dann kriegt der Hund das Gift zu fressen, obwohl überhaupt nicht feststeht, daß er tatsächlich von Würmern befallen ist. Selbstverständlich gibt man auch noch ein wenig mehr, als auf dem Beipackzettel vorgeschrieben; der Hund soll es ja gut haben, da will man nicht sparen! Am besten, man verabreicht seinem Vierbeiner zur Vorbeugung gleich ordentlich viel davon alle drei Monate. Wer könnte seinen Hund wohl jemals besser und gründlicher pflegen? Dem armen Vierbeiner aber dreht sich vor lauter Gift der Magen um, »hundeelend« ist ihm, er kann sich vor Durchfall kaum noch retten, auch seine Leber und seine Nieren beginnen bereits zu streiken. Und das zu allem Überfluß auch noch für nichts und wieder nichts, denn er wird von keinem einzigen Würmchen geplagt, nur von dem schrecklichen Gift gegen vielerlei Würmer, das ihn schön langsam kaputtmachen wird. Kaum zu glauben, welch groteske Formen doch falsch verstandene Pflege annehmen kann. Nein, bitte, im Interesse der Gesundheit des Hundes so nie und nimmer!

Richtig ist dagegen, wenn ungefähr jedes halbe Jahr drei Kotproben im Abstand von 10 Tagen vom Tierarzt auf eventuellen Wurmbefall untersucht werden. Der schwemmt die Proben auf und kann dann unter dem Mikroskop genau feststellen, ob der Hund überhaupt Würmer hat und um welche es sich gegebenenfalls dabei handelt. Sollte das Ergebnis positiv sein, wird ganz gezielt ein speziell gegen diese Wurmart wirkendes Mittel eingesetzt. Damit wird der gesamte Organismus des Hundes weit weniger angegriffen als bei irgendeinem Breitbandmittel, das gegen alle Würmer wirkungsvoll sein soll und dementsprechend auch weit giftiger sein muß.

Ein sehr gutes und zugleich auch sehr gesundes Vorbeugungsmittel gegen Würmer ist der Knoblauch. Man darf seinem Vierbeiner natürlich auch hier wieder nicht etwa zuviel davon geben. Wenn man wöchentlich einmal – nicht öfter – eine nicht zu große Knoblauchzehe – nicht mehr – reibt und dann unter das Hundefutter mischt, ist dem gewünschten Zweck vollauf entsprochen. Eigentlich mögen alle Hunde eine mit Knoblauch fein gewürzte Mahlzeit sehr gern. Geht der Hund rückwärts und will das Futter nicht nehmen, dann hat man wahrscheinlich eben doch ein bißchen zuviel vom Knoblauch hineingetan. Bei sehr empfindlichen Hunden sollte man die Knoblauchzehe mit dem Fleisch kochen, anschließend zerdrücken und dann dem Futter beigeben (s. Seite 20). Und weil wir gerade das Futter erwähnt haben, sei hier noch zu bedenken gegeben, daß das Haar des Hundes trotz allen Kämmens und Bürstens stumpf bleiben und damit einen ungepflegten Eindruck machen wird, wenn nicht zu der äußerlichen auch die sogenannte Pflege von innen kommt, d. h., der Hund nicht eine seinen Bedürfnissen entsprechende, vollwertige Nahrung erhält. Wie gut und richtig ernährt wird, haben wir im Kapitel »Die Ernährung des Hundes« (Seite 17 ff.) erklärt.

Zur Pflege des Hundes gehört weiterhin, gewissenhaft darauf zu achten, daß er stets durch Impfung vor den Hunde am häufigsten befallenden und damit für sie gefährlichsten Krankheiten wie Staupe, Hepatitis und Leptospirose, ferner Tollwut und Katzenseuche, wirksam geschützt ist. Daher erhält schon der Welpe bei seinem ersten Besuch beim Tierarzt einen Impfpaß, der ihn sein ganzes Leben lang begleitet und in den vom Arzt jeweils genau eingetragen wird, wann und wogegen der Hund geimpft worden ist. Der Impfschutz gegen *Tollwut* und *Katzenseuche* ist jedes Jahr zu erneuern. Viele Tierärzte sind heute vorsichtig und raten deshalb, auch gegen die anderen Krankheiten statt alle zwei Jahre schon jährlich zu impfen. Man muß hier wirklich sehr auf der Hut sein, daß keine Impfung übersehen wird, weil sonst einmal ganz schnell das Leben des Vierbeiners auf dem Spiel stehen könnte, noch dazu durch menschliche Unachtsamkeit! Aus diesem Grunde legen die meisten Tierärzte quasi als Erinnerungsstütze dem Impfpaß einen Zettel bei, aus dem der nächste Impftermin ersichtlich ist. Um sich später nicht einmal bittere Vorwürfe machen zu müssen, darf man auf keinen Fall einen Impftermin für den Hund je vergessen!

Man muß den Impfpaß auch stets bei sich führen, wenn man mit seinem Vierbeiner eine Reise ins Ausland unternimmt (s. Seite 142).

Es sei hier auch noch darauf hingewiesen, daß jede Impfung natürlich eine Belastung für den Organismus des Hundes bedeutet. Deshalb wird jeder verantwortungsbewußte Tierarzt den Hund erst einmal gründlich untersuchen, bevor er ihn impft. Sollte sich nun bei der Untersuchung eine Krankheit herausstellen, so muß diese zunächst behandelt werden. Der Tierarzt hat aber trotzdem die Möglichkeit, den Hund auch dann durch Spritzen eines bestimmten Mittels für eine Übergangszeit von 14 Tagen vor den obengenannten, sehr ansteckenden Krankheiten zu schützen. Innerhalb dieser Frist läßt sich in den meisten Fällen die vorliegende Erkrankung soweit beheben, daß der Hund dann bedenkenlos geimpft werden kann.

Da der Wurmbefall immer eine Schwächung des Hundes bedeutet, ist es angebracht, vor der Impfung – wie zuvor erwähnt – dreimal im Abstand von 10 Tagen eine Kotprobe auf Würmer untersuchen zu lassen.

Und nach jeder Impfung braucht der Hund Ruhe. Das merkt man den meisten Vierbeinern auch an einer gewissen Mattigkeit und höherem Schlafbedürfnis deutlich an. Diese Regel gilt aber gleichermaßen auch für alle, bei denen es den Anschein hat, als würden sie mit der Impfung spielend fertig werden. Die Schonzeit sollte etwa acht Tage betragen, während der man seinen Hund keiner besonderen Anstrengung aussetzen und auch beim täglichen Spaziergang nichts übertreiben darf. Jäger sollten für diese Zeit ihre Jagdhunde nicht in der Jagdpraxis einsetzen, sondern sich lediglich auf Reviergänge mit ihnen beschränken, die man ja auch nicht allzu sehr ausdehnen muß. Wer sich so rücksichtsvoll seinem Vierbeiner gegenüber verhält, kann in hohem Maße dazu beitragen, stets einen gesunden, kräftigen Hund sein eigen zu nennen.

Massagen sind für den Hund – wie für den Menschen – sehr wohltuend und pflegend, vorausgesetzt, daß sie fachmännisch ausgeführt werden. Jeder, der schon einmal von einem ungeschickten Laien massiert wurde und sich danach wie gerädert fühlte, kann gut verstehen, warum wir hier zur Vorsicht mahnen möchten.

Sicher, man kann seinem Hund den Nakken wie auch den gesamten Rücken unter Anwendung von leichtem Druck massieren. Das wird dem Tier bestimmt guttun und ihm gegen Verspannungen und Verkrampfungen helfen.

Hat der Hund einen harten Leib, was vielfach auf Verdauungsstörungen zurückzuführen ist, dann kann man ihm meistens Erleichterung verschaffen, wenn man ihn an den Seiten massiert und dabei mit den Handflächen vorsichtige, kreisrunde Bewegungen macht.

Möchte man seinem Vierbeiner jedoch noch ein wenig mehr an Massagen zukommen lassen, dann darf man ihn aber auf keinen Fall gradwegs nach eigenem Gutdünken massieren, sondern muß zunächst einmal mit dem Tierarzt darüber sprechen, um dann von ihm ganz klare Anweisungen zu erhalten, was man machen darf, wie man es machen muß und was unbedingt zu unterbleiben hat. Trotz allen guten Willens könnte hier eigenmächtiges Handeln ohne genügend medizinische Kenntnisse nämlich sehr böse Folgen für einen Hund haben. Man denke z. B. nur einmal an einen Tumor, der vielleicht unerkannt irgendwo sitzt und auf solche Massagen dann heftig reagiert.

Gänzlich ungefährlich und von allen Hunden heiß geliebt ist dagegen das zarte Kraulen mit den Fingerspitzen. Es gibt wohl kaum etwas, das Hunden noch besser gefällt; sie brauchen es einfach, um sich wohl und geborgen zu fühlen. Seinen Hund zu streicheln und zu kraulen, bedeutet für jeden guten, liebevollen Hundeführer auch keine Last. Er freut sich vielmehr darüber, wenn sich sein Vierbeiner so vertrauensvoll an ihn schmiegt und das für ihn entspannend wirkende, beruhigende Kraulen mit dem allergrößten Behagen genießt. Natürlich kann man seinen Hund nicht ständig kraulen, alles hat seine Grenze, doch oft wirkt das Kraulen für den Hund wie ein guter Schlaftrunk, bei dem er ganz allmählich abschalten und wunderschön einschlafen kann.

Im Gegensatz dazu darf man alle anderen pflegerischen Maßnahmen, wie z. B. das Kämmen und das Bürsten, nun nicht gerade zu einem Zeitpunkt an seinem Hund vornehmen wollen, wenn dieser todmüde ist und seine Ruhe braucht. Auch hieran muß ein Hundeführer fürsorglich denken und dementsprechend Rücksicht gegenüber seinem Tier üben.

Da man beim Kraulen den Körper des Hundes ganz systematisch mit den Fingerspitzen abtasten kann, werden einem eventuelle Veränderungen auf oder unter seiner Haut, wie z. B. Knötchen und dergleichen, kaum entgehen. Ein rechtzeitiges Bemerken solcher Dinge aber kann schon von entscheidender Bedeutung für die Gesundheit des Hundes sein.

Auch Zecken – selbst wenn sie noch ziemlich klein sind – lassen sich auf diese Weise hervorragend finden. Für das schnelle Beseitigen dieser lästigen und zugleich gefährlichen Plagegeister schwört der eine auf diese, der andere

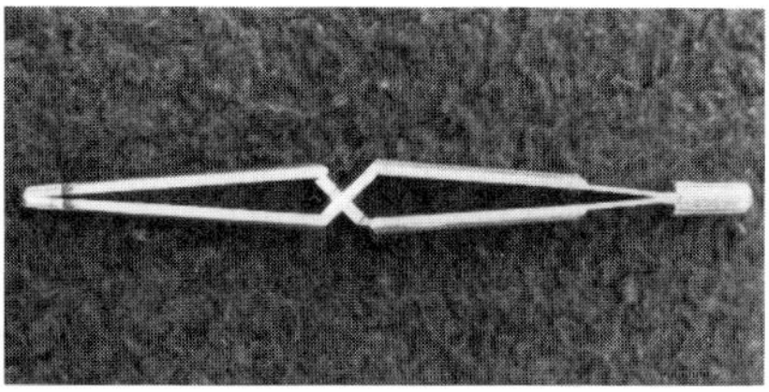

Abb. 11: Zeckenzange, die sich bewährt hat.

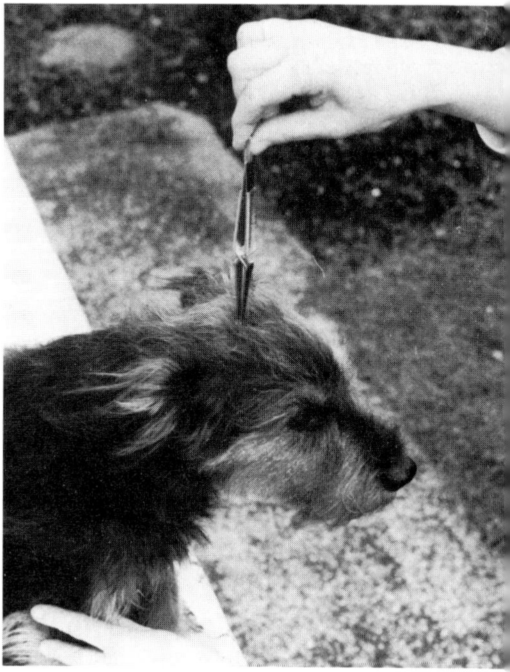

Abb. 12: Richtiges Halten der Zeckenzange.

auf jene Methode. Nach unserer Erfahrung ist die hier abgebildete Zeckenzange, die es in Hundefachgeschäften, in Jagdgeschäften und dergleichen gibt, das wirklich geeignetste Mittel, wenn man sie richtig einzusetzen versteht.

Zunächst muß man dafür wissen, daß Zecken sich im Uhrzeigersinn – also rechtsherum – in die Haut des Hundes bohren. Darum bekommt man sie am schnellsten und besten wieder heraus, wenn man entgegengesetzt verfährt, also die Zecke linksherum rausdreht. Zu diesem Zweck faßt man die Zange, nachdem man sie am Zeckenkörper angesetzt hat, an der Spitze an *(s. Abb. 12)*, dreht langsam linksherum und beginnt nach einer Weile, dabei ganz vorsichtig zu ziehen.

Nie die Zecke zuvor mit irgendeinem Mittel betäuben. Sie gerät dadurch in Atemnot und gibt dann erst richtig Gift in den Körper des Hundes ab. Vorsicht, daß nicht beim Herausdrehen der Zekkenkopf abgerissen wird, damit im Körper des Hundes steckenbleiben und später allmählich herauseitern würde. Es darf einem auch nicht der Fehler unterlaufen, beim Transportieren der Zecke aus Versehen auf die Mitte der Zange zu drücken, die damit natürlich sofort aufginge, so daß die Zecke wieder frei wäre. Außerdem gehört die Zecke erst in die Toilette oder den Mülleimer, wenn sie zuvor getötet worden ist. Sie würde anderenfalls wieder entkommen und könnte damit weiterhin Unheil anrichten. Zum Töten nimmt man sich am besten ein Papiertaschentuch, auf das man die Zecke legt. Auf diesem weißen Untergrund läßt sich zunächst einmal sehr gut prüfen, ob man sie auch wirklich vollständig erwischt hat. Dann deckt man einen Teil des Tuches über die Zecke und drückt jetzt mit der Spitze der Zange kräftig auf ihren Körper, womit man diesen – deutlich hörbar – zerquetscht, was eben gewährleistet, daß die Zecke nun auch wirklich tot ist. Erst jetzt darf man sie im Taschentuch wegwerfen.

Zur Vorbeugung gegen alles Ungeziefer, wie Zecken, Flöhe, Haarlinge usw., sollte man seinem Hund ein Insektizid-Halsband anlegen. Wir sind auf dieses Halsband näher in dem Kapitel eingegangen, in dem es um den täglichen Auslauf für den Hund geht (s. Seite 49 f.). Dort haben wir auch erklärt, wie man seinen Vierbeiner am besten und schnellsten wieder von solchen Plagegeistern befreien kann.

Zu seiner Pflege gehört außerdem, sein Körbchen sowie alle weiteren Liegeplätze stets sehr sauber zu halten, indem

man z. B. die Decken häufig ausschüttelt und ab und an auch wäscht. Alle Kissen oder Unterlagen sollten oft gelüftet, gesonnt und mit dem Staubsauger abgesaugt werden. Erfahrungsgemäß kann sich Ungeziefer dort, wo viel gesaugt wird, sowieso nicht lange halten.
Schlimmer sieht es da für Hunde aus, die sich ab und an im Zwinger aufhalten müssen. Nach unserer Erfahrung sind sie nämlich fast ständig von solchem Ungeziefer geplagt. Kein Wunder, denn allein ein Igel, der durch den Zwinger marschiert, sorgt meist schon für muntere Hinterlassenschaft. Vorsicht beim Desinfizieren von Zwinger und Hütte! Die vom Hersteller gegebenen Anweisungen müssen genauestens beachtet werden. So wird z. B. meistens darauf hingewiesen, daß sich der Hund nach dem Desinfizieren von Zwinger und Hütte dort mehrere Tage nicht aufhalten darf. Diese Mittel sind eben leider nicht ungefährlich. Sie können gesundheitliche Schäden, vor allem auch Allergien beim Hund verursachen. Dies ist mit ein Grund dafür, daß uns Hundezwinger im allgemeinen nicht gerade sympathisch sind.
Wir mögen nicht mehr zu Hundeausstellungen gehen, denn wenn wir dort sehen, wie Hunde mißbraucht und zu Puppen degradiert werden, die man dauernd kämmt und pudert, ja, das Haar sogar färbt und mit Schleifchen verziert, sind wir empört. Das ist kein artgerechtes Halten von Hunden und sollte daher endlich von übergeordneter Stelle unterbunden werden!
Zum Schluß möchten wir hier noch auf etwas aufmerksam machen, das für die Mensch-Hund-Beziehung außerordentlich wichtig ist. Dabei geht es darum, daß der Hundebesitzer sich allzeit bemühen muß, seinen Vierbeiner wirklich zu verstehen. Er sollte nicht alles nur von seiner hohen Warte aus betrachten, sondern ganz schlicht und einfach auch „hundlich“ zu denken lernen, dann wird sich ihm eine ganz neue, faszinierende Welt erschließen, und das wird ihn mit Sicherheit nicht ärmer machen.
Wir haben schon oft Hundeführer beobachtet, denen es ganz offensichtlich unangenehm war, wenn ihnen ihr Vierbeiner die Hand oder die Füße lecken wollte. Sie haben z. B. ihre Hand dann sofort weggezogen und sie sich abgewischt. Schlimm für den armen Hund, hat er doch seinem Frauchen oder Herrchen damit nur klarmachen wollen, wie lieb er es hat. Er wollte es doch auch nur pflegen, und zwar so, wie er es kann und wie er es von seiner Mutter gelernt hat. Der Mensch in seiner Gedankenlosigkeit, Gefühlskälte oder übersteigertem Hygienebewußtsein weist dieses liebevolle Tier so kaltschnäuzig zurück und verletzt und verstört es damit so sehr. Einem guten Hundebesitzer darf das nicht passieren!
Sicher, der Hund soll dem Menschen nicht gerade das Gesicht abschlecken, da hätten auch wir etwas dagegen, aber die Hand oder den Fuß, was schadet das denn schon? Es macht den Vierbeiner so glücklich und den Menschen ganz bestimmt nicht krank. Im Gegenteil, im Speichel der Hunde ist etwas, das Wunden schneller heilen läßt. Außerdem kann sich der Hundeführer ja Hand oder Fuß etwas später sofort gründlich reinigen, was der Hund ja nun nicht unbedingt mitkriegen muß.
Wer Hunde viel und intensiv beobachtet, der hat gewiß voll Bewunderung bei ihnen schon Fähigkeiten entdeckt, mit denen sie uns Zweibeinern haushoch überlegen sind, z. B. ihre Fähigkeit, nicht etwa nur sofort zu merken, wenn der Mensch irgendwo eine Verletzung hat, sondern darüber hinaus auch Krankheiten im Körper des Menschen zielsicher aufzuspüren. Es gibt viele Hundebesitzer, die uns hier zustimmen werden und die berichten könnten, wie ihr Hund mit seiner Nase haargenau auf die Stelle stubste und dort leckte, wo sie überhaupt keine Wunde, aber innerlich Schmerzen hatten. Es steht dem Menschen daher gut an, seinen Vierbeiner nicht nur lieb, sondern auch Achtung vor dem Geschöpf und seinen Fähigkeiten zu haben!

Der tägliche Auslauf für den Hund

»Wer rastet, der rostet!« Dies gute, alte Sprichwort gilt auch für den Hund. Deshalb muß es jedem Hundebesitzer nicht nur ein großes Anliegen, sondern einfach unbedingte Pflicht sein, dem Bewegungsdrang seines Vierbeiners in ausreichendem Maße Rechnung zu tragen. Wer aus Zeitmangel oder gar aus Bequemlichkeit nicht in der Lage oder willens ist, seinem Hund täglich – und zwar bei jedem Wetter – genügend Auslauf zu verschaffen, der kaufe sich bitte einen niedlichen Plüschhund und setze diesen aufs Sofa. Damit ist dann wenigstens gewährleistet, daß kein lebendiger Hund unter ihm zu leiden hat. Aber auch jeder, der zwar gern mit seinem Vierbeiner täglich laufen würde, dieser Forderung jedoch aus gesundheitlichen Gründen einfach nicht nachkommen kann, muß im Interesse des Hundes selbstlos Rücksicht üben und auf die Anschaffung eines Vierbeiners verzichten, so hart dies auch klingen mag.

Doch nun zu der Frage, wie oft und wie lange man täglich mit seinem Hund spazierengehen soll. Weil hierbei sehr viele Faktoren eine Rolle spielen, läßt sich natürlich auch keine allgemein gültige Regel aufstellen. Jeder muß selbst für sich und seinen Hund die optimale Lösung finden. Für uns bleibt nur, durch Ratschläge, Hinweise und Warnungen dabei ein wenig behilflich zu sein.

Wie oft man am Tag seinen Hund ausführt, hängt nicht zuletzt von den gegebenen Wohnverhältnissen ab. Wer z. B. einen großen Garten – vielleicht auch einen Bauernhof oder sogar ein größeres Industriegelände – besitzt und seinem Hund damit schon recht gute Bewegungsmöglichkeit bieten kann, braucht sicher nicht öfter als einmal am Tag mit ihm einen längeren Spaziergang zu unternehmen. Doch der muß sein, soll der Hund nicht stumpfsinnig werden, denn man vergesse bitte nicht, daß der Vierbeiner sein sogenanntes Revier ja bis ins letzte Eckchen genau kennt, so daß es für ihn darin eben nur noch recht selten etwas Neues zu riechen und damit zu erleben gibt. Deshalb laufen die Hunde in ihrem eigenen Revier erfahrungsgemäß gar nicht so sehr viel, sondern liegen dort die meiste Zeit mehr oder weniger gelangweilt herum. Der tägliche Spaziergang in anderer Umgebung bedeutet für sie dagegen Abwechslung und Ansprache, weil sie jetzt Unbekanntes erschnuffeln können. Hinzu kommt, daß durch das kontinuierliche Laufen Herz und Kreislauf sowie der gesamte Verdauungsapparat angeregt wird, so daß sich die Hunde auf solchen Spaziergängen z. B. auch meist viel besser und leichter lösen (ihr Geschäft verrichten). Dieser tägliche, richtige Auslauf hält sie also gesund.

Wenn aber der Garten etwas kleiner ist oder nur eine Wohnung ohne Garten dem Hund zur Verfügung steht und damit seine Bewegungsfreiheit von vornherein schon eingeschränkt ist, dann wird ein mehrmaliges »Gassigehen« am Tag zu einer dringenden Notwendigkeit. Jeder weiß heute, daß Bewegungsmangel – beim Menschen wie auch beim Hund – häufig die Ursache für schwere Erkrankungen ist. Ein Hund aber kann ja nun einmal von sich aus nicht für genügend Bewegung sorgen und sich somit auch nicht von selbst gesunderhalten; er ist also hier voll und ganz auf die Hilfe und das Verantwortungsbewußtsein seines Besitzers angewiesen. Kein Hundeführer darf dies je vergessen!

Wie lange ein Spaziergang mit dem Hund im allgemeinen dauern soll, hängt von dessen Größe, seinem Alter und auch von der jeweiligen Rasse ab.
Ein Junghund (nicht der Welpe) muß sehr viel und recht lange laufen. Dies ist für seine Entwicklung einfach unerläßlich. Es wäre jedoch ein großer Fehler, annehmen zu wollen, daß ein alter Hund kaum noch Auslauf braucht. Im Gegenteil, ihm hilft gerade der Spaziergang – bei dem selbstverständlich nichts übertrieben werden darf –, bis ins hohe Alter munter und fit zu bleiben.
Was für einen kleinen Hund schon eine recht ordentliche Spazierstrecke ist, kann für einen größeren natürlich niemals ausreichend sein, und der Bewegungsdrang von Lauf- und Jagdhunden ist im allgemeinen stärker als der von reinen Begleithunden, wobei jedoch nicht außer acht gelassen werden darf, daß es viele Rassen gibt, die zwar in Deutschland fast ausschließlich als Begleithunde bekannt sind, die von ihrer Anlage her aber zu den Jagdhunden gezählt werden müssen und daher ebenfalls mehr Bewegung als allgemein üblich brauchen. Hierzu gehören z. B. die Setter und viele Terrier-Rassen.
In diesem Zusammenhang möchten wir noch besonders die Windhunde erwähnen, die unbedingt den meisten Auslauf benötigen. Der Afghane, um nur ein Beispiel zu nennen, wird heute noch in seinem Heimatland Afghanistan als Jagdhund für die Hetze auf Steinwild eingesetzt, das er im Gebirge kilometerweit verfolgt. Weil dergleichen in Deutschland ja nirgends möglich ist, werden von den Zuchtvereinen dieser Rassen Windhundrennen durchgeführt, um auf diese Weise den Tieren einen einigermaßen befriedigenden Ersatz für ihre verlorengegangene Bewegungsfreiheit anzubieten.
Um zu zeigen, wie Auslauf für den Hund auf keinen Fall aussehen darf, müssen wir leider auch noch ein sehr negatives Beispiel anführen, das jeden liebevollen Hundeführer zornig werden läßt. Ab und an begegnen einem Menschen, die nicht etwa mit ihrem Hund spazierengehen, um ihm möglichst viel Auslauf zu verschaffen, sondern die dies lediglich tun, damit der Hund sich lösen kann. Und wenn er sein Geschäft verrichtet hat, worauf man schon ungeduldig wartet, wird schleunigst mit ihm der Heimweg angetreten. Ein äußerst verwerfliches Verhalten, das eindeutig die Unfähigkeit dieser Menschen unter Beweis stellt, für ein Lebewesen Liebe und Verständnis aufbringen zu können. Solch ein armer Hund hat natürlich schon sehr bald begriffen, daß er sofort wieder nach Hause muß, sobald er sich gelöst hat und verkneift sich das Lösen deshalb solange es nur irgend geht, selbst wenn er dadurch Schmerzen hat. Wie können einem Hunde leidtun, die bei solchen Menschen leben müssen!
Doch nun zum krassen Gegenteil, also zu Fällen, bei denen hinsichtlich des Spaziergangs manchmal auch direkt übertrieben wird. Wenn man z. B. mit seinem Hund im Welpenalter schon großartige Spaziergänge machen will oder aber überhaupt beim Laufen mit dem kurzbeinigen Hund nicht genügend Rücksicht nimmt und sich zu schnell vorwärtsbewegt, so daß sich ein solch kleiner Kerl mächtig anstrengen muß, um überhaupt mitkommen zu können, wird mit Sicherheit sein gesamter Organismus überfordert, was dann ganz leicht bei ihm zu bleibenden Schäden führen kann.
Bei Wanderungen z. B. besteht ebenfalls die Gefahr, daß der Mensch in seiner Freude an der Natur, an der schönen Landschaft, völlig vergißt, darauf zu achten, wann bei seinem Vierbeiner die Leistungsgrenze erreicht ist und damit das Laufen für ihn zur Strapaze wird, zumal der Hund ja durch sein munteres Hin- und Herspringen meist mehr als die doppelte Strecke dabei zurücklegen muß. Hinzukommt, daß man vielen Hunden, besonders Jagdhunden, oft genug kaum anmerken kann, wann denn nun eigentlich für sie des Guten zuviel ist. Es gibt nicht wenige Hunde, die scheinbar munter und fröhlich unentwegt weitermarschieren, bis sie dann plötzlich erschöpft

und völlig verausgabt im wahrsten Sinne des Wortes zusammenbrechen und damit in einen für sie lebensbedrohlichen Zustand geraten. Schon so mancher Hund hat sich danach nie mehr richtig erholen können. Die weit höhere Intelligenz des Menschen muß also rechtzeitig dafür sorgen, daß es erst gar nicht zu solch gefährlichen Situationen kommt.

Wenn der Hund z. B. langsamer wird, vielleicht öfter stehenbleibt oder sich zwischendurch sogar schon einmal hinzulegen versucht, dann sind das ganz ernste Warnsignale, die auf keinen Fall vom Menschen übersehen werden dürfen. Mit Rücksicht auf das Tier müssen deshalb also immer wieder Pausen eingelegt, und die ganze schöne Wanderei sollte insgesamt eben einfach nicht übertrieben werden. Dies gilt besonders für sehr junge oder alte, für kurzbeinige oder durch eine Krankheit geschwächte Hunde sowie für das Laufen in extrem unebenem Gelände oder gar im Gebirge. Man kann den Bogen aber auch ebenso leicht überspannen, wenn man seinen Vierbeiner z. B. am Fahrrad laufen läßt und hierbei ein paar ganz wichtige Dinge zu bedenken vergißt.

Zunächst einmal darf man grundsätzlich keine kurzbeinigen Hunde, wie z. B. den Dackel, am Fahrrad laufen lassen, weil das mit Sicherheit für sie viel zu anstrengend ist. Aber auch bei den großen Hunden gilt es vorsichtig zu sein, und zwar besonders dann, wenn sie noch nicht ausgewachsen sind.

Wer Hunde aufmerksam beobachtet hat, der weiß, daß sie zwar liebend gern wie ein Wirbelwind herumsausen und dabei beachtliche Geschwindigkeiten erreichen können, daß sie dann aber zwischendurch immer wieder hier und dort zum intensiven Schnüffeln stehenbleiben. Und diese Schnüffel-Ruhephasen sorgen so wunderbar dafür, daß sich der Hund nicht etwa durch ein zu schnelles, ununterbrochenes Rennen überhitzt.

Am Fahrrad aber entwickeln nun die meisten Hunde einen unglaublichen Vorwärtsdrang, ziehen enorm und werden dabei immer schneller. Das ist dann bei ihnen schon beinahe wie ein Geschwindigkeitsrausch. Oft genug begehen Hundebesitzer dann noch den sträflichen Fehler, sich tatsächlich derart von ihrem Vierbeiner über längere Strecken durch die Gegend ziehen zu lassen, weil das doch dem Hund offenbar so großen Spaß macht. Sie ahnen gar nicht, welch böse Folgen eine solch fröhliche Spazierfahrt für die Gesundheit ihres Hundes haben kann, weil dieser eben dabei leider nicht maßhält und sich übernimmt, so daß die ganze gutgemeinte Radfahrerei damit für den Hund zum reinsten Gift zu werden droht. Deshalb ist ein regulierendes Eingreifen des Menschen hier unbedingt erforderlich. In der Praxis bedeutet dies, daß man seinem Hund grundsätzlich ein derart wildes Vorwärtsstürmen am Rad von Anfang an gar nicht erst gestatten darf. Nein, da muß es energisch »Bei Fuß« heißen und dann hat der Vierbeiner zunächst an der Leine und später – bei einwandfreiem Gehorsam – auch völlig frei nicht vor oder hinter, sondern genau neben dem Rad zu laufen. Und die Geschwindigkeit wird dabei niemals von ihm, sondern immer von seinem Herrn bestimmt. Der aber darf in Verantwortung für Leben und Gesundheit seines Hundes durchschnittlich nur im Schrittempo radeln, wobei er allerdings zwischendurch kleine Intervalle einlegen sollte, bei denen er einmal ein bißchen schneller und dann wieder ganz besonders langsam fährt und ab und an auch immer wieder anhält, so daß das Tier nie überanstrengt wird. Zeigt der Hund durch sein Verhalten, daß er Marke setzen oder sich lösen möchte, so hat man selbstverständlich sofort zu bremsen und anzuhalten. Dies bedeutet aber, daß der Hund während der gesamten Fahrt ständig gewissenhaft beobachtet werden muß. Und auch der Hund kann bei diesem Unternehmen nicht einfach so vor sich hinschusseln, sondern muß dabei aufmerksam auf seinen Herrn achten. Es wäre in der Tat ein aussichtsloses Unterfangen, dies mit einem undisziplinierten Hund zu probieren. Mit Sicherheit gäbe es zahlreiche Stürze vom Rad mit mehr

oder weniger ernsten Verletzungen. Hier zeigt sich auch ganz deutlich, welch hohen Stellenwert eben die Ausbildung des Hundes im Gehorsam hat. Praktische Anleitungen hierzu sind ab Seite 60 gegeben (s. Übung 19 B, Seite 121).
Selbstverständlich darf sich der gesamte Auslauf des Hundes nicht nur auf das Laufen am Rad beschränken. Werden aber die oben aufgezeigten Voraussetzungen erfüllt, dann kann dies für den großen, ausgewachsenen und gesunden Hund schon eine sehr sinnvolle Ergänzung sein. Man schafft dem kräftigen Hund damit eben zusätzlich eine Möglichkeit, irgendwie Dampf abzulassen und sich auszuarbeiten, was er ja unumstritten dringend für sein Wohlbefinden braucht.
Doch an dieser Stelle ist noch eine ganz wesentliche Einschränkung zu machen. Man sieht leider des öfteren Leute, die ihre Hunde bei warmem Wetter, ja, sogar wenn die Sonne so richtig brennt, am Rad laufen lassen. Solche Menschen haben entweder überhaupt nicht nachgedacht oder ihnen fehlt tatsächlich jegliches Einfühlungsvermögen. Wer dergleichen tut, wird zum Tierquäler, ohne daß er es vielleicht weiß oder will. Man darf selbstverständlich mit dem Hund nur bei kühlem Wetter oder morgens und abends, wenn viel niedrigere Temperaturen herrschen, radfahren.
Außerdem muß man mit seinem Hund verkehrsreiche Straßen wie die Pest meiden, denn hier besteht für Hund und Besitzer nicht nur das große Risiko, irgendwann überfahren zu werden, sondern beide würden auf solchen Straßen auch soviel Staub und giftige Abgase einatmen, daß mit Sicherheit beider Gesundheit für immer dahin wäre.
Darum bieten sich also dafür nur kleine, stille Nebenstraßen, Wege in Grünanlagen oder Wald- und Feldwege an. Aber, wie schon gesagt, solche Spazierfahrten sind wirklich nur mit einem absolut gehorsamen Hund möglich. Hände weg vom Rad, wenn man sich noch nicht vollkommen auf seinen Hund verlassen kann! Es darf einfach nicht vorkommen, daß sich der Hund selbständig macht, denn durch einen derart ungehorsamen Hund können Menschen und Tiere wie auch das freilebende Wild bedroht und gefährdet werden. Hier trägt jeder einzelne Hundeführer seiner gesamten Umwelt gegenüber eine sehr hohe Verantwortung!
Was wir jetzt über das Laufen des Hundes am Rad besprochen haben, gilt selbstverständlich in gleicher Weise auch für alle Reiter, die sich beim Ausritt von ihrem Hund begleiten lassen.
Oft kommt man auf dem Spaziergang auch an einem See, Bach oder Weiher vorbei, von denen sich viele Hunde wie magisch angezogen fühlen. Das ist verständlich, denn das Schwimmen in solchen Gewässern an einem schönen, warmen Sommertag ist für den Hund etwas sehr Angenehmes, Erfrischendes, vorausgesetzt, daß hier nicht etwa Abwässer oder giftige Chemikalien ins Wasser gelangen. Unsere gesamte Umwelt ist heute so arg belastet, daß es unbedingt ratsam erscheint, sich erst einmal diesbezüglich näher zu informieren. Beim Schwimmen wird der Vierbeiner nicht nur gründlich sauber, sondern er kann sich dabei auch einmal so richtig ausarbeiten und alle seine Muskeln tüchtig in Anspruch nehmen. Daher bereitet den meisten Hunden das Schwimmen ganz offensichtlich große Freude.
Dies gilt allerdings nicht für kranke – besonders herzkranke – oder z. B. Hunde mit einem Lungenemphysem, denn für sie könnte das Wasser eine große Gefahr, wenn nicht sogar den Tod bedeuten. Zum Glück meiden diese Hunde das Wasser meistens schon instinktiv. Es ist also wichtig, daß ein Hundeführer seinen Vierbeiner hier genauestens beobachtet, um aus dessen Verhalten Rückschlüsse ziehen zu können, was dann möglicherweise sogar zum rechtzeitigen Erkennen einer Krankheit des Hundes beitragen kann.
So wird ein gewissenhafter Hundebesitzer, wenn er festgestellt hat, daß das nasse Element bei seinem Vierbeiner mehr Angst und Schrecken denn Freude aus-

zulösen scheint, und es dafür keine plausible Erklärung gibt, seinen Hund zunächst einmal vom Tierarzt gründlich untersuchen lassen. Und erst wenn nachgewiesen, daß der Hund gesund ist, wird man versuchen, ihm bei der Überwindung einer gewissen Wasserscheu zu helfen. Es wäre ja sehr schade, wenn einem gesunden Hund ein großer Spaß entgehen würde, nur weil er aus einer gewissen Ängstlichkeit heraus sich nicht ins Wasser traut.

Diese Wasserscheu läßt sich in den meisten Fällen ziemlich schnell beseitigen, wenn der Hundeführer mit dem angeleinten Hund im seichten Wasser spazierengeht und sich dabei ganz neutral verhält, also den Vierbeiner nicht etwa bedauert, sondern vielmehr beim Laufen in fröhlichem Ton mit ihm spricht und ihn auf diese Weise anrüdet und aufmuntert, ihm praktisch damit das Gefühl vermittelt, als sei dieser Spaziergang im Wasser das Natürlichste von der Welt. Zu seiner großen Freude wird der Hundeführer oft schon nach kurzer Zeit merken, wie sich die anfängliche Verkrampfung bei seinem Hund langsam löst, er also nun nicht mehr länger mit eingeklemmter Rute und steifen Beinen durch das Wasser stapft, sondern sich allmählich so sicher und selbstbewußt wie sein Meutenführer im nassen Element zu bewegen beginnt. Ist der größte Teil der Ängstlichkeit auf diese Weise bereits überwunden, kann man sich kaum merklich immer ein wenig tiefer ins Wasser wagen, bis der Hund zuletzt nicht mehr stehen kann und schwimmen muß. Dabei sollte man ihm zunächst noch gewissermaßen als Sicherheit und Stütze die Hand unter den Bauch halten, bis er dann plötzlich entdeckt und versteht, daß ihm nichts passiert und das Wasser ihn trägt. Wenn das erreicht ist, kann man getrost mit seinem Hund auch weiter hinausschwimmen.

Für das hier kurz beschriebene Verfahren braucht man natürlich insgesamt schon einige Zeit, vielleicht ein paar Tage, manchmal sogar Wochen, und nur in ganz seltenen Fällen wird sich dies schon innerhalb eines Tages erreichen lassen. Daß man dabei sehr liebevoll, gütig und geduldig sein muß, dürfte selbstverständlich sein, denn eines darf nie und nimmer geschehen, man darf auf keinen Fall die Nerven verlieren und seinen Hund einfach rigoros ins Wasser schubsen, stoßen oder gar werfen. Damit würde nicht etwa nur aus der Ängstlichkeit des Hundes eine kaum noch abzubauende große Angst, sondern – was noch viel schwerwiegender ist – das Vertrauen des Hundes zu seinem Herrn wäre hierdurch aufs tiefste erschüttert, wenn nicht sogar für alle Zeiten zerstört. Kein guter Hundebesitzer würde dies wohl auch jemals tun.

Wir hatten zuvor erwähnt, daß bei dem schrittweisen Gewöhnen ans Wasser der Hund angeleint sein muß, was völlig in Ordnung ist. Wenn man jedoch später seinen Vierbeiner allein ins Wasser schickt, dann muß man ihn unbedingt zuvor von jeder Halsung – auch vom Insektizid-Halsband – befreien. Dadurch ist gewährleistet, daß der Hund nicht etwa an irgendwelchen Dingen über oder unter der Wasseroberfläche hängenbleibt und so leicht ertrinken könnte. Hier geht es also um etwas außerordentlich Wichtiges, das über Leben oder Tod des Hundes entscheiden kann. Deshalb darf kein Hundebesitzer in diesem Punkt jemals unachtsam oder vergeßlich sein.

Wir möchten an dieser Stelle auch noch darauf hinweisen, daß die Methode des stufenweisen Vertrautmachens des Hundes mit dem Wasser zusätzlich noch den Vorteil hat, daß der Vierbeiner dabei lernt, langsam ins Wasser zu gleiten und nicht so ungestüm hineinzuspringen. Ein solch tollkühner Sprung ist gleich aus mehreren Gründen abzulehnen. Zum einen ist es für den Organismus des Hundes – genau wie beim Menschen – durchaus nicht gut, ohne allmähliche Abkühlung so blitzschnell einem großen Temperaturunterschied ausgesetzt zu sein, zum anderen besteht auch das Risiko, daß sich eben unter der Wasseroberfläche irgendwelche Gegenstände, wie z. B. Stangen oder Pfähle, befinden, an denen

sich der Hund beim Sprung ins Wasser dann schwer verletzen könnte.
Für einen Jäger ist es z. B. nun wirklich alles andere als zweckdienlich, wenn sein Jagdhund allem Wild seine Anwesenheit durch lautes Aufklatschen auf der Wasseroberfläche bekanntgibt. Damit würde nicht nur jede Schwimmspur zerstört, sondern auch alle Enten wären bestens gewarnt, womit dann wohl die Jagd für diesen Tag so gut wie beendet sein dürfte.
Wer kennt nicht die allerorten gern und fleißig angewandte Methode, dem Hund Stöckchen oder Steinchen ins Wasser zu werfen und ihn damit zum Annehmen des Wassers mit mehr oder weniger Erfolg zu animieren. Doch von diesem Verfahren müssen alle Jäger unbedingt Abstand nehmen, weil es der Vorbereitung ihrer Jagdhunde für die Wasserarbeit nicht nützt, sondern vielmehr schadet.
Es gibt aber noch eine weitere Möglichkeit, die wieder bei jedem Hund angewandt werden kann, indem man nämlich für die ganze Prozedur einen Lockvogel in Form eines sehr wasserfreudigen Hundes benutzt, den der eigene Vierbeiner jedoch genau kennen muß und mit dem er sich auch erwiesenermaßen gut versteht. Da Hunde einen großen Nachahmungstrieb besitzen, dauert es in den meisten Fällen gar nicht lange, bis der etwas Ängstliche sich überwindet und dem guten Vorbild ins Wasser folgt, womit das gesteckte Ziel dann ebenfalls erreicht wäre.
Auf der anderen Seite darf man aber nie den Fehler begehen, seinen Vierbeiner ins Wasser zu lassen, wenn ein anderer, fremder Hund darin bereits schwimmt. Es könnte dadurch nämlich allzu leicht zu Raufereien im Wasser kommen, was nicht nur sehr gefährlich ist, sondern dem Hund dann höchstwahrscheinlich für lange Zeit jegliche Wasserfreude nimmt.
Viel schlimmer aber als jeder noch so aggressive, fremde Hund sind Schwäne. Man kann es sich kaum vorstellen, aber diese Tiere besitzen eine derartige Kraft, daß sie einem Menschen mit einem einzigen Flügelschlag den Oberarm brechen können. Auch der größte und stärkste Hund hat so gut wie keine Überlebenschance, wenn es zum Kampf mit einem Schwan im Wasser kommt. Deshalb sofort weg mit dem Hund vom Wasser, wenn auch nur ein einziger Schwan irgendwo zu sehen ist.
Forscht man einmal nach den Ursachen für die Wasserscheu bei den einzelnen Hunden, dann fällt auf, daß diese Ängstlichkeit gegenüber dem Wasser häufig durchaus nicht etwa ererbt ist, sondern vielmehr durch schlechte Erfahrung – meist schon in früher Jugend – erworben wurde. Einige Gefahren in bezug auf das Wasser haben wir bereits erwähnt, möchten hier aber noch weitere kritische Punkte aufzeigen und hoffen, somit recht vielen Hunden ein negatives Wassererlebnis ersparen zu können.
Anwärter für einen regelrechten Wasserschock sind z. B. Hunde, in deren häuslicher Umgebung es einen Swimmingpool oder Gartenteich gibt. Diese Erfahrung haben wir schon sehr oft mit den Hunden aus unseren Abrichtekursen gemacht. Es kommt in solchen Haushalten eben leider immer wieder vor, daß der Hund in einem unbewachten Augenblick in den Swimmingpool fällt oder vielleicht sogar freudig von selbst hineinspringt, später aber wegen der steilen Wände nicht mehr allein herauskommt und damit in Panik gerät. Wer also einen Swimmingpool besitzt, muß unbedingt Sicherheitsvorkehrungen treffen, daß dergleichen nicht passieren kann.
Genauso ist es mit dem Gartenteich, bei dem die glatte, durch Algen glitschige Folie oder ebenfalls steile Wände dem Vierbeiner – besonders dem jungen oder dem kurzbeinigen Hund – das Aussteigen schier unmöglich machen. Wenn man nun unbedingt einen Gartenteich haben will, was wir nicht gerade für sinnvoll halten, solange man einen Hund besitzt, dann muß aber auf alle Fälle mittels eines Zaunes oder dergleichen dafür gesorgt sein, daß der Hund eben dort nicht hineingeraten kann.
Grundsätzlich sollte man überhaupt bei

allen Gewässern darauf achten, daß es für den Hund eine leichte Ausstiegsmöglichkeit gibt, denn selbstverständlich ist nun nicht gerade jedes Wasser für den Hund zum Baden geeignet. Daß man seinen Vierbeiner z. B. nie in einen Fluß mit starker Strömung oder gar in einen reißenden Gebirgsbach lassen darf, wird jedem sofort einleuchten. Hier besteht selbst für den kräftigsten und wasserfreudigsten Hund die große Gefahr, derart in den Sog zu geraten, daß ihm schon nach kurzer Zeit infolge der riesigen Anstrengung die Kräfte schwinden und er daher nicht mehr das rettende Ufer erreichen kann, sondern ertrinkt. Durch die unheimliche Wucht des Wassers könnte er aber auch z. B. so unglücklich gegen Steine geschleudert werden, daß er dadurch verletzt oder gar bewußtlos wird und dann ebenfalls ertrinkt, noch ehe ihm sein Herrchen zu Hilfe eilen kann. Da das Wasser der Gebirgsbäche zudem nicht nur reißend, sondern auch eiskalt ist, tut man gut daran, hier seinen Hund niemals hineinzulassen.

Auch Strudel sind sehr gefährlich, und ganz besondere Vorsicht ist in der Nähe von Stauwehren geboten, denn wenn ein Hund dort hineingerät, gibt es für ihn unweigerlich kein Entrinnen mehr. Schon so mancher Hundebesitzer, der sein Tier noch zu retten versuchte, ist dann zusammen mit ihm umgekommen.

Vorsicht auch vor Gewässern, auf denen Motorboote oder gar Dampfer und Lastkähne fahren. Wir möchten nicht schildern, wie der Tod eines Hundes aussieht, der in den Sog eines Schiffes kommt und dann von der Schiffsschraube erfaßt wird.

Von Wellen im See sind die wenigsten Hunde begeistert, weil ihnen dadurch oft das Wasser direkt ins Gesicht gepeitscht wird und sie dann kaum mehr Luft bekommen. Die Wellen des offenen Meeres aber sind noch weit heimtückischer, denn durch sie wird der Hund immer weiter hinausgetragen. Daher ist es unverantwortlich, wenn man seinen Vierbeiner am Meer bei Wellengang ins Wasser läßt, es sei denn, daß man unmittelbar in seiner Nähe bleibt und mit ihm zusammen schwimmt. Hierbei muß der Hundeführer jedoch vorsichtig sein, daß er nicht verletzt wird, denn wenn Hunde aus irgendeinem Grund doch plötzlich Angst bekommen, versuchen sie sofort, sich auf dem Rücken ihres Herrn festzukrallen und fügen ihm damit recht schmerzhafte Kratzer zu.

Wenn der Hund nach einem schönen Bad aus dem Wasser kommt, sollte man ihn ordentlich rennen lassen, weil er auf diese Weise am schnellsten wieder trokken wird. Wie ungesund es ist, wenn der nasse Hund irgendwo still liegt und so allmählich trockendampft, werden wir ausführlich besprechen, wenn es um den Auslauf des Hundes im Regen geht (s. Seite 45).

Wir möchten aber auf etwas anderes aufmerksam machen: Sobald ein Hund das Ufer erreicht, schüttelt er sich normalerweise erst einmal kräftig und rutscht dann oft anschließend mit etwas seitlich gehaltenem Kopf über den Boden. Auf diese Weise befreit er sich vom Wasser, das ihm in die Ohren gelaufen ist und beugt damit wunderbar einer eventuellen Ohrenentzündung vor. Deshalb darf man das auch auf keinen Fall unterbinden, nur weil man eben nicht gern möchte, daß sich der gerade sauber gewordene Hund nun sogleich wieder schmutzig macht.

Doch nun zurück zu der Frage, wann man mit seinem Hund spazierengehen soll. Auch hier läßt sich keine allgemein gültige Norm aufstellen. Daß man aber eben z. B. mit seinem Vierbeiner im Sommer nicht bei großer Hitze unterwegs sein soll, oder daß Abendstunden im Herbstnebel für einen Hund mit Bronchialkatarrh die ungünstigste Zeit für einen Spaziergang ist, dürfte verständlich sein. Hier heißt es also, sehr gut zu überlegen, damit für Hund und Hundeführer der günstigste Rhythmus gefunden wird. Ja, Rhythmus, das ist wichtig, denn wenn es dem Hund gut gehen und wenn er gesund bleiben soll, muß auf Regelmäßigkeit allergrößter Wert gelegt werden. Der Hund soll also nicht nur jeden Tag zur gleichen Zeit sein Futter erhalten; wenn irgend möglich, muß auch beim täglichen Auslauf große Pünktlichkeit herrschen. Der gesamte Organismus des Hundes stellt sich nämlich darauf ein. Schon viele Hundeführer haben mit Erstaunen festgestellt, daß es bei ihrem Vierbeiner tatsächlich so etwas wie eine »innere Uhr« gibt. Ein kurzes Beispiel hierfür:

Ein Familienvater kommt in der Regel immer um die gleiche Zeit von der Arbeit heim. Die innere Uhr seines Hundes registriert diese Zeit sehr schnell und so sitzt der Hund Tag für Tag pünktlich am Fenster und wartet auf seinen Herrn, um ihn dann mit fröhlichen Sprüngen zu begrüßen. Das besonders Erstaunliche ist daran, daß der Hund kurz zuvor noch fest geschlafen haben kann. Seine innere Uhr weckt ihn ganz pünktlich, der Hund wacht auf, streckt sich, läuft zum Fenster und wartet so Abend für Abend genau um die gleiche Zeit. Durch Unregelmäßigkeiten beim Füttern wie auch beim täglichen Auslauf wird der Lebensrhythmus des Hundes so gestört, daß der gesamte Organismus des Tieres nicht richtig funktionieren kann. Dies hat zur Folge, daß der Hund dann allmählich unweigerlich krank werden muß. Letztlich ist ein Hund immer wieder auf die Gewissenhaftigkeit des Menschen angewiesen, wenn es ihm gutgehen soll.

Und nun zu der Frage, inwieweit Wetterverhältnisse beim Spaziergang eine Rolle spielen. Während man bei einem kranken Hund sehr vorsichtig sein und sich genau an die Anweisungen des Tierarztes halten muß, kann und soll mit dem gesunden Hund – aber natürlich nicht mit einem Welpen – bei jedem Wetter gelaufen werden. Das fördert seine Widerstandskraft. Ausgenommen hiervon ist – wie bereits zuvor erwähnt – z. B. glühende Mittagshitze im Sommer.

Winterliche, trockene Kälte wird fast ausnahmslos von allen Hunden gut vertragen. Bei großer Kälte, Eis und Schnee sollen jedoch nie Halsungen aus Metall, sondern stets Lederhalsungen verwendet werden. Dies ist jedem verständlich, der irgendwann schon einmal bei Frost mit bloßen Händen Metall berührt hat.

Wir lieben keinerlei modischen Schnickschnack und halten strikt an dem Grundsatz fest, daß ein Hund das unumstößliche Recht haben muß, auch ein Hund bleiben zu dürfen. Wir wollen auch keine Verweichlichung. Dennoch empfehlen wir, besonders empfindlichen Hunden im Winter bei großer Kälte – aber auch nur dann – ein Mäntelchen anzulegen. Dies kann z. B. für einen Hund, dessen Nieren vielleicht nicht mehr ganz einwandfrei arbeiten, ein großer Schutz sein und ihn vor einem bösen, chronischen Leiden bewahren.

Bedauerlicherweise werden aber nun im Handel manchmal völlig unbrauchbare, ja, für den Hund geradezu schädliche Sachen angeboten. Deshalb soll man vor dem Kauf genau überlegen und darf sich keinesfalls einfach für irgend etwas entscheiden, nur weil der Hund damit so niedlich aussieht. Wenn ein solches Mäntelchen wirklich sinnvoll sein und echt schützen soll, dann muß die Außenseite logischerweise aus nässeabweisendem Material, z. B. Kunststoff, bestehen und die Innenseite mit einem wärmenden Futter versehen sein. Aber nochmals: Dieser Ratschlag gilt nur für sehr empfindliche oder direkt kranke Hunde! Allen gesunden, robusten Tieren bietet das eigene Fell völlig ausreichenden Schutz.

Doch nun noch zu anderen Gefahren, die der Winter für Hunde in sich birgt. Wer hätte sich nicht schon darüber gefreut, wenn Hunde so vergnügt durch den Schnee toben und sich in der weißen Pracht wälzen. In ihrem Übermut haben sie dann den Schnee im wahrsten Sinne des Wortes zum Fressen gern. Das aber hat für viele Hunde durchaus keine lustigen Folgen. Denn meist schon kurz nach Genuß des Schnees rebellieren Magen und Darm bei ihnen äußerst heftig und für jeden hörbar auf diese weiße Kost. Und bei dem lauten Rumoren und Kollern handelt es sich leider nicht etwa bloß um eine kleine Magenverstimmung, sondern fast immer um eine ernstzunehmende Infektion im Magen- und Darmbe-

reich, die häufig starken Durchfall verursacht und unbedingt behandelt werden muß. Dies ist auch nicht verwunderlich, wenn man bedenkt, daß die aus scheinbar so harmlosen, weißen Flöckchen entstandene Masse nachweislich oft viele Bakterien und Schadstoffe enthält. Deshalb muß es sofort »Pfui« heißen, wenn der Vierbeiner auch nur die geringsten Anstalten macht, hiervon eine Kostprobe nehmen zu wollen.
Obwohl das Umweltbewußtsein in den letzten Jahren erfreulicherweise ständig gestiegen ist, gibt es aber auch heute noch Leute, denen das Schneefegen einfach zu beschwerlich ist und die daher rücksichtslos Salz streuen, obwohl sich längst viel umweltfreundlichere Materialien hierfür anbieten. Dieses Streusalz bedeutet für Hunde eine große Gefahr, denn es ist äußerst aggressiv und kann die Ballen an den Pfoten der Hunde – an denen fast immer winzige Risse sind – regelrecht zerfressen. Abgesehen von den sehr schmerzhaften Wunden, die so an den Ballen entstehen, wird die ganze Angelegenheit noch weit gefährlicher durch die Tatsache, daß jeder Hund sofort versucht, das vom Salz verursachte starke Brennen durch Abschlecken seiner Pfoten zu lindern. Damit aber gelangt das Salz dann zu allem Übel auch noch in den Körper des Hundes und richtet dort meist im Magen-Darm-Trakt sowie an den Nieren schwere Schäden an. Vor einem solchen Schicksal aber kann man seinen Vierbeiner durchaus bewahren, indem man einfach alle Wege meidet, auf denen Salz gestreut wurde. Dies läßt sich eigentlich immer recht gut erkennen. Vorsichtshalber sollte man seinen Hund aber noch zusätzlich schützen, indem man ihm grundsätzlich nach jedem Spaziergang bei Eis und Schnee die Pfoten einzeln unter fließendem, lauwarmem Wasser gründlich abwäscht und anschließend dann noch ordentlich abtrocknet. Hierfür sind Papierhandtücher, die anschließend gleich weggeworfen werden, am zweckmäßigsten. Bei Handtüchern aus Stoff bleiben nämlich zu leicht Rückstände vom Salz im Gewebe, die dann durch das mehrmalige Benutzen des Handtuchs wieder Schaden anrichten könnten.
An dieses Problem mit dem Streusalz sollten auch diejenigen besonders denken, die im Winter mit ihrem Hund im Ausland Urlaub machen, denn dort nimmt man es manchmal hinsichtlich der Umweltbelastungen noch nicht so sehr genau und verwendet dann eben das Streusalz auch nach wie vor noch recht fleißig.
Zwei weitere Dinge, die man beim »Gassigehen« im Winter beachten sollte: Wenn Hunde über längere Zeit durch allzu hohen Schnee stapfen müssen, kann das für sie schon sehr anstrengend werden, ja, sie sogar überfordern. Man merkt dies z. B. deutlich an dem weit höheren Schlafbedürfnis der Hunde nach einem solchen Spaziergang. Bei einem großen, ausgewachsenen und gesunden Hund wird ein derartiger Kraftakt wohl kaum Spuren hinterlassen. Gefährlich aber wird dies wieder für sehr junge oder kurzbeinige Hunde, da sie sich im hohen Schnee ja beinahe nur durch ständiges Hüpfen vorwärtsbewegen können, was bei ihnen sehr bald zu einer allgemeinen Erschöpfung führen kann. Ein bißchen Training für den Körper ist zwar nicht schlecht, doch muß man sich hier vor jeder Übertreibung hüten. Kranken und alten Hunden mit geschwächtem Herz und Kreislauf darf man solche Anstrengungen keinesfalls zumuten. Wer einen Dackel besitzt, muß besonders vorsichtig sein, weil diese Rasse ohnehin bei Überbeanspruchung so sehr von der Dackellähme bedroht ist.
Beim zweiten Problem geht es hauptsächlich um Jagdhunde und hier wieder speziell um die Spurfanatiker unter ihnen. Im Schnee halten sich bekanntermaßen alle Spuren recht lange frisch. Nun zeigen fast alle Hunde Interesse an solchen Spuren, doch bei den Jagdhunden, die meist mit einer sehr feinen Nase ausgestattet sind, wird dadurch die Jagdpassion ausgelöst. Wenn der Hund in einem solchen Augenblick nicht angeleint oder aber schon so gehorsam ist, daß

man ihn noch downpfeifen kann, sobald er die Spur anfällt, dann ist die Katastrophe da. Diese Hunde schalten infolge ihrer Passion nämlich restlos ab, sie sehen und hören nichts mehr und verfolgen nur noch die Spur, die ihnen den Weg zum Wild weist. Und das ist sehr sehr schlimm! Deshalb können wir nicht eindringlich und ernst genug vor solch gefährlichen Situationen warnen, zu denen es eben einfach nicht kommen darf, denn wenn ein Hund erst einmal Spuren verfolgt und anschließend möglicherweise auch noch Wild gehetzt hat, wird er das immer wieder versuchen – es war ja von seiner Warte aus betrachtet ein Riesenspaß. Damit aber wird der Hund zur Plage, und zwar nicht etwa nur für seinen Besitzer, der nun unter Umständen stundenlang warten muß, bis sein Hund endlich zurückkommt, sondern – was viel schwerwiegender ist – er wird zur Plage und zur großen Gefahr für das freilebende Wild. Von solchen jagdlichen Streifzügen sind schon viele Hunde nicht mehr zurückgekehrt, weil sie bei ihrem intensiven Spurverfolgen nichts mehr hörten und sahen und so vom Auto oder der Bahn überfahren wurden. Man bedenke bitte, zu welch schrecklichen Unfällen es auf diese Weise durch den Hund kommen kann. Unfälle, bei denen dann womöglich auch noch Menschen tödlich verunglücken könnten.

In diesem Zusammenhang möchten wir auch noch ernst darauf hinweisen, daß jeder Jäger in Deutschland vom Gesetz her die Pflicht hat, in Ausübung des Jagdschutzes wildernde Hunde zu erschießen. Nun wird zwar ein verantwortungsvoller Jäger den Hund nicht sogleich töten, es sei denn, daß das Leben des Wildes direkt durch den angreifenden Hund bedroht war. Auf alle Fälle aber wird der Jäger den Besitzer des Hundes ausfindig zu machen suchen und sich bemühen, diesem unmißverständlich klarzumachen, wie sehr das Wild durch hetzende Hunde in Gefahr gerät. Er wird den Besitzer deshalb auch ganz eindringlich vor Wiederholungsfällen warnen. Dieses inständige Bitten eines Jägers sollte kein Hundeführer auf die leichte Schulter nehmen oder gar einfach überhören. Man muß daran denken, daß ja sehr viele Jäger selbst begeisterte Hundeführer sind und daher Hunden nie etwas antun möchten, so daß es also für solch einen Jäger furchtbar ist, wenn ihn ein völlig uneinsichtiger Hundebesitzer, der seinen Hund einfach immer wieder Wild hetzen läßt, praktisch dazu zwingt, dieses Tier zu töten. Wir hoffen, daß es niemanden gibt, der dies nicht verstehen kann oder will und der sich deshalb seinem Hund wie auch einem Jäger gegenüber schuldig macht. Uns liegt dieses Problem sehr am Herzen, und wir möchten darum allen anhand eines Beispiels den Ernst der Sache noch einmal deutlich vor Augen führen:

Da macht jemand seinen Hund auf dem Feld- oder Waldweg von der Leine los, um ihm damit die Möglichkeit zu geben, so recht nach Herzenslust herumspringen zu können. Und wie der Blitz saust sein Vierbeiner daraufhin – ganz gleich, ob es nun Sommer oder Winter ist – kreuz und quer durchs Gelände, stöbert Wild auf und verfolgt es mit lautem Gebell. Ach, wie sich der Hundeführer freut, daß sich sein Vierbeiner nun einmal so richtig austoben kann! An das Wild, das sein Hund hetzt, denkt er dabei kaum. Und sollte ihm doch das Gewissen ein wenig schlagen, dann beruhigt er es mit der für ihn so plausiblen Meinung, daß sein Vierbeiner gar nicht schnell genug ist, um das Wild zu bekommen und damit ja also nichts passiert. Das Wild aber rast in höchster Angst mit hohen Sprüngen davon, um durch die Flucht sein Leben vor dem Hund zu retten. Das gelingt ihm auch. Doch bevor es sich noch von Angst und Schrecken, die es soeben durchgemacht hat, erholen kann, wird es schon wieder von einem Hund bedroht, der aus der anderen Richtung kommt und dessen Besitzer auch nur – genau wie der andere – den ach so harmlosen Gedanken hatte, seinem Hund einmal ordentliche Freiheit zu lassen. Und so flüchtet das Wild in panischer Angst vor den Hunden beinahe schon pausenlos hin und her und kann überhaupt nicht mehr zur Ruhe kommen. Hinzu kommt die schlimme Tatsache, daß der Hund durch sein intensives Spurverfolgen direkt in die Einstände und damit in die Kinderstube des Wildes gelangt und dort Verheerendes anrichten kann. Das aber ist insgesamt furchtbarste Tierquälerei! Wir können nur hoffen, daß jeder Hundebesitzer hier Einsicht zeigt und wirklich alles daransetzt, daß er niemals durch seinen Hund zum grausamen Tierquäler wird.

Wie solch negative Vorkommnisse verhütet werden können, und wie man sich verhalten soll, ist im Kapitel ›Die Ausbildung des Hundes im Gehorsam‹ erläutert. Wir möchten deshalb an dieser Stelle bitten, auf jenes so überaus wichtige Kapitel ein ganz besonderes Augenmerk zu richten.

Doch jetzt noch einmal zurück zum Ausgangspunkt, dem Wetter, und zwar speziell zum Regen. Im Gegensatz zur trokkenen Kälte im Winter kann nämlich so ein Regenwetter für manche Hunde recht problematisch werden und hier in erster Linie für solche mit längerem Haar, das zudem meist auch nur schwer wieder trocknen will. Solange ein Hund im Regen läuft und sich bewegt, besteht normalerweise für ihn keine Gefahr, und damit ist also Regen im allgemeinen absolut kein Hindernis für den täglichen Auslauf. Bedenklich wird die Sache nur, wenn der nasse Hund nach dem Spaziergang irgendwo still sitzt oder liegt und dabei ganz allmählich trockendampft, denn bei solch einem ungesunden Trokkendampfen lauern so manche Krankheiten, das wird jeder Tierarzt bestätigen. Diese Gefahr läßt sich jedoch durchaus beseitigen, indem man seinen Hund nach einem Spaziergang im Regen sofort mit einem Handtuch gründlich trockenreibt. Hierfür sind wieder Papierhandtücher sehr zweckmäßig, weil sich mit ihnen die Nässe besonders gut und schnell aufsaugen läßt.

Für Hunde mit längerem und schwer trocknendem Haar ist das Trockenfönen zu empfehlen. Es gibt viele Hunde, die das als sehr angenehm empfinden und ihrem Besitzer dabei sogar deutlich zeigen, wo noch eine nasse Stelle an ihnen ist. Selbstverständlich muß man beim Trockenfönen sehr vorsichtig zu Werke gehen. So darf man z. B. die Wärme niemals zu dicht an den Hund heranführen und auch auf keinen Fall die Warmluft voll auf das Gesicht des Hundes pusten lassen, was ihm ja regelrecht den Atem nehmen würde und ihn unweigerlich beängstigen müßte. Damit sich die Hitze überhaupt nie auf eine bestimmte Stelle konzentriert, was ganz schnell ein fürchterliches Brennen auf der Haut des Hundes verursachen und damit für ihn schmerzhaft und gefährlich würde, muß der Fön bei dem Trocknungsprozeß kontinuierlich hin- und herbewegt werden. Zusätzlich muß man mit den gespreizten Fingern einer Hand ständig durch das Fell des Hundes streichen, um so praktisch das Haar zu lüften, die Temperatur zu kontrollieren und damit zu vermeiden, daß irgendwo ein Hitzestau entsteht oder aber das Haar zu stark austrocknet. Während des Trocknens muß man natürlich mit seinem Vierbeiner liebevoll und beruhigend sprechen, damit er sich sicher fühlt und nicht etwa Angst bekommt. Wenn Hunde allerdings beim Trockenfönen nun starke Erregtheit oder gar große Ängstlichkeit zeigen, darf man sie selbstverständlich keinesfalls etwa hierzu zwingen, sondern muß dann bei ihnen von dieser an und für sich so guten und wirksamen Methode Abstand nehmen.

Zurück zum Auslauf und hier zum kritischen Punkt dieses Themas, zu der Frage nämlich, ob und wann der Hund an der Leine geführt werden muß, wo und wann man ihn frei laufen lassen kann. Unbestritten ist es im Zusammenhang mit dem Auslauf eben leider schon zu großen Problemen gekommen. Hierbei können Schwierigkeiten auftreten, die mit viel Ärger und Aufregung, oft genug auch mit bösen Folgen für Hund und Hundeführer verbunden sind. In einer Gerichtsverhandlung hat dies ein Richter einmal mit folgenden Worten treffend

formuliert: »Wenn Sie mit Ihrem Hund auf die Straße gehen, sind Sie bereits ein Risiko eingegangen.«
Nun, wir wollen uns hier keinesfalls in Schwarzmalerei üben und nicht etwa Pessimismus verbreiten, aber die Worte des Richters stimmen; es lauern tatsächlich auf dem Spazierweg mit dem Hund zahlreiche Gefahren, die man nicht etwa mit beruhigenden Verharmlosungen abtun kann, sondern die man sich ganz bewußt machen sollte, um ihnen dann wirksam begegnen zu können, getreu dem Motto: »Gefahr erkannt, Gefahr gebannt!«
Aufgrund unserer langjährigen Erfahrung im Umgang mit Hunden müssen wir ein paar feste Regeln aufstellen, und jeder Hundeführer wird sehr bald merken, daß es für ihn recht nützlich ist und daß er vielen Problemen aus dem Wege gehen kann, wenn er sich an diese Regeln hält.
Nun, die erste Regel ist bereits im Kapitel »Hund und Kinder« aufgestellt. Wer dieses Kapitel gelesen hat, dem ist klar, warum Kinder beim Spaziergang mit dem Hund stets von einem Erwachsenen begleitet werden müssen.
Auch die zweite Regel, daß man nur den gehorsamen Hund am Rad laufen und – sofern man Reiter ist – sich beim Ausritt nur vom folgsamen Vierbeiner begleiten lassen kann, ist bereits hier in diesem Kapitel erörtert worden.
Die nächste Regel lautet, daß der Hund in verkehrsreichen Gebieten stets angeleint geführt werden muß, es sei denn, daß man sich auf seinen Gehorsam bereits absolut verlassen kann. Und nun kommt das Verblüffende. Hundeführer, deren Vierbeiner durch hervorragenden Gehorsam auffallen, denken gar nicht daran, ihren Hund in gefährlichen Gegenden mit großem Verkehrsaufkommen frei laufen zu lassen. Sie sind dazu viel zu gewissenhaft und vorsichtig. Diese Manie, den Hund nicht anzuleinen, ist eigentlich ausschließlich ein Privileg all derjenigen, die hinsichtlich der Hundeführung wirklich von Tuten und Blasen keine Ahnung haben und sich deshalb auch ganz ungeniert die allergrößten Dummheiten leisten. Daß man seinem Hund zunächst einmal Gehorsam beibringen kann und muß, bevor man ihn so frei laufen läßt, ist ihnen völlig fremd. Und so hört und sieht man diese Leute im Augenblick der Gefahr – wenn eine solche von ihnen überhaupt erkannt wird – hinter ihrem Hund herschreien oder sogar herlaufen, wovon der aber natürlich meist nur insofern Notiz zu nehmen pflegt, als er beim Wegrennen dann ein noch schnelleres Tempo wählt. Und so nimmt eben das Unheil seinen Lauf!
Ist nun durch einen solchen Hund ein sehr wohl vermeidbares Unglück geschehen, und fragt man seinen Besitzer später, warum denn das Tier nicht angeleint war, erfährt man oft von dessen sträflichem Leichtsinn, überhaupt keine Leine bei sich zu haben. Als Grund hierfür wird regelmäßig große Tierliebe angegeben. Man bringe es einfach nicht übers Herz, dem Hund durch eine Leine die Freiheit zu nehmen. Rührend, aber in den meisten Fällen die Unwahrheit! Hinter den schönen Worten verbirgt sich eine gehörige Portion Egoismus. Hunde, die nicht gelernt haben, angeleint zu sein, ziehen erst einmal ganz fürchterlich, sobald man sie an die Leine nimmt. Mit denen dann zu laufen, ist wirklich alles andere als Vergnügen. Statt seinem Vierbeiner nun beizubringen, wie er sich an der Leine zu verhalten hat, was selbstverständlich Mühe und Arbeit, ja, Anstrengung bedeutet, wird sofort resigniert und schleunigst die Leine wieder abgemacht. Welch großes Erfolgserlebnis für den Hund! Er hat sich durchgesetzt, fühlt sich daher verständlicherweise enorm stark, und sein Besitzer hockt nunmehr noch tiefer auf dem absteigenden Ast. Man braucht gar nicht viel Phantasie, um sich vorstellen zu können, in welche Richtung sich dieses Gespann leider weiterentwickeln wird.
Als triftiger Grund wird auch gern die Behauptung aufgestellt, daß sich der Hund an der Leine seinen Artgenossen gegenüber weit aggressiver verhält – eine

Abb. 13: Durch diese Leine hat der Hund viel Bewegungsfreiheit.

Theorie, die in vielen Hundebüchern zu finden ist und in gewisser Weise (allerdings mit Einschränkungen) stimmt. Das aber muß ja nun nicht als etwas Unumstößliches hingenommen werden. Dieses aggressive Verhalten des angeleinten Hundes läßt sich über Gehorsamsübungen schon nach kurzer Zeit abstellen. Im Kapitel über die Ausbildung des Hundes im Gehorsam sind wir darauf näher eingegangen. Eines aber muß hierbei beachtet werden: Sollte der angeleinte Hund von einem freilaufenden direkt angegriffen werden, dann muß man seinen Hund selbstverständlich sofort von der Leine befreien, damit er sich gegen den Angreifer gut zur Wehr setzen oder aber – wenn er schwächer ist – die Flucht ergreifen kann und dabei durch nichts behindert wird.

Damit sind wir bei der nächsten Regel, die fordert, daß jeder Hundeführer unbedingt dafür zu sorgen hat, daß weder Mensch noch Tier durch seinen Hund belästigt oder gar gefährdet wird. In der Praxis heißt dies z. B., kein Hundeführer darf seinem Vierbeiner jemals gestatten,

- sich seinen Artgenossen gegenüber aggressiv zu verhalten,
- sich der Einwirkung seines Herrn zu entziehen, um zu fremden Hunden hinzulaufen oder aber einfach
- über die Straße zu rennen, weil er auf der anderen Seite etwas Interessantes entdeckt hat,
- auf fremde Menschen loszulaufen, um diese dann womöglich auch noch anzuspringen oder gar stellen zu wollen. Hier können besonders gefährliche Situationen entstehen, wenn es sich dabei um alte oder gehbehinderte Leute, um kleine Kinder oder hilfsbedürftige Menschen im Rollstuhl handelt.

All diese Probleme aber lassen sich nur vermeiden, wenn ein Hundeführer seinen Vierbeiner wirklich erst dann frei laufen läßt, sobald er ihn voll im Griff hat, d. h., der Hund also absolut folgsam ist und sich jederzeit und in jeder Situation durch Befehle seines Führers leiten läßt. Wie man dieses Ziel erreicht, haben wir ja hier im Buch aufgezeigt. Dank der Technik steht uns heute für noch nicht so folgsame Hunde eine Leine zur Verfügung, die ermöglicht, daß sich der Hund im Umkreis von einigen Metern frei bewegen kann, ohne dabei seinem Besitzer aus der Hand zu geraten. Mit Hilfe dieser Leine läßt sich jeder Vierbeiner leicht führen, bis er dann eines Tages zum wirklich gehorsamen Begleiter ausgebildet ist. Und weil man eben mit dieser Leine unzähligen Schwierigkeiten von Beißereien bis hin zu schwersten

Abb. 14: Hunde, die sich beißen, werden so auseinandergebracht.

Unfällen bestens aus dem Wege gehen kann, sollte sie auch ein fester Bestandteil jeder guten Hundeausrüstung sein (*s. Abb. 13*).
An dieser Stelle möchten wir gleich noch ein wenig auf die Junghunde eingehen, die erfahrungsgemäß im ersten Halbjahr ihres Lebens fast ausnahmslos recht folgsam sind und sehr gern in der Nähe ihrer geliebten Bezugsperson bleiben, ja, sogar jämmerlich zu winseln beginnen, sobald sie sich einmal von ihr alleingelassen fühlen. Mit Ausnahme von verkehrsreichen Gebieten, die für alle Hunde so große Gefahren in sich bergen, darf man diese Junghunde in einer verkehrsarmen, ruhigen Gegend selbstverständlich frei herumspringen lassen. Aber bereits im siebenten Lebensmonat erwachen bei den jungen Tieren plötzlich Abenteuerlust und Entdeckerdrang, so daß sie dann, wenn man sie nicht daran hindern würde, schon von Herzen gern einmal ganz selbständig auf Wanderschaft gehen möchten. Um von vornherein viele Risiken auszuschließen, gehören sie dann eben beim Spaziergang an die lange Leine, bis sie gelernt haben, zu gehorchen.
Unsere nächste Regel gilt Hundebesitzern mit einem absolut gehorsamen Hund. Sie lautet: Beim Spaziergang mit dem Vierbeiner nie leichtsinnig werden, sondern stets sehr wachsam sein und die ganze Umgebung beobachten, auch wenn man sich eigentlich schon völlig auf das Tier verlassen kann. Es ist ein Akt der Höflichkeit, der Rücksichtnahme und der Vorsicht, seinen eigenen Hund – besonders, wenn es sich dabei auch noch um ein großes Tier handelt, das manchmal kleineren Hunden wie auch Menschen Angst einflößen könnte – sofort zu sich zu rufen, wenn einem jemand mit einem Hund begegnet. Man hilft dem anderen damit, er braucht sich nun nicht unnötig zu ängstigen und wird – bis auf wenige unrühmliche Ausnahmen – gewiß auch für dieses entgegenkommende, rücksichtsvolle Verhalten dankbar sein.
Wohl jeder sieht es gern, wenn Hunde sich gut vertragen und so fröhlich miteinander spielen. Unsere diesbezügliche Regel heißt: Vorsicht, denn es können sich aus der Spielerei allzu leicht ernste Machtkämpfe entwickeln, bei denen die Fetzen fliegen und die dann mit Fröhlichkeit rein gar nichts mehr zu tun haben. Junge Hunde vertragen sich in den meisten Fällen recht gut miteinander. Bei Rüden untereinander wird es erst gefährlich, wenn sie etwa zwei Jahre alt und damit also erwachsen sind. Hündinnen beginnen häufig aggressiv zu werden und miteinander zu kämpfen, wenn eine

von beiden läufig ist. Rüden sind normalerweise nicht aggressiv gegen Hündinnen, und ältere Hunde verhalten sich sehr gutmütig gegenüber Welpen und Junghunden, vorausgesetzt jedoch, daß es sich dabei um gesunde und nicht etwa um wesensschwache Tiere handelt, die verhaltensgestört sind.

Sollte es nun trotz aller Vorsicht doch einmal zu einer Beißerei kommen, dann heißt es vor allem Nerven und Ruhe bewahren und tatkräftig zupacken. Man bekommt Hunde, die sich verbissen haben, am besten und schnellsten auseinander, wenn beide Hundeführer gleichzeitig ihren eigenen Hund mit festem Griff an der Wurzel der Rute packen (*s. Abb. 14*) und den Hund ausheben, d. h. ihn hinten hochheben, so daß die Hinterläufe dabei vom Boden wegkommen, und dann den Hund langsam nach hinten wegziehen. Sind die Hunde auseinander, muß man sie sofort anleinen, beruhigen und gleich mit ihnen weggehen, damit sie nicht noch einmal aneinandergeraten.

Es dürfte selbstverständlich sein, daß man seinen Hund nach einer solchen Beißerei gründlich auf mögliche Verletzungen hin untersucht. Da an den Hundezähnen immer Schmutz und Bakterien sitzen, eitern Bißwunden oft ganz fürchterlich. Es ist deshalb unbedingt anzuraten, diese Verletzungen nicht etwa als harmlos abzutun, sondern mit dem Hund zum Tierarzt zu gehen, um von ihm die Wunde anschauen und entsprechende Gegenmaßnahmen ergreifen zu lassen, damit gar nicht erst ernstere Komplikationen auftreten können.

Um aber möglichst all solchen Aufregungen aus dem Weg zu gehen, sollte man überhaupt nur Hunde miteinander toben lassen, die sich gut kennen und bestens verstehen. Bei fremden Hunden ist dagegen immer Vorsicht geboten, und zwar nicht etwa nur wegen irgendwelcher möglichen Beißereien. Man kann doch bei fremden Hunden nie wissen, ob sie eventuell eine ansteckende Krankheit haben oder vielleicht gar nicht so richtig gepflegt sind, so daß sich der Hund durch das Spielen mit dem fremden Artgenossen nicht nur eine scheußliche Krankheit, sondern auch einen Haufen munterer Flöhe einhandeln kann. Da der Hundefloh der Zwischenwirt von Bandwürmern ist, wird die ganze Sache damit doch eigentlich recht unappetitlich.

Hat sich der Hund nun doch irgendwo solche Plagegeister eingefangen, dann kann man ihn am schnellsten und gründlichsten davon durch ein Desinfektionsbad oder -spray befreien. Natürlich darf man nicht etwa irgendein Mittel verwenden, sondern muß sich aus einem Hundefachgeschäft, aus der Apotheke oder auch vom Tierarzt ein speziell für Hunde entwickeltes Desinfektionsmittel besorgen. Bitte Anweisungen genau beachten, weil sonst Allergien usw. verursacht werden könnten! Weit besser ist jedoch, rechtzeitig mit einem Insektizid-Halsband dem Befall von Flöhen und Zecken vorzubeugen. Dem Hund sollte dieses Halsband von Frühjahr bis Winterbeginn jedesmal vor dem Spaziergang angelegt und daheim dann wieder abgenommen werden, weil es ja hier unnötig ist. Da durch die Körperwärme des Hundes ständig etwas von dem im Halsband enthaltenen Mittel frei wird und sich über den gesamten Hundekörper fein verteilt, befindet sich der Hund beim Tragen dieses Halsbandes also praktisch stets in einer gewissen Dunstglocke, die eben das Ungeziefer abschreckt. Jeder kann diesen etwas eigenartigen Geruch bei einem neuen Insektizid-Halsband z. B. selbst wahrnehmen. Nun wird einleuchten, daß es nicht gerade angebracht ist, wenn der Hund beim Schlafen in seinem Körbchen von diesem Geruch belästigt wird. Besonders Jäger sollten auch hieran denken, bevor sie ihren Hund in der Jagdpraxis einsetzen. Wenn der Jagdhund nämlich bei der Schweiß- oder Schleppenarbeit z. B. dieses Halsband trägt, dann ist alles für ihn weit mühevoller, weil die feine Hundenase durch den aus dem Band entweichenden Duft ständig irritiert wird. Deshalb ist dem Hund eben vor jedem jagdlichen Einsatz das Insektizid-Halsband abzunehmen.

Es sei auch noch darauf hingewiesen, daß diese Halsbänder nach einer gewissen Zeit an Wirkung verlieren, so daß sie innerhalb eines Jahres doch schon mehrfach erneuert werden müssen.
Die meisten Hersteller solcher Halsbänder betonen ausdrücklich, daß ihre Produkte heute schon so gut wären, daß man dem Hund auch bei Regen dieses Band bedenkenlos umlassen könne, und die Gefahr einer zu starken Auswaschung des darin befindlichen Mittels durch Regen nicht mehr bestehen würde. Wir selbst aber nehmen unserem eigenen Hund bei Regen trotzdem immer noch dieses Halsband ab, weil wir auf keinen Fall das Risiko eingehen möchten, daß das Mittel durch Feuchtigkeit zu stark wirkt und dadurch womöglich eine Allergie beim Hund verursacht werden könnte.
Wie man seinen Hund von Zecken befreit, die er sich ebenfalls beim Spaziergang leicht holen kann, haben wir auf Seite 32f. erörtert. Wir brauchen also an dieser Stelle nicht noch einmal näher darauf einzugehen.
Unsere nächste Regel ist als Warnung gedacht, den Hund auf dem Spazierweg niemals völlig aus den Augen zu verlieren. Wir beobachten des öfteren Hundeführer, die sich miteinander angeregt unterhalten und dabei ihren Hund – wenn auch nur für kurze Zeit – völlig vergessen. Hundefänger aber sind darauf gedrillt, solche Augenblicke für sich zu nutzen. Schon so mancher Hundebesitzer war verzweifelt und hat es einfach nicht fassen können, daß sein geliebter Vierbeiner innerhalb weniger Minuten für immer spurlos verschwand, also mit Sicherheit von solchen Verbrechern blitzschnell gestohlen wurde. Aus dem gleichen Grund möchten wir auch dringend davon abraten, Ihren Hund leichtsinnigerweise zum Einkauf mitzunehmen und dann vor dem Geschäft warten zu lassen. Aber nicht allein nur wegen der Hundefänger sollte man seinen Vierbeiner draußen im Gelände ständig aufmerksam beobachten, sondern auch wegen der fast überall lauernden Gefahr, daß der Hund beim Herumschnüffeln auf dem Boden an irgendwelche Gifte, z. B. Rattengift, gelangt.
Von der Unart, alles Freßbare vom Boden aufzunehmen, kann man seinen Vierbeiner recht gut abbringen, wenn man ihm jedes Futter – einschließlich der Belohnungsbrocken – stets nur in seiner Futterschüssel oder aus der Hand reicht und furchtbar mit dem Hund schimpft und ihn durch Beuteln – aber nie durch Schläge – straft, wenn er auch nur die geringsten Anstalten macht, irgendetwas Freßbares vom Boden aufzunehmen. Dabei sollte man den Hund dann öfter direkt einmal zum Ungehorsam verleiten, indem man irgendwo heimlich gute Brocken auslegt und anschließend beobachtet, wie sich der Hund verhält, wenn er sie findet. Ist er schon so gehorsam, daß er diese Brocken ignoriert, dann muß man ihn dafür ausgiebig loben und sehr abliebeln. Versucht er dagegen, die guten Happen zu fressen, muß ein fürchterliches Donnerwetter in Form von Schelte und Beuteln auf ihn niederprasseln, so daß ihm dadurch jede Freude am Aufnehmen solcher Brocken gründlich vergeht. Auf diese Weise läßt sich das Risiko einer Vergiftung natürlich nicht restlos ausschließen, aber durchaus schon auf ein Minimum reduzieren.
Fast alle Hunde fressen irgendwann einmal Gras, und zwar meistens dann, wenn etwas mit ihrem Magen nicht so ganz in Ordnung ist. Leider kann nun heutzutage auch dieses Grasfressen einem Vierbeiner zum Verhängnis werden, und zwar dann, wenn kurz zuvor an dieser Stelle Kunstdünger oder irgendwelche anderen Chemikalien, wie z. B. Unkrautvernichtungsmittel, versprüht wurden. Wir kennen mehrere Hunde, die auf diese Weise schwere Vergiftungen erlitten, die dann zu Dauerschäden an Leber und Nieren führten.
Wenn also ein Hund nach einem Spaziergang plötzlich bricht und man in dem Erbrochenen möglicherweise Blut entdeckt, der Hund überhaupt einen sehr ängstlichen Eindruck macht und sich verkriechen will, vielleicht auch im Stuhl

schon Blut zu sehen ist, dann muß davon ausgegangen werden, daß der Hund mit größter Wahrscheinlichkeit an irgendein Gift geraten ist. In einem solchen Fall sollte unverzüglich der Tierarzt aufgesucht werden. Vorsicht auch im eigenen Garten, damit der Vierbeiner hier nicht an ein Gift gerät!

Man sollte seinen Hund auch keinesfalls aus Regenpfützen trinken lassen. Sie sind heutzutage leider nicht mehr harmlos, sondern enthalten – wie Wissenschaftler nachgewiesen haben – eine Menge Schadstoffe, die für den Vierbeiner gefährlich sein können. Wir kennen viele Hunde, die auf das Wasser aus solchen Regenpfützen mit heftigem Durchfall reagierten. Auf Seite 140 unter 6. haben wir aufgezeigt, was man tun kann, damit der Hund unterwegs nicht lange unter Durst zu leiden braucht und deshalb auch gar nicht auf solch giftige Pfützen angewiesen ist.

Ein verantwortungsbewußter Hundebesitzer wird überhaupt immer den Stuhl seines Hundes kontrollieren, kann man doch gerade am Kot schon sehr gut Rückschlüsse auf das Befinden seines Vierbeiners ziehen. Oft läßt sich so eine Krankheit des Hundes schon früh erkennen und damit wirksam heilen.

Auf dem Spazierweg können z. B. auch Kletten einem Vierbeiner nicht nur lästig, sondern direkt gefährlich werden. Der Hund versucht, sich durch Ziehen mit den Zähnen und durch Abschlecken seines Felles von diesem Ziepen zu befreien und kann dabei natürlich leicht Kletten verschlucken, die sich dann möglicherweise wie ein Knäuel in seiner Speiseröhre festsetzen und hier Unheil stiften könnten. Gut, wenn der Hundeführer vorausschauend an dergleichen denkt, deshalb einen kleinen Kamm in der Tasche hat und so seinem Vierbeiner wirksam beistehen kann.

Man sollte überhaupt beim Spazierengehen mit dem Hund diesen nun nicht einfach nur so vor sich hintrotteln lassen oder ihn wie einen Holzwauwau hinter sich herziehen. Für eine gute Mensch-Hund-Beziehung ist es unbedingt erforderlich, seinen Vierbeiner nicht nur auf dem Spazierweg zu beobachten, sondern auch Anteil an seinem Leben und Erleben zu nehmen, indem man z. B. den Hund nun nicht gedankenlos und lieblos überall wegzerrt, sobald er irgendwo stehenbleibt, sondern sich dafür interessiert, wenn einem der Vierbeiner etwas zeigen will. Er wird über Interesse und Anteilnahme seines Besitzers sehr glücklich sein (s. auch Seite 160).

Dies gilt in ganz besonderem Maße auch für Jäger mit ihren Jagdhunden, denn nur auf diese Weise kann aus beiden ein unzertrennliches Gespann werden und aus dem Jagdhund ein sehr guter Waidkamerad.

Die Ausbildung des Hundes im Gehorsam

»Mein Hund hat sehr viel Freude und Sonnenschein in mein Leben gebracht«. So oder ähnlich hört man begeisterte Hundebesitzer immer wieder erzählen. Auch wir können aus eigener Erfahrung dies nur bestätigen. Allerdings ist hier sogleich eine Einschränkung zu machen, denn die Sache mit der ungetrübten Freude und dem hellen Sonnenschein trifft nur dann zu, wenn es sich bei dem Vierbeiner um ein gehorsames Tier handelt, einen Hund also, der gelernt hat, auf seinen Besitzer zu achten und seinen eigenen Willen dem seines Herrn unterzuordnen.

»Ach, wie schrecklich, armer Hund, ewig diese Kommandiererei . . .«. Solche Gedanken mögen dem einen oder anderen hier sogleich durch den Kopf gehen.

Irgend etwas wehrt sich da in einem. Man ist selbst schon ständig Reglementierungen ausgesetzt, kann dies nicht tun, darf jenes nicht und leidet darunter. Da möchte man dann wenigstens seinen Hund, den man doch liebhat, davon weitgehend verschonen und ihm möglichst viel Freiheit lassen.

Wir können diese Einstellung gut verstehen und kennen auch die negativen Auswüchse, wissen um die scheußlichen Blüten, die unsinnige Gehorsamsforderungen treiben können. Selbstverständlich haben wir entschieden etwas dagegen und verabscheuen es zutiefst, wenn Menschen ihre Herrschsucht und ihren Geltungsdrang am wehrlosen Tier abreagieren, es zum Blitzableiter für ihre schlechte Laune degradieren, ja, ihn regelrecht schikanieren und damit – bewußt oder unbewußt – das Böse, das Sadistische, in sich zu befriedigen suchen.

Bei unserem Umgang mit Hundeführern aber haben wir nun des öfteren schon eine sehr merkwürdige Erfahrung gemacht. Da kommen welche zum Abrichtekurs mit der festen Absicht, ihrem Hund etwas beizubringen. Nun lernen sie, daß man Ungehorsam des Hundes nicht durchgehenlassen darf und dies seinem Vierbeiner auch klar verständlich machen muß, und zwar mit liebevoller Konsequenz – nicht etwa durch Schläge, was wir niemals dulden. Dem Hund soll auch nicht – wie oft fälschlich angenommen wird – der Wille gebrochen werden. Es geht uns lediglich darum, daß – wie bereits zuvor schon erwähnt – der Hund sich dem Menschen unterzuordnen lernt. Das ist ihm auch gar nicht so fremd, denn der Hund stammt – wie wissenschaftlich erwiesen – vom Wolf ab. Wölfe aber leben bekanntermaßen im Rudel. Hier gibt es eine strikte Rangordnung, wobei sich der Schwächere dem Stärkeren unterzuordnen hat. Wir tun also mit unserer Gehorsamsforderung nichts anderes, als das, was auch im Rudel verlangt wird. Das Wesen des Hundes wird damit jedoch keineswegs zerstört. Er bleibt dabei eine lustige, muntere, kleine Persönlichkeit, ist aber gehorsam!

Obwohl wir dies den Hundeführern in unseren Ausbildungskursen so erklären, können sich einige von ihnen nicht dazu durchringen, zwar geduldig, aber eben doch energisch, den Gehorsam vom Hund zu fordern. Sie seien zu weich, der Hund täte ihnen so leid, nein, sie könnten es einfach nicht. Und dann passiert etwas ganz Sonderbares, auf den ersten Blick völlig Unverständliches. Der Hund, dem sie ja nie Gehorsam abzuverlangen gewillt waren, stellt infolge seines Ungehorsams irgendwann einmal etwas Schlimmes an, wodurch diese Hundebesitzer in Schwierigkeiten geraten. Und diese ach so weichen Menschen, die vor lauter Mitleid für den Hund zerflossen, kriegen es dann tatsächlich fertig, ihren Hund, der doch auf sie geprägt ist, also mit seinem ganzen Wesen an ihnen hängt und sie dringend braucht, an Fremde, manchmal sogar einfach ans Tierheim, abzugeben mit der Begründung, sie kämen mit dem Hund nicht klar, sie wären mit ihren Nerven am Ende. Eine Härte und Grausamkeit, die ihresgleichen sucht! Diese Leute scheinen nicht zu wissen, nicht einmal zu ahnen, was sie anrichten, wie sie nicht nur das Wesen, sondern das gesamte Leben des Tieres mit ihrem egoistischen Verhalten zerstören. Wir können nicht begreifen, wie Menschen, die ihrem Tier etwas so Schreckliches angetan haben, auch nur eine Nacht noch ruhig schlafen können, ganz zu schweigen von den Gewissenlosen, die ein hilfloses Tier sogar einfach irgendwo aussetzen.

So sind wir also von vornherein mißtrauisch und werden sehr hellhörig, sobald Hundeführer entsetzliches Mitleid für ihren Hund an den Tag legen, wenn er gehorchen lernen soll. Wie uns die Erfahrung immer wieder gelehrt hat, handelt es sich dann nämlich in den meisten Fällen um recht egoistische und bequeme Leute, die schon bald gemerkt haben, daß die Ausbildung eines Hundes Arbeit bedeutet, Mühe und Anstrengung ist und den ganzen Einsatz eines Menschen fordert. Solche Belastungen möchten sie sich jedoch nicht auferlegen. Opfer kann eben nur derjenige bringen, dessen Leben noch nicht so armselig ist, daß es sich in riesengroßer Eigenliebe erschöpft.

An den Reaktionen der einzelnen Hundeführer können wir somit recht deutlich erkennen, wie es – alle schönen Worte weggelassen – in Wahrheit um die Liebe zu ihrem Hund bestellt ist. Hier scheiden sich die Geister. Nur der, dem sein Hund tatsächlich etwas bedeutet, nimmt alle Mühe, allen Verzicht auf viele Freizeitstunden für die Ausbildung seines Vierbeiners willig in Kauf und hat dann aber auch sehr frohmachende Erfolgserlebnisse – und einen gehorsamen Hund! Nichts schmiedet Hund und Hundeführer so nachhaltig zusammen, nichts läßt sie schneller und besser zu einem unzertrennlichen Gespann werden, als dieses tägliche, gemeinsame Üben. *Allerdings sollte die Ausbildung des Hundes frühestens mit dem 7. Lebensmonat beginnen.*

Auf einen guten Gehorsam des Hundes muß unbedingt größter Wert gelegt werden, er ist einfach für jeden Hund eine dringende Lebensnotwendigkeit. Wer einmal erlebt hat, daß ihm sein vierbeiniger Begleiter infolge von Ungehorsam überfahren und dabei tödlich verletzt wurde oder möglicherweise bei dem Unfall auch noch Menschen in Lebensgefahr gerieten, der weiß, was wir meinen, worum es uns geht. Wir möchten die Hunde vor einem solchen Schicksal und zahlreichen anderen Gefahren bewahren, die letztlich alle auf Ungehorsamkeit des Tieres zurückzuführen und damit eben durchaus vermeidbar sind. Aber auch den Hundeführern möchten wir unnötige Aufregung und Ärger wegen ihres Hundes ersparen. Deshalb unsere inständige Bitte, seinen Gehorsam stets zu fordern und zu fördern.

»Na, die nehmen es ja tierisch ernst«, mag vielleicht mancher jetzt denken, »aber bei meinem Hund ist das alles gar nicht nötig, einfach überflüssig. Der ist nämlich so leichtführig, immer willig, sich mir anzupassen und unterzuordnen. Warum sollte ich denn mit dem noch Gehorsamsübungen machen?«

Auch wir haben immer wieder beobachtet, daß es Hunde gibt, denen das Unterordnen überhaupt nicht widerstrebt, sondern, ganz im Gegenteil, das Selbstverständlichste von der Welt zu sein scheint. Sie sind extrem leichtführig, und jeder ältere Mensch sollte sich glücklich schätzen, wenn er einen solchen Vierbeiner sein eigen nennt und damit keinem Streß, kaum Aufregungen durch den Hund ausgesetzt sein wird.

Manche sind dann der Auffassung, daß die eine oder andere Hunderasse eine solche Leichtführigkeit schon gewährleiste. Das trifft aber nur sehr selten zu; in der Regel kann man diese leichtführigen Hunde vielmehr in jeder Rasse antreffen, genauso, wie bei allen Rassen schwerführige und ausgesprochene Kopfhunde zu finden sind, denen es außerordentlich widerstrebt, Befehle anzunehmen und die liebend gern erst einmal ausprobieren, ob es nicht auch anders geht. Dies gilt für reinrassige Hunde und Mischlinge gleichermaßen, da gibt es keinen Unterschied.

Selbstverständlich gibt es beim Hund – genau wie beim Menschen – Entwicklungsphasen. Deshalb kann es durchaus vorkommen, daß der anfangs so willige, leichtführige Hund plötzlich kaum noch wiederzuerkennen ist und alles andere als Gehorsam an den Tag legt, oft diesen direkt verweigert. Ja, was dann? Wie gut, wenn man durch rechtzeitiges Trainieren des Gehorsams hier klugerweise vorgebeugt und damit die Möglichkeit hat, einem derartigen ›Aufmandeln‹ seines Vierbeiners wirksam zu begegnen. Wurde diese Vorsorge jedoch nicht getroffen, dann nimmt das Verhängnis nicht selten einen dramatischen Verlauf.

Jagdhunde, die von der Vererbung her meist über eine gehörige Portion mehr Passion als andere Hunde verfügen, bedürfen einer umfangreichen und sehr intensiven Ausbildung in den Gehorsamsfächern, da sie anderenfalls ganz schnell zur Plage in einem Jagdrevier werden können und für einen Jäger unbrauchbar sind. So ist der Jäger also gezwungen, seinem besten Waidkameraden, dem Jagdhund, zunächst einmal einen sehr guten Gehorsam beizubringen, bevor er überhaupt beginnt, ihn für die Jagdpraxis in allen jagdlichen Fächern zu unterweisen. Wenn er nicht so vorgeht, zäumt er gewissermaßen das Pferd am Schwanz auf, wobei das Ergebnis dann leider nur elende Stümperei, aber niemals Leistung sein kann. Deshalb haben wir in diesem Kapitel, bei den praktischen Anleitungen zur ›Ausbildung des Hundes im Gehorsam‹, dem Jäger und seinem Jagdhund besondere Aufmerksamkeit gewidmet.

Nun muß man jedoch auch beachten, daß manche Jagdhunderassen in Deutschland nur als Begleithunde bekannt sind und geführt werden, bei uns praktisch als Modehund gelten, während sie von ihrer Anlage her eben doch Jagdhunde sind und in anderen Ländern auch heute noch ihrem eigentlichen Sinn und Zweck entsprechend gehalten und eingesetzt werden. Dies gilt z. B. für viele Terrier-Rassen, für den Setter und den Beagle. Hierüber sollten alle diejenigen ernsthaft nachdenken, die zwar Nichtjäger sind, sich aber leichtsinnigerweise oder aus Unkenntnis trotzdem einen Jagdhund angeschafft haben. Meist sind die Probleme nämlich hier schon direkt vorprogrammiert. Wir können deshalb nicht genug warnen. Es soll zwar keineswegs der Teufel an die Wand gemalt werden, doch gerade bei Jagdhunderassen kann Ungehorsam besonders schwerwiegende Folgen haben, so, wie überhaupt Hundebesitzer, die hinsichtlich des Gehorsams mit ihrem Vierbeiner lasch und lässig umgehen, oft genug dafür später büßen müssen. Sie sind nicht selten durch ihre eigene Schuld dann eines Tages wirklich keine glücklichen Hundebesitzer mehr.

Jedem wird einleuchten, daß Schutzhunde sich durch absoluten Gehorsam auszeichnen müssen. Wir können uns wohl alle lebhaft vorstellen, was geschieht, wenn ein Schutzhund im Gehorsam versagt und von dem, den er gestellt oder gepackt hat, nicht auf den Befehl seines Hundeführers sofort abläßt oder aber z. B. zum Kampf gegen einen Menschen übergeht, ohne überhaupt von seinem Besitzer zum Stellen aufgefordert zu sein. Hier können durch Ungehorsamkeit des Hundes schwere Verletzungen oder sogar der Tod eines Menschen herbeigeführt werden. Gar nicht so selten kann man ja über derart schreckliche Vorfälle in der Presse lesen.

Dies schafft der Dackel zwar nicht, aber wie oft kann man es erleben, daß der Legende Glauben geschenkt wird, ein Dackel sei der sprichwörtlich ›sture Hund‹, der eben entweder mag oder nicht mag. Der lasse sich nicht erziehen, da beiße man sich die Zähne aus. Wir können anhand von unzähligen Beispielen beweisen, daß dies nicht stimmt und solche Behauptungen nichts anderes als üble Nachrede sind. Ganz gleich, ob kleiner oder großer Hund, Dackel oder irgendeine andere Rasse oder Mischling, bei fachmännischer, gründlicher Ausbildung glänzen sie alle durch guten Gehorsam!

Doch jetzt noch einmal zurück zu dem sehr leichtführigen Hund, bei dem Gehorsamsübungen schon beinahe wie ein schlechter Witz wirken. Wie bereits zuvor schon angedeutet, bewirkt die Ausbildung des Hundes in den Gehorsamsfächern zusätzlich noch etwas ganz Hervorragendes, nämlich einen ausgezeichneten, festen Kontakt, ein echtes Verbundensein zwischen Hund und Hundeführer. Ein Hund, mit dem sich täglich intensiv befaßt wird, ist niemals ein ›dummer Hund‹. Im Gegenteil, die lebhaften, aufmerksam beobachtenden Augen eines solchen Vierbeiners, der seinen Besitzer und seine gesamte Umgebung so interessiert zur Kenntnis nimmt, geben Zeugnis davon, wieviel mehr ein trainierter Hund von seiner Umwelt erfaßt und wieviel bunter damit sein Hundeleben wird. Wir sind stets aufs neue davon fasziniert, wie sich die geistige Aufnahmefähigkeit eines Hundes steigern läßt und zu welch hohen Leistungen er doch eigentlich imstande ist. Auch für die Hundeführer in unseren Kursen ist das immer ein großes Erlebnis.

Weil man derartige Erfolge nur durch ein intensives Gehorsamstraning in so hohem Maße erreichen kann, sollte man eben auch mit dem willigsten, folgsamsten Hund täglich trotzdem ein paar Gehorsamsübungen absolvieren und ihn damit anregen und fordern. Weil der leichtführige Hund alle Befehle brav befolgt, erntet er natürlich auch sehr viel Lob. Lob aber beflügelt und stärkt das Selbstbewußtsein des braven Kerls enorm. Er hat die Übungsstunden daher schon bald sehr gern. Wenn man nun nicht mit ihm übt, bleibt ihm all dies versagt.

Es gehört zu unserer langjährigen Erfahrung mit unseren Abrichtekursen, daß alle Hunde – so widerborstig sie sich anfangs vielleicht auch gestellt haben mögen – am Ende des Kurses freudig und voller Begeisterung bei der Sache sind. Dies ist der beste Beweis, daß sich jeder Hund im Grunde genommen danach sehnt, gefordert zu werden und Arbeit leisten zu dürfen; es gehört einfach mit zu seinem Wohlbefinden!

Den meisten Hunden fällt das Lernen erstaunlich leicht und sie haben großen Spaß daran.

Doch genug der Worte, denn bis auf ein paar Unverbesserliche wird man unser Anliegen verstanden haben. Wir wollen hier einen praktischen Weg aufzeigen, wie man denn nun einen Hund zu seinem gehorsamen Begleiter ausbilden kann.

Zu diesem Zweck möchten wir ein *Trainingsprogramm* anbieten, daß sich in der Praxis bereits hundertfach und hundertprozentig bewährt hat und durch das der Gehorsam des Hundes systematisch – Schritt für Schritt – aufgebaut wird. Dieses Trainingsprogramm ist für jeden Hund gleichermaßen gut geeignet. Von den Jagdhunden fordern wir in einigen Disziplinen zwar noch ein wenig mehr, haben dies aber auch ganz deutlich innerhalb des Programms gekennzeichnet. Ziel unserer Bemühungen ist dabei, daß jeder, der sich gewissenhaft und strikt an unsere Anweisungen gehalten und nichts (aber auch gar nichts) eigenmächtig hinzugetan oder weggelassen hat, nach Absolvieren des Programms seinen Hund wirklich im Griff hat, also nunmehr einen gehorsamen Vierbeiner besitzt, auf den er sich verlassen kann. Jäger können nach Beendigung des Trainingsprogramms ihren Jagdhund jederzeit auf einer *Dressur-Abschlußprüfung* vorstellen und werden gewiß ein sehr gutes Prüfungsergebnis mit ihm erzielen. Voraussetzung hierfür ist aber eben, daß unsere Anweisungen auch wirklich genau befolgt wurden.

Und damit sind wir beim springenden Punkt. Unsere langjährige Erfahrung mit den Ausbildungskursen hat uns eindeutig gelehrt, daß nur in äußerst seltenen Fällen einmal ein Hund versagt. Man kann sogar davon ausgehen, daß es das eigentlich überhaupt nicht gibt. Versager sind immer nur die Hundeführer! Wir freuen uns über jeden Kursteilnehmer, der schon nach kurzer Zeit begriffen hat, daß es in erster Linie auf ihn selbst ankommt, daß er lernt und versteht sowie flink und geschickt wird, denn nur dann ist er überhaupt in der Lage, seinem Vierbeiner etwas beizubringen. Wenn ein Hundeführer sich so oder ähnlich äußert, dann ist – um es einmal etwas salopp auszudrücken – bei ihm der Groschen gefallen und er hat genau erkannt, worum es geht. Diese Einstellung ist eine gute Basis, auf der sehr bald Erfolg erzielt wird.

Bevor wir jedoch mit dem eigentlichen Trainingsprogramm beginnen, muß noch über das hierfür benötigte Handwerkszeug gesprochen werden, denn so, wie auch der beste Tischler keinen Schrank mit einem Küchenmesser zustandebringt, braucht auch der Hundeführer die richtige Ausrüstung, wenn sein Üben nicht vergeblich sein soll.

Hierzu gehören:

1. Zwei große doppelseitige Hundepfeifen (Downpfeifen) (*s. Abb. 15*).
   - Es sollen gleich zwei Pfeifen aus einer Charge gekauft werden, weil man so die größte Chance hat, zwei Pfeifen zu bekommen, die auch den gleichen Ton haben (ruhig im Geschäft ausprobieren!)
   - Die eine der beiden Pfeifen wird für das tägliche Üben mit dem Hund benötigt. Die zweite dient als Ersatzpfeife und wird irgendwo gut deponiert, damit sie sofort zur Verfügung steht, wenn der Hundeführer eine Pfeife verlieren sollte.
   - Die für den täglichen Gebrauch bestimmte Pfeife wird mit einem Lederschnürsenkel verbunden (*s. Abb. 15*) und dann vom Hundeführer immer wie eine Kette um den Hals getragen.

   Der Hundeführer braucht diese Pfeife ständig, sie muß also immer griffbereit sein. Es wäre völlig sinnlos, würde der Hundeführer erst lange nach ihr in der Hosentasche kramen wollen.
   - Es gibt diese doppelseitige Hundepfeife auch in einer kleineren Ausführung, die aber auf keinen Fall genommen werden soll, weil man mit ihr nur Ärger hat. Da man mit dem Hund auch draußen bei jedem Wetter üben muß, hat sich die kleinere Pfeife als unbrauchbar erwiesen, weil die in ihr befindliche kleine Kugel bei feuchtem, nassem Wetter so quillt, daß sie festsitzt und damit der Pfeife kein Ton mehr zu entlocken ist. Das aber passiert bei der größeren nicht. Die richtige Pfeife ist etwa 9 cm lang.
2. Führerleine: Doppelte Lederleine mit drehbarem Wirbel verbunden (*s. Abb. 16*). Zwei Dinge sind wichtig:
   - Es sage bitte jetzt keiner: »Ach, warum soll ich mir denn extra eine neue Leine für den Hund kaufen, die zudem noch teuer ist, unsere alte Leine ist ja auch aus Leder und wird's doch wohl genau so tun.« Nein, sie tut's nicht! Jeder Hundeführer wird dies sehr bald selbst feststellen. Er braucht gar nicht erst mit dem Üben zu beginnen, wenn er sich diese Leine nicht zulegen will. Das ist eine einmalige größere Ausgabe, die sich aber lohnt und einfach erforderlich ist. Die liebe, gute, alte Leine ist restlos unbrauchbar, es sei denn, daß sie der

Abb. 15: Große, doppelseitige Hundepfeife, 9 cm lang, mit Lederschlaufe.

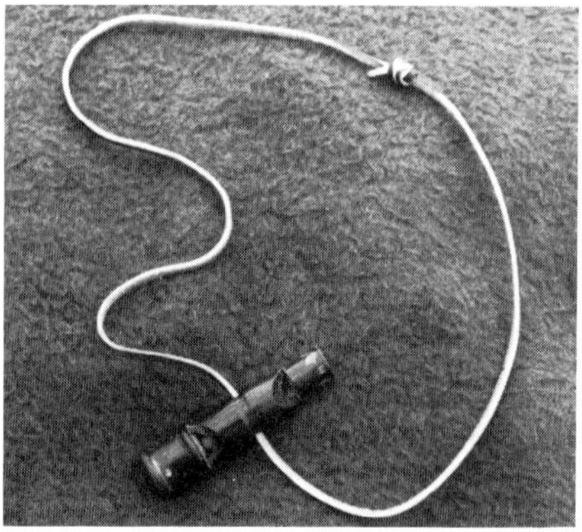

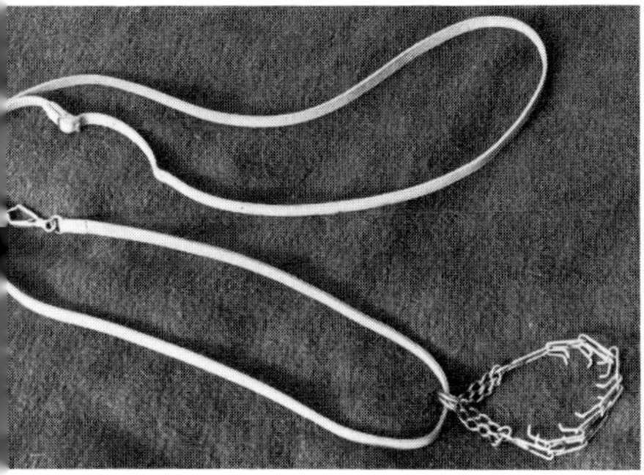

Abb. 16: In der Praxis bewährte Führerleine mit der für die Ausbildung benötigten Halsung.

Abb. 17: Vorschriftsmäßig aufgewickelte Feldleine mit sicherem Karabiner.

hier abgebildeten gleicht. Bitte die Abbildung genau anschauen, damit auch keine falsche Leine gekauft wird.

● Es gibt vielerlei Schnickschnack von Verschlüssen, mit denen man den größten Ärger haben kann. Sie pflegen von allein aufzugehen, und zwar meistens gerade in dem Moment, in dem das absolut nicht passieren darf. Dagegen ist auf den Karabinerhaken (*s. Abb. 16, 17*) immer Verlaß. Mit ihm hat es in all unseren Kursen noch nie Schwierigkeiten gegeben. Allerdings muß man unbedingt den größten, stabilsten Karabinerhaken nehmen, weil bei der Ausbildung des Hundes an ihm nämlich zwei stärkere Metallringe gleichzeitig befestigt werden müssen, was bei einem zu kleinen Exemplar natürlich auch wieder nicht möglich wäre. Also bitte auch hier aufpassen, daß man nicht etwas Unbrauchbares kauft, nur weil man meint, Geld sparen zu müssen.

Sollte die hier abgebildete Führerleine mit dem falschen Verschluß versehen sein, kann man sie selbstverständlich trotzdem nehmen; man muß dann eben nur den richtigen Karabinerhaken extra kaufen und die Verschlüsse austauschen.

3. Eine Feldleine (*s. Abb. 17*), die mindestens 20 m lang sein muß und an die genauso ein großer, stabiler Karabinerhaken gehört – notfalls eben auch auswechseln. Diese Feldleine kann man in Jagdgeschäften kaufen.

4. Ein Apportel, auch Apportierbock genannt. Hier werden unterschiedliche Typen benötigt, und zwar brauchen

● die Jäger für ihre großen Jagdhunde den großen Apportierbock (*s. Abb. 18*) mit auswechselbaren Holz- und Metallscheiben (*s. Abb. 19*),

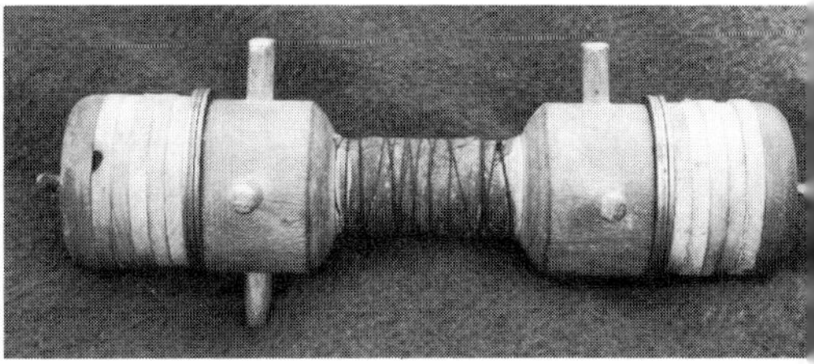

Abb. 18: Großer Apportierbock für Jagdhunde.

Abb. 19: Auswechselbare Holz- und Metallscheiben für den großen Apportierbock.

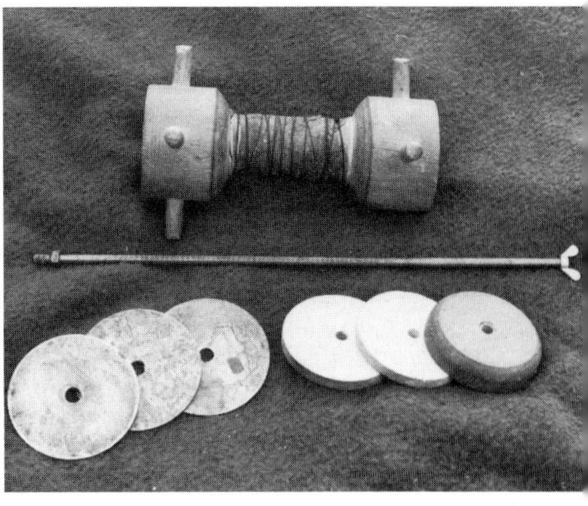

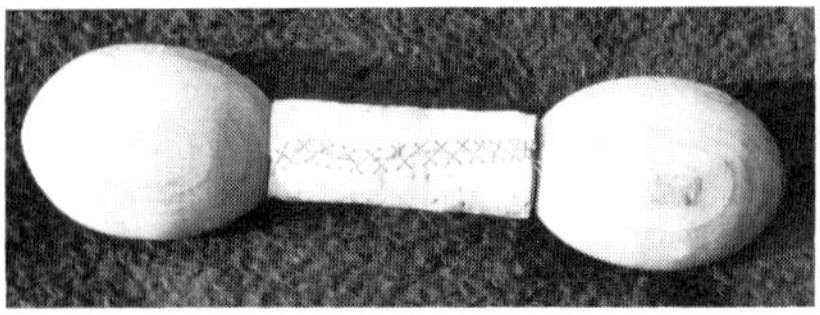

Abb. 20: Bei diesem Apportel ist das Leder vernäht.

- alle anderen Hundeführer ein einfaches Apportel, das auch als Wasserapportel bekannt ist (*s. Abb. 20*). Dieses Apportel gibt es in unterschiedlichen Größen. Jeder Hundeführer muß also das für seinen Hund entsprechende Apportel kaufen, d. h. der große Hund bekommt auch ein großes Apportel usw. Also auf keinen Fall für einen mittelgroßen Hund solch einen Winzling von Apportel kaufen, das für den Dackel gedacht ist und das der mittelgroße Hund nie als Arbeitsgerät anerkennen wird.
  Dieses Apportel muß für das Arbeiten mit dem Hund wie folgt vorbereitet werden:
  Man kauft ein echtes Fensterleder (also kein Kunstleder) und kocht dieses in klarem Wasser (ohne irgendeinen Zusatz) tüchtig aus, so daß damit alle in diesem Leder befindlichen Gerüche beseitigt werden. Dann läßt man es trocknen, um es anschließend gut weichzureiben. Jetzt schneidet man sich einen langen Streifen, der genauso breit sein muß wie das Verbindungsstück zwischen den beiden Enden des Apportels und wickelt diesen Streifen mehrmals ganz fest um das Mittelstück. Es soll dadurch ein festes, aber nicht zu dickes Polster entstehen. Jetzt wird ein längerer, dünner, sehr fester Faden kreuzweise, aber nicht zu dicht, um das Leder gewickelt, wobei man das Ende des Fadens fest verknotet (*s. Abb. 18*). Noch besser ist, das Leder mit überwendlichem – oder mit Hexenstich zu vernähen (*s. Abb. 20*). Es muß aber wirklich ganz fest auf dem Mittelteil des Apportels sitzen und darf keinesfalls rutschen oder sich drehen.
  Auch die Jäger sollen mit dem Apportel für den Jagdhund in gleicher Weise verfahren und nicht etwa hierfür irgendein Fell benutzen, weil keine Verbindung zu Wild hergestellt werden darf, solange die Ausbildung im Apportieren nicht abgeschlossen ist.
  Wir müssen ausdrücklich noch darauf hinweisen, daß das Apportel für den Hund niemals Spielzeug sein darf. Es ist ein Arbeitsgerät, das ihn sein ganzes Leben lang begleiten wird. Es gehört jetzt, nachdem es für seine Ausbildung vorbereitet ist, sehr gut weggelegt, so daß der Hund niemals rankommen kann, und wird erst hervorgeholt, wenn es das Trainingsprogramm verlangt.

5. Eine Korallenhalsung (*s. Abb. 16*), die ebenfalls der Größe des Hundes angepaßt sein muß.
   Bezüglich dieser Korallenhalsung gibt es bei den Hundeführern von Zustimmung über Entrüstung bis hin zu lauten Protesten alles. Wir können dies gut verstehen und freuen uns, wenn ein Hundeführer Bedenken hat, seinem Hund eine solche Halsung anzulegen. Dies zeigt uns, daß es sich bei ihm um einen gewissenhaften Menschen handelt, der sein Tier wirklich liebhat und ihm keinerlei Schaden zufügen möchte. Auch wir haben von Fällen gehört, in denen mit dieser Halsung Mißbrauch getrieben wurde, was man tatsächlich als Tierquälerei bezeichnen muß und was damit ganz unmißverständlich eine Sache für den Tierschutz war. Doch muß man sich nun unbedingt davor hüten, das Kind mit dem Bade ausschütten zu wollen. Wer dieses Buch hier aufmerksam gelesen hat, der weiß, daß uns Hunde sehr viel bedeuten und daß wir überall für sie einstehen und niemals etwas tun würden, das ihnen einen Schaden zufügt; wir könnten dies nicht verantworten. Trotzdem sind wir nach unserer langjährigen Erfahrung bei der Ausbildung der Hunde der Überzeugung, daß die Korallenhalsung – hier ganz verantwortungsbewußt und

fachmännisch eingesetzt – unbedingt erforderlich ist. Damit uns jeder recht versteht: Diese Korallenhalsung ist lediglich als Arbeitshalsung für die Ausbildung gedacht. Sämtliche Hunde in unseren Kursen haben diese Halsung getragen, und nicht ein einziges Tier hat dabei auch nur den geringsten Schaden genommen. Im Gegensatz hierzu haben wir aber schon mehrmals erlebt, daß Hundeführer, die die Korallenhalsung nicht einsetzen wollten, bei der Ausbildung ihres Hundes mit der Lederhalsung – um Erfolg zu haben – so grob mit ihrem Tier umgehen mußten, wie wir dies nie tun würden und wie es mit der Korallenhalsung auch niemals nötig ist (siehe hierzu auch Übung F der 11. Übungswoche, Punkt 4).

Damit wäre die Ausrüstung für die Ausbildung des Hundes im Gehorsam vollständig. Nunmehr bleibt noch zu klären, wer mit dem Hund üben darf und soll, wo, wann und wie lange mit ihm geübt werden muß.

»Viele Köche verderben den Brei« heißt es, und dies trifft auch uneingeschränkt auf die Ausbildung des Hundes im Gehorsam zu. Wenn diese nämlich nicht ganz fest in der Hand einer einzigen Person liegt, kann dabei einfach kein Erfolg erzielt werden. Ganz im Gegenteil, wenn sich mehrere dabei versuchen wollen, kann dies verheerende Folgen haben.

Sollte eine Frau die Ausbildung des Hundes übernehmen, dann ist dringend zu raten, sich hierfür zweckmäßig zu kleiden, d. h. lange Hosen zu tragen, denn Stoff von Röcken oder Kleidern behindert, ja stört direkt das Üben mit dem Hund, und zwar ganz besonders bei kleineren Tieren.

Daß ein Kind für die Ausbildung des Hundes auf keinen Fall in Frage kommt, haben wir im Kapitel »Hund und Kinder« erörtert. Es muß also immer ein Erwachsener sein und hier wieder sollte – wenn irgend möglich – die eigentliche Bezugsperson des Hundes diese Aufgabe übernehmen. Es dürfte wohl eine Selbstverständlichkeit sein, daß ein Jäger seinen Jagdhund selbst ausbilden muß und dies nicht etwa seiner Ehefrau überlassen kann.

Später, wenn das Trainingsprogramm erfolgreich mit dem Vierbeiner abgeschlossen ist, könnte eine zweite Person eingewiesen werden, die sich dann aber unbedingt strikt an die Anweisungen halten muß, weil anderenfalls alle Mühe und Arbeit leider umsonst gewesen wäre. Dies ist ziemlich problematisch, denn aufbauen kann man nur langsam, zerstört ist schnell.

Zunächst soll die *Ausbildung des Hundes unbedingt im Zimmer* erfolgen, das nicht allzu klein sein darf, weil man eben für das Üben mit dem Hund doch eine gewisse Bewegungsfreiheit braucht. Der Hundeführer muß hier vollkommen ungestört – ohne jeglichen Zuschauer – mit seinem Hund arbeiten können, so daß der Vierbeiner lernt, sich voll auf ihn zu konzentrieren. Später, wenn bereits ein gewisser Gehorsam erreicht ist, wird auch mit ihm geübt, wenn andere mit im Raum sind, danach im Freien, wobei man dann sogar Ablenkungen und Verleitungen sucht, um den Gehorsam des Hundes festigen zu können. Der Termin hierfür ist im Trainingsprogramm festgelegt. Jeder Hundeführer tut gut daran, sich genau an die dort gegebenen Anweisungen zu halten.

Wann täglich mit dem Hund geübt wird, muß der Hundeführer selbst entsprechend der ihm zur Verfügung stehenden Zeit bestimmen. Dies kann aber z. B. mit Sicherheit nicht erst spät abends sein, weil Hund und Hundeführer dann einfach zu müde dafür wären, und damit bei beiden die erforderliche Konzentration fehlen würde. Es muß auch noch darauf hingewiesen werden, daß der Hund vor der Übungsstunde Auslauf gehabt und sich auch gelöst haben muß.

Die *Übungszeit sollte zu Beginn 15 Minuten betragen* und allmählich mit den steigenden Anforderungen verlängert werden.

Ein voller Bauch studiert nicht gern; den Hund stets erst nach dem Üben füttern. Danach sollte er dann seine Ruhe haben.

Trainingsprogramm

(Zunächst immer erst im Zimmer üben
und den Anhang zum Trainingsprogramm Seite 143 ff. beachten!)

1. Übungswoche

1 A

»Anleinen«

Mit dem Wort »Anleinen« legen Sie Ihrem Hund die Halsung um, die gut am Hals anliegen soll – also weder locker hängen noch einschnüren darf – ziehen dann den unteren Teil der zuvor beschriebenen Führerleine durch beide Ösen der Halsung (*s. Abb. 21*) und verbinden jetzt die Öse der Führerleine mit dem Karabinerhaken.
Allein bei dieser gerade beschriebenen Handhabung sind 3 Punkte wesentlich:

1. Man spricht immer mit dem Hund, wenn man ihn an- oder ableint und verwendet dabei das Wort »Anleinen«, so daß der Hund genau weiß, was mit ihm geschieht.
2. Die Führerleine wird durch beide Ösen der Halsung gezogen, denn wir wollen auf keinen Fall eine Würgehalsung, die jedoch entstehen würde, wenn man die Führerleine nur durch eine Öse zieht (*s. Abb. 22*). Eine solche Würgehalsung lehnen wir grundsätzlich ab, weil sie mehr schadet als nützt. Fälschlicherweise wird von vielen angenommen, daß ein Hund gut »bei Fuß« geht und nicht vorprellt, wenn man ihm bei diesem Vorstürmen mit der Würgehalsung die Luft nimmt. Gerade das Gegenteil aber ist der Fall, denn durch diese Halsung gerät der Hund in Atemnot, kriegt dadurch Angst und zieht dann logischerweise immer stärker.
3. Der Karabinerhaken der Führerleine darf sich nie unten in der Nähe der Halsung des Hundes befinden, son-

Abb. 21: Die Führerleine muß durch beide Ösen der Halsung gezogen werden.

Abb. 22: Eine solche Würgehalsung darf nicht entstehen.

Abb. 23: Der Karabinerhaken soll sich etwa in Höhe der Hüfte des Hundeführers befinden.

dern gehört ungefähr in die Höhe der Hüfte des Hundeführers (*s. Abb. 23*). Warum dies so sein muß, werden wir zu einem späteren Zeitpunkt noch erklären.

1 B

»Sitz«

Bei dieser Übung stellen Sie sich rechts neben Ihren Hund (*s. Abb. 24*), sagen zu ihm »Sitz« und halten dabei den Kopf des Vierbeiners mit der Leine hoch, während die andere Hand sanft auf den hinteren Teil des Rückens drückt, bis der Hund sich hinsetzt (*s. Abb. 24*). Sitzt er dann, wird er dafür gelobt. Will er aber nun sofort wieder aufstehen oder legt er sich hin, korrigieren Sie ihn augenblicklich mit den Worten »Nein« und »Pfui« und setzen sofort durch, daß der Hund wieder die korrekte Sitzhaltung einnimmt, wofür er gleich gelobt wird.

Wichtig ist hierbei:

1. Ihre Haltung muß korrekt sein; Sie müssen also wirklich neben Ihrem Hund stehen. Ohne Selbstdisziplin bekommen Sie natürlich auch nie einen korrekt folgenden Hund, sagt doch das Sprichwort schon: »Wie der Herr, so's Gescherr!«
2. Ihre Bewegungen dürfen niemals nervös oder hektisch sein, Sie müssen unbedingt bei allem Üben große Ruhe ausstrahlen.
3. Trotzdem muß bei Fehlverhalten des Hundes blitzschnell reagiert werden. Wenn der Hund also aufsteht oder sich hinlegt, müssen Sie ihn sofort wieder in die korrekte Sitzhaltung bringen und gleich auch sehr dafür loben, wenn er wieder ordentlich sitzt. Um eine nachhaltige Wirkung zu erzielen, muß eben das Korrigieren des Hundes immer schnell geschehen.
4. Jedes Lob ist weit intensiver, wenn man den Hund dabei noch streichelt. Und weil Liebe bekanntlich durch den Magen geht, ist beim Hund ein Lob am wirkungsvollsten, wenn es mit einem Belohnungsbrocken verbunden ist. Allerdings wird hier der Effekt restlos vertan, und der Belohnungsbrocken nutzt praktisch gar nichts mehr, wenn man erst lange in der Tasche nach ihm suchen muß. Nein, sollen diese guten Brocken wirklich ihren Zweck erfüllen, dann müssen sie während des Übens für die Belohnung ständig sofort parat sein.

Abb. 24: Mit sanftem Druck auf den hinteren Teil des Rückens den Hund ins »Sitz« gebracht.

Hinsichtlich des Lobs möchten wir noch etwas ergänzen: Da die einzelnen Hunde von sehr unterschiedlicher Mentalität sind, muß jeder Hundeführer sich beim Loben ganz individuell auf seinen Vierbeiner einstellen. Wir haben z. B. Hunde kennengelernt, die regelrecht vor Freude durchdrehen, wenn man sie ausgiebig lobt. Um diese Hunde nicht so sehr aufzuregen, darf man beim Loben nur sehr leise sprechen und sie beim Abliebeln als Belohnung für ihren Gehorsam z. B. nur mit einem Finger hinter dem Ohr ein wenig kraulen. Alles andere ist für diese lebhaften Hunde einfach zuviel. Bei anderen dagegen, die z. B. leicht bei den Übungen dazu neigen, verunsichert zu sein und dann einen verklemmten und verkrampften Eindruck machen, ist es erforderlich, bei korrekter Ausführung einer Übung ein regelrechtes Loblied auf sie anzustimmen und sie beim Belohnen für braves Verhalten ganz liebevoll zu streicheln und zu drücken. Hier muß also jeder Hundeführer das für seinen Vierbeiner richtige Maß finden.

5. Niemals dürfen Sie ungeduldig oder gar wütend werden, noch etwa resignieren, wenn Sie Ihren Hund anfangs noch unentwegt korrigieren müssen.
6. Widersetzt sich Ihr Hund sehr stark, so dürfen Sie ihn auf keinen Fall jemals schlagen. Schläge machen einen Hund nur hart und abgestumpft, sie zerstören sein Wesen. Wir lehnen daher Schläge, auch den kleinsten Hieb mit einer Gerte, rigoros ab und haben noch keinen Hundeführer je in unseren Kursen geduldet, der nicht bereit war, sich strikt an diese Anweisung zu halten. Wer schlägt, ist unfähig und restlos ungeeignet, einen Hund auszubilden.
   Muß ein Hund tatsächlich einmal gestraft werden, dann nur mit der ganz natürlichen Methode, die auch jede Hündin bei ihren Welpen anwendet: Der Hund wird gebeutelt, d. h. man packt ihn beim Genick und schüttelt ihn kräftig.
   Es gibt zwar noch eine weitere Methode, die wir aber erst später erklären werden, weil sie hier bei den ersten Übungen überhaupt nicht angebracht wäre.
   Wir halten grundsätzlich noch einmal fest: Der Hund wird wirklich nur gebeutelt, wenn er sich tatsächlich einmal direkt aufmandeln sollte, d. h. sich so stark widersetzt, daß man überhaupt nicht mehr mit ihm fertigwerden kann. Für diese ersten Übungen hier aber wird fast immer ein geduldiges Korrigieren in Verbindung mit Lob und Tadel ausreichend sein.
7. Ihre Stimme sollte Lob und Tadel gut unterstreichen können, d. h. leise, in sehr warmem Ton loben und auch leise, aber mit viel Ernst und Energie in der Stimme tadeln. Bei grobem Ungehorsam des Hundes etwas lauter werden, aber keinesfalls brüllen, weil jeder Hund dadurch nur schwerhörig und abgestumpft wird.
8. Auch mit der Mimik läßt sich Lob und Tadel zusätzlich gut untermauern.
9. Niemals darf der Hund beim Üben den Ton angeben, d. h. eine Übung einfach durch Verweigern des Gehorsams beenden. Wann das Üben beendet ist, bestimmen also immer Sie. Selbstverständlich soll hier nichts übertrieben werden, denn wir wollen den Hund ja weder schikanieren noch drangsalieren. Man läßt daher seinen Hund eine Übung einige Male hintereinander ausführen und hört dann mit ihr auf, wenn der Vierbeiner sie gerade sehr gut gemacht hat. Verweigert der Hund den Gehorsam, gilt es, sich durchzusetzen. Man darf also in einem solchen Moment keinesfalls sofort aufhören, wenn man nicht den Respekt seines Vierbeiners verlieren will. Deshalb muß im Verweigerungsfall das korrekte Ausführen der Übung unbedingt noch einmal vom Hund gefordert werden, bevor man dann die Übung beendet. Wer anders handelt, wird leider bei der Ausbildung seines Vierbeiners über kurz oder lang Schiffbruch erleiden.

Abb. 25: Erhobener Zeigefinger als Sichtzeichen für »Sitz«.

Abb. 26: Hund sitzt korrekt neben dem Hundeführer, der die Leine am Anfang der Ausbildung vor sich in beiden Händen hält und so am besten auf den Vierbeiner einwirken kann.

1 C

»Sitz« und »anleinen«

Hier werden nun die beiden ersten Übungen verbunden. Von jetzt ab muß sich Ihr Hund stets korrekt hinsetzen und stillhalten, wenn er an- oder abgeleint werden soll. Der Befehl hierfür heißt »Sitz, anleinen« – ganz gleich, ob Ihr Hund nun tatsächlich ab- oder angeleint wird – und zur Unterstützung dieses Befehls wird von nun an auch immer ein Sichtzeichen für den Hund zusätzlich eingesetzt, d. h., man hebt beim Befehl »Sitz« gleichzeitig den Zeigefinger der rechten Hand (*s. Abb. 25*).
Wichtig ist dabei:

- von dieser Regel nie mehr abgehen, selbst wenn man es einmal noch so eilig haben sollte.

1 D

Gehen »bei Fuß«

Als Ausgangsstellung sitzt Ihr Hund hier angeleint korrekt links neben Ihnen und Sie halten die Leine vor sich in beiden Händen fest (*s. Abb. 26*). Sie geben nun leise den Befehl »bei Fuß« und gehen mit ruhigen Schritten los, wobei Sie durch geringes Rucken an der Leine dem Hund klarmachen, daß er neben Ihnen laufen soll. Der Hund geht also grundsätzlich immer links neben Ihnen, wenn er bei Fuß gehen soll. Diese Übung ist korrekt ausgeführt, wenn der Kopf des Hundes dabei genau an Ihrem Bein ist. Der Hund darf dabei nicht am Boden schnüffeln, sein Kopf muß erhoben sein (*s. Abb. 27*). Stürmt der Hund nach vorn, wird er mit »pfui« und einem energischeren Rucken an der Leine in die

Abb. 27: Korrektes »Bei-Fuß-Gehen«.

korrekte Position gebracht, in der er sofort wieder ein Lob erhält.
Bleibt der Hund dagegen zurück und sperrt sich – was oft bei ängstlichen Typen der Fall ist, die leicht verunsichert sind – dann darf nicht etwa nachgegeben oder der Hund gar noch bedauert werden, sondern Sie müssen ihn dann durch geschicktes Aufmuntern – z. B. Locken durch Schnalzen mit der Zunge oder dergleichen – neben sich bringen, den Hund also regelrecht heranloben.
Wichtig ist bei dieser Übung:
1. daß stets von der korrekten Ausgangsstellung losgegangen wird,
2. daß die Leine auch wirklich – wie abgebildet – in beiden Händen festgehalten wird, weil auf diese Weise die größte Einwirkungsmöglichkeit besteht. Erst viel später, wenn das Gehen-bei-Fuß schon einwandfrei funktioniert, wird die Führerleine richtig umgehängt.
3. Schon bei dieser Übung wird deutlich, daß man nicht alle Hunde über einen Kamm scheren kann, sondern beim Ausbilden seines Hundes unbedingt ein gewisses Fingerspitzengefühl braucht, um entsprechend dem Verhalten des Tieres zu reagieren.

1 E

Gehen »bei Fuß« mit häufigem Stehenbleiben

Bei dieser Übung lernt Ihr Hund, sich sofort neben Sie zu setzen, wenn Sie stehenbleiben. Man bringt dies dem Hund bei, indem man – sobald man stehenbleibt – »Sitz« sagt und zusätzlich wieder als Sichtzeichen den Zeigefinger der rechten Hand hebt. Anfangs muß man hier noch wie bei Übung B vorgehen, also mit der linken Hand sanft hinten auf den Rücken des Hundes drücken, damit er sich auch wirklich setzt. Später genügt schon ein kurzes Rucken an der Leine, bis dann letztlich überhaupt kein Einwirken durch Sie mehr nötig ist.
Wichtig ist hierbei, daß sich der Hund
1. sofort hinsetzt, wenn man stehenbleibt,
2. immer ganz korrekt neben den Hundeführer setzt, denn wenn hier Unkorrektheiten durchgelassen werden, bleibt mit Sicherheit die ganze Ausbildung immer nur Stümperei.

1 F

Gehen »bei Fuß« in unterschiedlicher Gangart mit häufigem Stehenbleiben

Bei dieser Übung wechseln Sie häufig die Gangart, gehen also einmal sehr schnell, dann wieder langsam (dabei »langsam« sagen), rennen ein Stück, um danach regelrecht zu schleichen und bleiben zwischendurch auch immer wieder einmal stehen. Auf diese Weise lernt der Hund, aufmerksam auf den Hundeführer zu achten und sich ihm ständig anzupassen.
Wichtig ist hierbei:
1. Daß sich der Hund wirklich schnell anzupassen lernt und
2. dabei auch immer korrekter »bei Fuß« bleibt.
3. Unkorrektheiten des Hundes sind stets sofort zu korrigieren, und
4. jedes gute Anpassen des Vierbeiners ist unbedingt mit Lob zu quittieren. So ist es z. B. angebracht, dem Hund liebevoll über den Kopf zu streichen, wenn er sich sofort vorschriftsmäßig hingesetzt hat, sobald man stehengeblieben ist.

1 G

»Sitz und bleib« mit anschließendem Pendeln vor dem Hund

Lassen Sie Ihren Hund korrekt sitzen und halten Sie ihm dann die Innenfläche der rechten Hand – wobei die Fingerspitzen nach unten zeigen sollen – in geringem Abstand vom Fang quasi als Stoppschild vor das Gesicht und sagen dabei »bleib« (*s. Abb. 28*). Befolgt der Hund

Abb. 28: Die Innenfläche der Hand mit den Fingerspitzen nach unten dient als Stoppschild für den Hund.

diesen Befehl, dann entfernen Sie sich in Leinenabstand von ihm – wobei Sie die Leine aber natürlich festhalten – und beginnen, mit ruhigen Schritten vor ihm hin- und herzugehen, während er brav stillsitzen muß (*s. Abb. 29*).

Wichtig ist hierbei:

1. Der Hundeführer darf nicht ungeduldig werden, wenn diese Übung anfänglich gar nicht klappt, und der Hund sich entweder hinlegt oder aufsteht und rumlaufen will.
2. Der Hund muß immer sofort korrigiert werden. Hat er sich hingelegt, wird »Pfui« gesagt und der Hund wieder aufgerichtet. Steht er auf und läuft, muß er genau an den Punkt zurückgebracht werden, wo er zuvor gesessen hat. Es dauert selbstverständlich schon eine Weile, bis diese Übung vom Hund richtig ausgeführt wird.
3. Der Hundeführer muß hier sehr aufpassen, daß er beim Weggehen vom Hund nicht etwa versehentlich an der Leine zieht, so daß es an der Halsung des Hundes einen Ruck gibt, und der Hund dann natürlich sofort aufsteht. Bleibt der Hund gut sitzen, kommt eine höhere Stufe, nämlich

Abb. 29: Mit langsamen Schritten in Leinenabstand vor dem Hund pendeln.

1 H

»Sitz und bleib« mit anschließendem Umkreisen des Hundes

Bei dieser Übung halten Sie die Leine etwas höher, damit sie den Hund nicht stört (*s. Abb. 30*) und umkreisen dann mit ruhigen Schritten Ihren Vierbeiner, der in der Mitte stillsitzen muß und sich nicht etwa umdrehen darf, wenn Sie hinter ihm rumgehen. Dabei Abstand zum

Abb. 30: Den Hund ruhig umkreisen. Hektik und Nervosität überträgt sich sofort auf den Hund.

Hund halten und nicht aus Versehen an der Leine ziehen! Nachdem Sie den Hund so mehrmals umkreist haben, und zwar sowohl rechts als auch links herum, gehen Sie zu ihm zurück und loben ihn sehr, wenn er brav gewesen ist. Ungehorsamkeit des Hundes wird auch hier wie unter G2 korrigiert.

Damit ist das Programm für die erste Übungswoche abgeschlossen. Der Hundeführer sollte es nach Möglichkeit jeden Tag zweimal mit dem Hund absolvieren. Es ist nicht sinnvoll, am Anfang zu lange hintereinander mit ihm zu üben, weil er dabei eben doch noch schneller ermüdet. Zweimal am Tag kürzere Zeit zu üben, bringt hier weit mehr.
Man muß auch daran denken, daß der Hund nach dem Üben Ruhe haben soll, damit sich das, was er gelernt hat, festigen kann. Zur Aufmunterung und Auflockerung des Vierbeiners kann man zwar nach dem Üben ein paar Minuten mit ihm etwas toben, weil sich die Hunde anfänglich bei den Übungen eben doch manchmal verkrampfen, denn es ist ja für sie alles noch so neu und ungewohnt. Schlimm aber wäre es, wenn der Hund nach dem Üben ausgiebig spielt, weil dann nämlich alles Gelernte sofort durch den im Augenblick viel attraktiveren Reiz »Spiel« überdeckt würde, und damit der Lernerfolg weit geringer wäre.

2. Übungswoche

Zunächst müssen wir darauf hinweisen, daß zu Beginn einer Übungsstunde stets die bereits erlernten Übungen wiederholt und damit gefestigt werden müssen, bevor man dann zu den neuen Übungen übergeht. Unser Trainingsprogramm ist so aufgebaut, daß die vorausgegangene Übung immer die Stufe für die nächste Übung bildet. Wenn man also irgendwelche Übungen nicht genügend beachtet oder gar für längere Zeit vergißt, kommt das ganze Ausbildungsgebäude ins Schwanken, so daß dann natürlich auch keine Erfolge erzielt werden können.

2 A

Gehen von kleinen Kreisen nach rechts und nach links

Diese Übung, bei der Sie mit Ihrem Hund mehrmals erst nach rechts, dann nach links kleine Kreise laufen, mutet einen zwar beinahe lächerlich an, bringt aber für die Hundeausbildung sehr viel, weil sich gerade damit die Aufmerksamkeit und das Konzentrationsvermögen des Hundes enorm steigern lassen. Sie können nämlich kaum einen kleinen Kreis mit Ihrem Hund laufen, wenn dieser nicht aufpaßt. Sie würden dabei regelrecht über Ihren Hund stolpern.
Wichtig ist, daß der Hund wirklich korrekt bei Fuß geht, also nicht etwa von Ihnen irgendwie nachgezogen wird, und der Kreis nicht zu klein ist.

2 B

Gehen von Achten

Bei dieser Übung, die ja eine Kombination der vorausgegangenen darstellt, geht der Hund einmal außen und einmal innen im Kreis, wodurch seine Konzentration und sein Anpassungsvermögen noch stärker gefordert werden.
Wichtig ist, daß Sie hier sehr aufpassen müssen, daß Ihr Hund, wenn er innen im Kreis läuft, nicht etwa einfach stehenbleibt, während Sie sich um ihn drehen.

2 C

»Sitz und bleib« mit anschließendem Hereinrufen des Hundes

Sagen Sie bei dieser Übung zu Ihrem Hund »Sitz« und vergessen Sie dabei bitte nicht, als Sichtzeichen den rechten

Abb. 31: Der aufmerksame Hund hält Blickkontakt zum Hundeführer.

Abb. 32: Der Vierbeiner muß korrekt vor dem Hundeführer sitzen und ihn anschauen.

Zeigefinger hochzuheben, um dem Hund dann anschließend – wie unter Übung G der 1. Übungswoche gelernt – die Innenfläche der rechten Hand als Stoppschild zu zeigen, wobei Sie »Bleib« zu ihm sagen. Entfernen Sie sich nun von Ihrem Hund und stellen Sie sich anschließend in Leinenabstand direkt vor ihn hin, so daß der Hund Ihr Gesicht sieht (*s. Abb. 31*). In dieser Stellung verharren Sie einen Augenblick, um dann Ihren Hund unter Rufen seines Namens in Verbindung mit dem Wort »komm« – also z. B. »Hasso, komm« – zu sich zu rufen. Dabei soll der Hund unverzüglich exakt auf Sie zulaufen und sich korrekt vor Ihnen hinsetzen, so daß er Ihnen direkt in die Augen schaut (*s. Abb. 32*).

Dies ist schon eine etwas schwierigere Übung, bei der es einiges zu beachten gilt, nämlich

1. daß der Hund bei der Ausgangsstellung sehr korrekt sitzt,
2. daß er auch so ordentlich sitzenbleibt, wenn Sie sich von ihm entfernen,
3. daß der Hund Sie aufmerksam beobachtet und nicht etwa irgendwo in die Gegend schaut.
4. Sollte er nicht auf Sie achten, muß er mit den Worten »Paß auf« zur Konzentration ermahnt werden.
5. Um den Gehorsam beim Hund zu festigen, sollten Sie bei dieser Übung schon einen Augenblick warten, bis Sie den Hund dann zu sich rufen. Tun Sie das nicht, sondern rufen den Hund immer gleich so schnell zu sich, dann steht der Hund ständig sofort auf und lernt nie, längere Zeit ruhig sitzenzubleiben.
6. Was gemacht werden muß, wenn der Hund nicht sitzenbleibt, haben wir ja bereits in der 1. Übungswoche unter G2 erklärt.
7. Achten Sie beim Weggehen vom Hund darauf, daß Sie nicht aus Versehen an der Leine ziehen, denn dann würde der Hund denken, daß er kommen soll. Also, immer sehr vorsichtig und geschickt mit der Leine umgehen.
8. Das Herankommen zum Hundeführer lernt der Hund nämlich, indem man seinen Namen ruft und »Komm« sagt und dann an der Leine zieht und dabei den Hund heranlobt, also z. B. »Hasso, komm«, dann ziehen und dabei sagen »brav, mein Hund, so ist's recht, brav«, bis der Hund dann direkt vor einem ist. Damit der Hund nun aber auch wirklich vor Ihnen zum Sitzen kommt und nicht etwa an Ihnen vorbeiläuft, müssen Sie ihn mit der Leine regelrecht abfangen, indem Sie die Leine hochhalten und nachgreifen und dann die Leine etwas nach hinten über den Körper des Hundes halten

Abb. 33: Leine geschickt etwas nach hinten halten, damit der Hund sich setzt.

(*s. Abb. 33*), so daß er auf diese Weise sich einfach setzen muß, es geht für ihn gar nicht anders. Sobald der Hund dann sitzt, lobt man ihn sehr.

2 D

»Sitz und bleib« mit anschließendem Hereinpfeifen

Diese Übung gleicht der unter C beschriebenen, nur daß Sie den Hund hierbei mit Doppelpfiff zu sich rufen. Dabei ist zu beachten, daß dieser Doppelpfiff mit der schmaleren Seite der zuvor beschriebenen und abgebildeten Hundepfeife ausgeführt wird. Wichtig ist noch, daß die beiden Töne beim Doppelpfiff nicht zu schnell aufeinander folgen dürfen, sondern ein deutlicher Abstand zwischen ihnen sein soll. Also nicht etwa tamm, tamm, sondern tamm . . . tamm! Warum dies so sein muß, werden wir später noch erklären.

2 E

»Sitz und bleib« mit anschließendem Hereinrufen durch Sichtzeichen

Diese Übung gleicht ebenfalls der Übung C, nur daß Sie jetzt den Hund durch Sichtzeichen zu sich rufen. Dieses Sichtzeichen besteht aus zweimaligem Klopfen mit der linken Hand auf den linken Oberschenkel, wobei – genau wie beim Pfeifen – zwischen dem zweimaligen Klopfen auch hier wieder etwas Abstand sein soll. Also nicht zu schnell hintereinander klopfen!

Wir fassen noch einmal zusammen:

Durch die Übungen C, D und E haben wir gelernt, daß man seinen Hund auf drei verschiedene Arten zu sich rufen kann, und zwar

- durch Rufen des Namens des Hundes in Verbindung mit »komm«. Diese Art eignet sich gut für Wohnung und Haus,
- durch Doppelpfiff. Diese Art ist geeignet, wenn man draußen mit dem Hund im Gelände ist,
- durch Sichtzeichen, d. h. durch zweimaliges Klopfen mit der linken Hand auf den linken Oberschenkel. Da man später, wenn der Hund an dieses Sichtzeichen gut gewöhnt ist, gar nicht mehr direkt auf den Oberschenkel klopfen muß, sondern dies nur durch die Handbewegung anzudeuten braucht, eignet sich diese Art besonders überall dort, wo man möglichst unauffällig und leise seinem Hund Befehle erteilen möchte, also z. B. im Garten, wenn man die Nachbarn nicht durch die Hundepfeife oder lautes Rufen stören will.

Für den Jäger ist diese Art besonders geeignet, weil er ja in erster Linie darauf bedacht sein muß, beim Pirschen mit seinem Hund im Revier möglichst alles lautlos vonstatten gehen zu lassen.

Man muß seinen Hund deshalb also auch an alle drei Arten des Hereinrufens gleich gut gewöhnen.

2 F

»Platz«

Bei dieser Übung zeigen Sie mit dem rechten Zeigefinger auf den Boden (*s. Abb. 34*), sagen zu Ihrem Hund »Platz« und ziehen ihn dabei mit der Leine vorsichtig runter. Liegt der Hund dann am Boden, wird er sehr gelobt und gestreichelt.
Da sich manche Hunde hier zunächst sehr sperren, ist wichtig, daß man nicht die Geduld verliert und auf alle Fälle mit dieser Übung erst aufhören darf, wenn der Hund wenigstens einmal richtig am Boden gelegen hat. Notfalls muß man, um den Hund wirklich runterzubekommen, schon sein Körpergewicht mit einsetzen, indem man beide Hände zu Hilfe nimmt, aber dabei natürlich nicht etwa grob sein darf.

2 G

»Platz und bleib«

Bei dieser Übung handelt es sich um die Weiterführung der Übung F. Wenn der Hund also am Boden liegt, sagen Sie »Bleib« und halten ihm dabei wieder die Hand in einigem Abstand vor das Gesicht. Sie gehen dann in Leinenabstand von Ihrem Hund weg, behalten aber die Leine dabei in der Hand und drehen sich so um, daß Sie Ihren Hund gut beobachten können (*s. Abb. 35*). Auch hier wieder aufpassen, daß man nicht aus Versehen an der Leine zieht! Ihr Hund soll nun so in der Platzlage eine Weile liegen. Dabei darf sich der Hund durchaus am Boden bewegen, also z. B. den Kopf drehen, heben oder senken, er darf die Läufe anziehen oder ausstrecken, kann sich auch gänzlich umlegen, das ist ihm alles gestattet. Er darf sich aber nicht hinsetzen oder gar aufstehen. Wenn er das tut, wird er mit einem energischen »Pfui« und »Nein« sofort wieder in die Platzlage gebracht und gelobt, wenn er liegt.

Abb. 34: Der nach unten gerichtete Zeigefinger ist das Sichtzeichen für »Platz«.

Nachdem der Hund dann etwa zwei Minuten am Boden gelegen hat, gehen Sie mit ruhigen Schritten auf ihn zu, stellen sich vor ihn hin, loben ihn ausgiebig für sein braves Verhalten und lassen ihn mit den Worten »Jetzt komm« wieder vom Boden aufstehen. Anschließend liebeln Sie ihn ab.
Dabei ist ganz wichtig, daß man seinen Hund erst anspricht, wenn man unmittelbar vor ihm steht. Wenn man ihn nämlich schon auf dem Weg zu ihm anredet, springt der Hund auf, was man ja gerade nicht will. Man hätte ihn aber mit dem

Abb. 35: Beim »Platz und bleib« darf sich der Hund weder hinsetzen noch aufstehen.

Reden dazu verleitet. Der Hund muß dabei so lange im ›Platz‹ bleiben, bis ihm mit dem Kommando »Jetzt komm« das Aufstehen gestattet wird.
Wichtig ist, daß es bei dem Befehl immer »Platz und bleib« heißen muß, denn würden Sie nur »Platz« sagen, könnte der Hund ja praktisch sofort wieder aufstehen und dürfte nicht dafür geschimpft werden. Hier wird recht deutlich, wie sehr sich ein Hundeführer bei dem Ausbilden seines Hundes konzentrieren muß und wie sehr es darauf ankommt, daß er niemals gedankenlos einen Befehl geben darf, sondern sich alles immer ganz genau überlegen muß. Man darf also weder müde noch abgespannt sein, wenn man mit seinem Hund übt, weil einem sonst eben dabei Fehler unterlaufen. Und diese Fehler können einen dann bei der Ausbildung des Hundes sehr zurückwerfen. Ein Hund kann logischerweise nur so gut werden, wie sein Führer ist! Wir bedauern es daher auch immer sehr, wenn wir einmal auf einen Hundeführer treffen, der sich einfach nicht genug Mühe gibt, so daß dann sein Hund gar keine Chance hat, zu zeigen, was in ihm steckt. Schlimm, wenn ein Hund durch schlechte Führung an guter Leistung gehindert

Abb. 36: Zum abgelegten Hund stets einen Gegenstand – am besten Hut – legen.

wird! Wer aber seinen Hund wirklich liebhat, der wird sich sehr anstrengen und seinem Vierbeiner damit die größtmögliche Chance zu einer positiven Entwicklung und Entfaltung seiner Fähigkeiten bieten.
Noch einmal zurück zum Befehl »Platz und bleib«, denn für diesen Befehl müssen Sie sich ganz fest einen entscheidenden Merksatz einprägen:

> Aus dem »Platz und bleib« darf man seinen Hund niemals abrufen, sondern muß ihn stets abholen!

Warum?
Will man einen Hund haben, auf den man sich absolut verlassen kann, daß er beim »Platz und bleib« wirklich immer liegenbleibt – auch einmal für längere Zeit und wenn er dabei mutterseelenallein ist – was ja schließlich Sinn und Zweck dieser Übung sein soll, dann muß er immer abgeholt werden.
Würde man den Hund aus dieser Stellung auch abrufen, dann würde der Befehl dadurch gewissermaßen verwässert. Es könnte nämlich dabei durchaus einmal passieren, daß der Hund tatsächlich irgendwo einen Doppelpfiff oder Ruf hört, annimmt, daß der von seinem Herrn kam und dann aufsteht und ihn sucht, womit alles verpatzt wäre.
Holt man dagegen seinen Hund aus dieser Stellung immer ab, dann prägt sich ihm unmißverständlich ein: »Ich muß hier brav liegenbleiben, bis ich wieder abgeholt werde.« Und damit wird auf den Hund absoluter Verlaß.
Ganz besonders aber hilft das den Jägern, denn wenn diese Übung bei ihrem Hund einwandfrei klappt, können sie ihren Jagdhund getrost ganz allein im Wald am erlegten Wild liegenlassen, um zum Auto zu gehen und die Wildwanne zu holen oder dergleichen, weil sie sicher sind: »Da kann kommen was mag, mein Hund liegt dort und wartet geduldig auf mich, bis ich wieder zu ihm komme!« Eine feine Sache!
Damit sich nun der Hund – auch wenn er für längere Zeit einmal ganz allein liegt – dennoch niemals verlassen vorkommt, hilft man ihm, indem man irgendeinen

Gegenstand von sich – Hut, Jacke oder Rucksack – in geringem Abstand neben den Kopf des Hundes legt, wenn man ihn ins »Platz und bleib« gebracht hat (*s. Abb. 36*). Da dieser Gegenstand nach seinem Herrn riecht, fühlt sich der Hund dann auch gar nicht mehr so einsam und verlassen, hat er doch durch diesen Gegenstand den Geruch seines Herrn bei sich. Zugleich lernt der Vierbeiner auch, diesen Gegenstand treu zu bewachen.
Sollte der Hund Anstalten machen, daran knabbern zu wollen, muß man dies energisch mit »Pfui«, notfalls auch durch Beuteln, unbedingt verhindern.
Dieser Gegenstand soll auch neben den Hund gelegt werden, wenn man »Platz und bleib« mit ihm im Zimmer übt. Und die Jäger müssen ihn neben den Hund legen, wenngleich dieser doch beim erlegten Wild abgelegt wird. Der Geruch des Hundeführers soll eben bei ihm sein.
Es dürfte absolut selbstverständlich sein, daß man einen verläßlichen Hund niemals etwa stundenlang ins »Platz und bleib« legen darf, denn das wäre ja mit Sicherheit Tierquälerei!
Bleibt noch zu ergänzen, daß man sich natürlich auch immer die Stelle genau anschauen muß, an der der Hund ins »Platz und bleib« gebracht wird. Das sollte z. B. stets eine geschützte und niemals eine feuchte oder gar nasse Stelle sein. Selbstverständlich darf auch an diesem Platz nicht gerade die Sonne so sehr auf den Hund brennen, wenn man ihn einmal schon ein wenig länger ablegen will. Ein Hundeführer muß also immer sehr umsichtig sein und darf nie etwas gedankenlos tun.
Damit haben wir das Programm der zweiten Übungswoche. Jeder Hundeführer sollte daran denken, daß man beim Üben mit dem Vierbeiner nichts übers Knie brechen kann, und daß auch hier das Sprichwort gilt: »Kein Preis ohne Fleiß!« Auch für einen Hund gibt es keinen Nürnberger Trichter. Man kommt nur kontinuierlich voran, wenn man geduldig und fleißig mit dem Vierbeiner täglich übt und dabei ein liebevoller, aber auch konsequenter Hundeführer ist.

3. Übungswoche

Bitte auch in dieser Woche stets täglich die bereits erlernten Übungen wiederholen. Nur so kann der Hund lernen, sie ständig besser auszuführen. Fehler des Hundes immer sofort korrigieren, also nichts durchgehen lassen, und gute Leistungen auch gebührend loben.

3 A

Der Hund geht hinter seinem Führer herum

Als Ausgangsstellung sitzt der Hund hierbei korrekt vor Ihnen und schaut Sie an. Sie machen dann mit dem rechten Bein einen Schritt seitlich nach vorne links, so daß Sie mit dem rechten Fuß links neben Ihren Hund zu stehen kommen (*s. Abb. 37*), sagen dann zum Hund »Bei Fuß« und ziehen – während Sie den linken Fuß neben den rechten stellen –

Abb. 37: Damit der Hund gut hinter seinem Herrn rumgehen kann, setzt der Hundeführer sein rechtes Bein seitlich neben den Hund . . .

Abb. 38: . . . und leitet den Hund hinter sich herum, während er sein linkes Bein neben das rechte setzt, . . .

Abb. 39: . . . so daß sich der Hund dann korrekt neben seinen Herrn setzen kann.

mit der rechten Hand Ihren Hund hinter sich herum, fassen dann mit der linken Hand nach der Führerleine und ziehen sie neben sich etwas hoch (*s. Abb. 38*), so daß der Hund links neben Ihnen wieder korrekt zum Sitzen kommt (*s. Abb. 39*). »Ja, was ist denn das!« wird mancher jetzt vielleicht rufen. Gar nicht so schlimm, nur noch einmal lesen und sich in Ruhe die dazugehörenden Abbildungen gründlich anschauen. Das hört sich wirklich viel schwerer an, als es ist. Ein kleines Verwirrspiel soll ruhig mal sein, das muntert auf!

3 B

Hereinrufen des Hundes unter Nennung seines Namens mit »komm«, wobei der Hund anschließend hinter seinem Führer herumgehen muß

Dies ist also eine Kombination der Übung C der 2. Übungswoche mit der soeben unter A neu erlernten Übung. Hierbei ist wichtig,

1. daß bei jeder einzelnen Phase der Übung auf große Korrektheit geachtet wird,
2. daß der Hund, wenn man ihn gerufen hat und er nun vor einem sitzt, in dieser Stellung auch eine Weile verharren soll, bis er dann hinter seinem Führer herumgeht und sich wieder neben diesem korrekt hinsetzt. Hier soll man ihn ebenfalls ein Weilchen ruhig sitzen lassen, wobei man ja lobend seinen Kopf streicheln kann, wenn er es gut gemacht hat. Zweck dieses Verharrens ist, daß eben alle Übungen nicht zu schnell und zu hektisch ausgeführt werden dürfen, weil sonst nämlich alles unkonzentriert und schlampig würde.

Schlampigkeit kann man sich aber – wie bereits zuvor schon einmal erwähnt – bei der Ausbildung eines Hundes überhaupt nicht leisten.

3 C

Hereinrufen des Hundes mit Doppelpfiff, wobei der Hund anschließend hinter seinem Führer herumgehen muß

Wieder die gleiche Kombination, nur daß jetzt der Hund mit dem Doppelpfiff hereingerufen wird. Gut darauf achten, daß dieser Doppelpfiff vorschriftsmäßig ist, also tamm . . . tamm!

3 D

Hereinrufen des Hundes durch Sichtzeichen, wobei der Hund anschließend hinter dem Führer herumgehen muß

Hier handelt es sich also wieder um die gleiche Kombination, nur daß jetzt der Hund durch Sichtzeichen, also durch zweimaliges Klopfen mit der linken Hand auf den linken Oberschenkel, zu Ihnen gerufen wird. Auch hier wieder darauf achten, daß das Klopfen nicht zu schnell hintereinander erfolgt.

Abb. 40: So soll der Fang des Hundes in der Hand des Hundeführers liegen.

3 E

Hand in den Fang

Für diese Übung hocken Sie sich so auf den Boden, daß der Hund seitlich von Ihnen sitzt. Dabei stützen Sie sich mit dem rechten Knie direkt auf dem Boden ab, um so guten Halt zu haben. Dann halten Sie Ihren Hund mit der linken Hand fest, indem Sie von unten in die Halsung greifen. Jetzt legen Sie sich den Fang des Hundes von unten in die rechte Hand (*s. Abb. 40*) und drücken auf der einen Seite mit dem Daumen und auf der anderen Seite mit den Fingern unten gegen die Lefzen des Hundes, wobei Sie »Apport« sagen. Infolge des Lefzendrucks macht der Hund den Fang ein wenig auf (*s. Abb. 41*), und jetzt schiebt man ihm schnell – aber nicht grob – von vorn die vier Finger der Hand (ohne den Daumen) mit dem Handrücken nach oben in den Fang (*s. Abb. 42*), sagt dabei »Dulde! Schone!« und läßt die Hand auch so eine Weile im Fang, um dann »Aus« zu sagen, wobei man die Hand wieder aus dem Fang des Hundes nimmt und ihn anschließend sehr lobt.
Diese Übung ist korrekt ausgeführt, wenn der Hund vollkommen ruhig sitzt und die Hand seines Führers dabei friedlich in seinem Fang duldet. Bitte auch

Abb. 41: Lefzendruck

Abb. 42: Der Hund muß die Hand seines Herrn willig dulden und dabei stillsitzen.

hier wieder nicht verzweifeln, denn es vergeht schon eine Weile, bis das erreicht ist. Auch hier ist allerdings unbedingt erforderlich, daß der Führer sich gegenüber seinem Hund durchsetzt und nicht etwa dem Vierbeiner nachgibt, wenn dieser sich bei der Übung anfänglich so sträubt. Es könnte sogar sein, daß der Hund hier vielleicht, wenn er sich gar zu sehr widersetzen sollte, schon einmal ein wenig gebeutelt werden muß, denn sonst käme man mit ihm beim Üben überhaupt nicht weiter. Das ist eben alles schon eine Frage des Gehorsams, den wir ja auch mit dieser Übung fordern und fördern müssen.

Folgendes ist hier sehr wichtig:

1. Wenn man dem Hund die rechte Hand in den Fang gibt, dann eben nur die vier Finger, aber nicht den Daumen, weil dieser stören würde.
2. Wie zuvor beschrieben, soll die Hand mit dem Handrücken nach oben in den Fang geschoben werden. Wir wissen, daß viele es gerade umgekehrt lehren, nämlich mit dem Handrücken nach unten. Dies lehnen wir jedoch ab, weil dabei der Handrücken fast immer auf die Zunge des Hundes drückt, was für ihn natürlich sehr unangenehm sein muß. Gibt man dagegen dem Hund die Hand mit dem Handrücken nach oben in den Fang, so kann die Zunge des Hundes gut in der Handwölbung liegen.

Manche Hundeführer, die jetzt diese Übung mit ihrem Vierbeiner probiert haben und dabei vielleicht in Schwierigkeiten gerieten, werden sich nun fragen: „Ja, muß ich denn unbedingt diese Übung mit meinem Hund machen, der ist doch gar kein Jagdhund, braucht also eigentlich nie zu apportieren? Und was das Schönste daran ist, er apportiert doch bereits ganz freiwillig, bringt mir Bälle und Stöckchen, daß es nur so eine Freude ist. Warum soll ich mich denn hier jetzt so mit ihm plagen? Das sehe ich wirklich nicht ein.«

Es ist richtig, für Jäger mit ihren Jagdhunden sind die Apportierübungen ein unbedingtes Muß.

Allen anderen Hundeführern aber können wir nur dringend raten, auch bei den Apportierübungen unbedingt fleißig mitzumachen, und zwar aus folgenden Gründen:

1. Dieses soeben erwähnte lustige Apportieren von Bällen und Stöckchen hat absolut nichts mit wirklichem Apportieren zu tun, denn es ist nichts weiter, als eine schöne Spielerei. Wenn der Hund keine Lust mehr hat, holt er eben den Ball oder das Stöckchen nicht mehr.
2. Das wirkliche Apportieren, so, wie es hier gelehrt und gefordert wird, fördert dagegen so enorm den Gehorsam des Hundes, daß man schon deshalb gar nicht darauf verzichten kann. Nur ein guter Apporteur ist ein gehorsamer Hund, auf den man sich verlassen kann! Solange ein Hund noch nicht richtig apportiert, mangelt es auch noch gewaltig an seinem Gehorsam. Zum großen Erstaunen und zur Freude aller unserer Hundeführer in den Kursen ist bei Kursende das Apportieren auf Befehl – also nicht etwa spielerisch – noch für jeden Hund zur selbstverständlichsten Sache in seinem Leben geworden. Sie haben es alle durchwegs ohne Ausnahme gelernt, auch die, die sich zunächst gewaltig widersetzten. Wir erleben es immer wieder, daß im Grunde genommen kein einziger Hund nur Schoßhündchen sein möchte, sondern daß jeder von ihnen richtig arbeiten und etwas leisten will; das macht sie dann irgendwie glücklich. Und noch jeder Hundeführer hat sich über den damit erzielten guten Gehorsam seines Vierbeiners sehr gefreut. Deshalb sollte also jeder hier auch die Apportierübungen mit seinem Hund mitmachen. Garantiert wird dies später keiner bereuen, der sich jetzt dafür entschieden hat und damit anfängliche Schwierigkeiten auch in Kauf nehmen will.

Der erste Vorteil für die Praxis, der sich z. B. schon ergibt, wenn der Hund nur gelernt hat, ruhig und still zu gestatten, daß ihm sein Führer die

Hand in den Fang gibt und der damit bereits die Bedeutung des Wortes »Dulde« kennt, zeigt sich beim nächsten Tierarztbesuch. Der Hund sitzt ruhig und läßt sich untersuchen, weil der Hundeführer ihn an der Halsung hält und »Dulde« zu ihm gesagt hat. Der Tierarzt wird staunen. Es ist dann auch nicht mehr so schwierig, seinem Hund das Gebiß oder die Ohren zu reinigen. Wenn »Dulde« gefordert wird, hält er lieb still. Auch auf Zuchtschauen oder Ausstellungen braucht man sich dann nicht mehr mit seinem Hund zu blamieren, weil er nun das Anschauen des Gebisses, das Messen seiner Größe wie das Prüfen seines Haares auf den Befehl »Dulde« hin ganz gelassen über sich ergehen läßt. Ja, gewissenhaftes Üben mit dem Vierbeiner zahlt sich eben immer aus!

3 F

»Down«

Um den Hund in die korrekte Downstellung bringen zu können, hocken Sie sich seitlich neben Ihren sitzenden Hund, wobei Sie Ihr rechtes Knie direkt auf dem Boden abstützen, um so guten Halt zu haben. Dann rücken Sie die Halsung des Hundes so zurecht, daß unten die Kette, aber keine Stacheln sind. Jetzt nehmen Sie mit der rechten Hand beide Vorderläufe und halten die linke Hand vor oder hinter der Halsung direkt auf das Genick des Hundes (*s. Abb. 43*). Nunmehr sagen Sie »Down« und ziehen dabei schnell – aber natürlich nicht grob – die Vorderläufe des Hundes mit der rechten Hand nach vorn, während Sie gleichzeitig mit der linken Hand etwas auf das Genick des Hundes drücken (*s. Abb. 44*), bis dieser mit dem gesamten Körper am Boden liegt (*s. Abb. 45*), und loben dann Ihren Vierbeiner ausgiebig. Die korrekte Downhaltung ist erreicht, wenn der Hund flach am Boden liegt, wobei der Kopf des Hundes sich ebenfalls flach am Boden zwischen den Vorderläufen befin-

Abb. 43: Um den Hund in die korrekte Downlage zu bringen, nimmt der Hundeführer beide Vorderläufe des Hundes in die rechte Hand . . .

Abb. 44: . . . und zieht die Läufe behutsam nach vorn, während er mit der linken Hand etwas auf das Genick des Hundes drückt, . . .

Abb. 45: . . . bis der Hund flach am Boden liegt, wobei sich der Kopf des Hundes zwischen den Vorderläufen befinden muß.

den muß, während beide Hinterläufe gut angewinkelt sein müssen.
Es dürfte jedem jetzt klar sein, daß der Hundeführer bei dieser Übung eben erst die Halsung so zurechtrücken muß, daß unten keine Stacheln sind, die ja sonst dem Hund wehtun könnten, wenn der Kopf flach am Boden liegt. Aus dem gleichen Grund darf man auch mit der linken Hand nicht direkt auf die Halsung, sondern muß vor oder hinter ihr auf das Genick des Hundes drücken, wenn man ihn auf den Boden bringen will.
Wie bereits früher schon einmal erwähnt, soll bei der Ausbildung des Hundes im Gehorsam diesem keinesfalls der Wille gebrochen werden, wie von vielen oft fälschlich angenommen wird. Nein, der Vierbeiner soll lediglich lernen, seinen eigenen Willen dem seines Hundeführers unterzuordnen. Und das läßt sich eben nicht anders, als über die Downübung erreichen. Das Apportieren bringt zwar schon ungemein viel, aber ohne das »Down« kann niemals ein absoluter Gehorsam beim Hund erzielt werden, d. h., daß man sich eben nie ganz auf seinen Vierbeiner verlassen kann, wenn er es nicht erlernt hat. Ohne das »Down« hat man auch keine Möglichkeit, seinen Hund irgendwie zu bremsen und zu halten. Wie wichtig, ja, im wahrsten Sinne des Wortes lebensnotwendig dies aber für einen Hund einmal werden kann, möge folgendes Beispiel zeigen:
Ein Hund läuft auf einer Wiese herum und sieht plötzlich in der Ferne etwas, das ihn brennend interessiert, und so startet er einfach durch, um zu seinem Ziel zu gelangen. Dabei wird er auch eine stark befahrene Straße überqueren und mit größter Wahrscheinlichkeit hier einen Unfall verursachen, bei dem nicht nur er selber, sondern vielleicht auch noch Menschen schwer verletzt werden, wenn ihn der Hundeführer nicht mit dem Down noch vor der Straße halten kann. Und so liegt der Hund noch sicher vor der Straße, während die Autos neben ihm vorbeisausen. Er ist durch das Down gerettet worden. Sollte dieses Beispiel nicht alle zum fleißigen und konsequenten Üben mit dem Vierbeiner anspornen?
Jedem Jäger dürfte klar sein, daß er seinen Jagdhund in den jagdlichen Fächern nicht erfolgreich ausbilden, geschweige denn vor Wild halten kann, solange das »Down« noch zu wünschen übrig läßt.
Bei der Downübung ist wichtig:

1. Daß gerade hier auf allergrößte Korrektheit besonderer Wert gelegt werden muß. Man kann seinen Hund z. B. nicht im »Down« halten, wenn der Kopf nicht ganz fest am Boden liegt. Ist der Kopf noch oben, springt der Hund garantiert bei einem starken Reiz, wie Wild und dergleichen, sofort auf.
2. Der Hundeführer muß bei dieser Übung immer blitzschnell handeln und reagieren, darf dabei aber keinesfalls grob sein.
3. Dem Hund darf nie etwas Negatives widerfahren, solange er brav im »Down« liegt. Er muß vielmehr im korrekten »Down« das Gefühl der absoluten Sicherheit haben. Er muß wissen: Die Welt kann um mich herum zusammenstürzen, mir passiert nichts, wenn ich hier brav im »Down« verharre. Es käme daher einem absoluten Vertrauensbruch gleich, wenn der Hund durch Schuld des Hundeführers in der Downstellung eine negative Erfahrung machen würde. Deshalb muß man auch bei all seinen Handhabungen und Bewegungen hier immer äußerst vorsichtig und sehr umsichtig sein.
4. Aus dem »Platz und bleib« muß man seinen Hund immer abholen und darf ihn niemals abrufen. Aus dem »Down« kann man den Vierbeiner dagegen jederzeit abrufen. Bitte diesen Unterschied gut merken und auch genau so verfahren.

Auf keinen Fall darf man verzweifeln, gar grob werden oder aber resignieren wollen, wenn diese Übung mit dem Vierbeiner zunächst überhaupt nicht klappt und sich der Hund sperrt, sich also entweder wie ein sturer Bock hinstellt, so daß man ihn kaum runterkriegen kann, oder aber sich sofort auf die Seite legt, vielleicht sogar auf den Rücken wirft und alle vier Läufe dabei in die Höhe streckt. Wenn dergleichen passiert, nicht etwa wütend werden, sondern daran denken, daß dies wirklich die schwierigste Übung ist. Sagen Sie energisch »Pfui« und gehen Sie mit ihm einfach ein paar Schritte, um ihn dann wieder erneut in die Downstellung zu bringen. Die wenigen Schritte dazwischen genügen, damit sich der Hund nicht verkrampft und verspannt. Natürlich merkt der Vierbeiner, daß mit dieser Downhaltung praktisch ein Unterwerfen verbunden ist und er müßte ja nicht gesund sein, wenn sich in ihm dagegen nicht etwas ganz gewaltig sträuben würde. Man muß seinen Vierbeiner auch hier verstehen können, darf sein Verweigern aber selbstverständlich trotzdem nicht durchgehen lassen. Und so muß man, auch wenn man dabei vielleicht ganz schön ins Schwitzen kommt oder schon beinahe allen Spaß am Ausbilden seines Vierbeiners verliert, sich trotzdem durchsetzen. Vor allen Dingen darf man auf keinen Fall mit dieser Übung aufhören, bevor man nicht wenigstens einmal kurz den Hund in die korrekte Downhaltung gebracht hat. Wer hier nachgibt, verliert den Respekt seines Vierbeiners. Der Hund weiß dann nämlich genau, daß er stärker ist und erkennt darum den schwachen Führer auch gar nicht mehr richtig an. Er wird dagegen versuchen, von jetzt an immer mehr Herr über diesen schwächlichen Typ zu werden. Im Wolfsrudel ist das ebenso, daran sollte jeder denken.

Hat man sich aber bei dieser Übung durchgesetzt, und der Hund merkt, daß ihm dabei absolut nichts Böses widerfährt, sondern er sich eben einfach unterordnen muß, dann gibt er auch nach und widersetzt sich bereits nach mehr oder weniger kurzer Zeit nicht mehr länger gegen das »Down«, womit auch alle Schwierigkeiten vergessen sind. Ein anfängliches Aufmandeln des Hundes bei der Downübung ist also durchaus gesund und normal.

Bedenklich aber wird die Sache dann, wenn Dinge passieren, wie wir sie ab und an immer wieder einmal in den Kursen erleben, daß nämlich ein Hund bei der Downübung große Ängstlichkeit zeigt und aus dieser Angst heraus manchmal direkt seinen Herrn angreift, oft sogar beißen will oder aber laut schreit, obwohl ihm doch eigentlich nichts passiert. Und wenn wir dann nachforschen, warum sich dieser Hund denn so auffällig benimmt, während alle anderen sich ganz normal verhalten, kommt in 90% aller Fälle die Wahrheit ans Licht, die natürlich von keinem Führer gern preisgegeben wird. Deshalb druckst der eine oder andere dann auch noch eine Weile herum, bis er endlich freimütig seine Schuld eingesteht: Der Hund ist von ihm einmal – manchmal sogar öfter – durch Schläge gestraft worden und hat dabei vor ihm auf dem Boden gelegen. Ganz klar, wenn wir Hund wären, würden wir mit Sicherheit auch aus vollem Hals brüllen, wenn uns durch diese Körperhaltung scheußliche Erlebnisse in Erinnerung kämen.

Ja, was nun tun in solch einem unerfreulichen Fall? Man kann das Verhalten des Hundes ja hier so gut verstehen. Nun, der Führer kriegt natürlich erst einmal ein paar ernste Worte gesagt und muß dann hoch und heilig versprechen, dergleichen nie wieder zu tun. Und dann lernt er, langsam und behutsam ein ganz neues Vertrauensverhältnis zu seinem Hund aufzubauen. Wir können den Hund keinesfalls von der Downübung befreien, die muß er machen, aber er soll dabei erfahren, daß er keine Angst mehr zu haben braucht. Zu diesem Zweck muß der Führer unter Verwendung vieler liebevoller und beruhigender Worte seinen Hund unbedingt einmal kurz in die Downhaltung bringen und ihn anschließend ausgiebig loben, gleich mehrere Belohnungsbrocken geben und den Hund zusätzlich auch noch sehr abliebeln. Der Hund steht dann manchmal da und weiß nicht, wie ihm geschehen ist. Alle Angst war umsonst, gibt's das? Ja, das gibt's und von Mal zu Mal wird der Hund ruhiger und zuversichtlicher, bis

schließlich die Downübung für ihn jeden Schrecken verloren hat, und die Beziehung zu seinem Herrn nun auch wieder so richtig stimmt. (Vielleicht gibt es einen Hundeführer, der sich hier angesprochen fühlt. Dann soll er wissen, daß wir das hier für ihn aufgeschrieben haben und hoffen, daß er unsere Anweisungen auch befolgt. Es wird seinem Hund wie auch ihm selbst guttun!)
Damit hätten wir das Programm der dritten Woche. Bitte auf keinen Fall vergessen, die Übungen der vorangegangenen Wochen täglich zu wiederholen!

4. Übungswoche

Es ist ratsam, am Wochenbeginn sich zunächst das gesamte neue Programm durchzulesen und sich gedanklich erst einmal mit den einzelnen Übungen vertraut zu machen, bevor man mit seinem Hund zu arbeiten beginnt.

4 A

Heranrufen des Hundes, wenn der Führer seinem Hund den Rücken zeigt

Für diese Übung lassen Sie Ihren Hund neben sich sitzen, zeigen ihm dann die rechte Hand, wie gelernt, als Stoppschild und sagen »Bleib« Dann entfernen Sie sich einige Schritte in Blickrichtung des Hundes, wobei Sie ihm den Rücken zeigen. Selbstverständlich halten Sie hierbei die Leine fest und geben auch Obacht, daß Sie nicht aus Versehen an ihr ziehen. Bleiben Sie dann nach wenigen Schritten stehen, wobei Sie auch weiterhin dem Hund den Rücken zeigen. Logischerweise kann dabei der Abstand zwischen Ihnen und Ihrem Hund nur geringer als die Leinenlänge sein (*s. Abb. 46*). Nun rufen Sie den Namen Ihres Hundes in Verbindung mit »Komm« und ziehen ihn dabei nach vorn (*s. Abb. 47*), bis er neben Ihnen ist. Genau in diesem Augenblick müssen Sie dann zum Hund »Sitz« sagen und ihm dabei auch gleichzeitig noch das entsprechende Sichtzeichen geben (Zeigefinger der rechten Hand hochhalten), so daß der Hund also korrekt neben Ihnen zum Sitzen kommt. Damit der Hund bei dieser Übung nicht etwa an Ihnen vorbeiläuft, müssen Sie sehr geschickt sein und den Hund wieder mit der Leine regelrecht abfangen. Sobald der Hund neben Ihnen ist, Leine etwas hochziehen, so daß der Hund sich einfach setzen muß (*s. Abb. 48*).

Abb. 46: Sich in Leinenabstand vom Hund entfernen und ihm dabei den Rücken zeigen.

Auch diese Übung ist der Praxis entnommen. Hierfür ein Beispiel: Man läuft mit dem Hund und sieht weiter vorne etwas liegen, das man untersuchen möchte aber nicht will, daß der Hund erst lange daran schnuppert, weil es vielleicht gefährlich für ihn sein könnte. Dann läßt man eben seinen Hund »Sitz« machen, geht allein vor und kontrolliert die Sache, um dann anschließend seinen Hund wieder neben sich zu rufen und gemeinsam mit ihm weiterzugehen.
Jäger werden sich jetzt vorstellen können, wie sehr gerade auch sie diese Übung für ihren Hund z. B. beim Pirschen brauchen.

Abb. 47: Hund wird nach vorn gezogen.

Abb. 48: Die Leine etwas nach hinten halten, damit der Hund sich setzen muß.

4B

Heranpfeifen des Hundes, wenn der Führer seinem Hund den Rücken zeigt

Hierbei handelt es sich um die gleiche Übung wie unter A, nur daß jetzt der Hund durch Doppelpfiff rangerufen wird.

4C

Heranrufen des Hundes, wenn der Führer seinem Hund den Rücken zeigt unter Verwendung von Sichtzeichen

Wieder die gleiche Übung wie A und B, wobei der Hund hier durch das Sichtzeichen – also zweimaliges Klopfen – rangerufen wird. Weil der Hund bei dieser Übung hinter Ihnen sitzt und daher nicht sehen könnte, wenn Sie vorn zweimal auf Ihren linken Oberschenkel klopfen, müssen Sie bei dieser Übung seitlich an Ihr rechtes Bein klopfen (*s. Abb. 49*), während Sie mit der linken Hand den Hund an der Leine ziehen. Bei den Übungen A, B und C wird der Hund also wieder mit Hilfe der bereits bekannten drei verschiedenen Arten herangerufen, wobei man auch das Lob nie vergessen darf.

Abb. 49: Als Sichtzeichen für »Komm« zweimal an das rechte Bein klopfen.

4 D

Gehen »bei Fuß« mit 90°-Wendungen nach rechts und links

Bei dieser Übung geht der Hund ganz korrekt neben Ihnen und kann überhaupt nicht mehr vor sich hinschusseln, weil er durch die 90°-Wendungen zu großer Aufmerksamkeit, Konzentration und Anpassung gezwungen wird.
Wenn die Übung einwandfrei sitzt, muß der Führer z. B. gut und sehr schnell mit seinem Vierbeiner um eine Hausecke biegen können.

4 E

Gehen »bei Fuß« mit Kehrtwendungen (180°) nach rechts und links

Hierbei wird die größte Konzentration und Aufmerksamkeit vom Hund gefordert. Die Übung hat natürlich nur Sinn, wenn die Kehrtwendungen von Ihnen schnell und auf der Stelle gemacht werden. Aber dabei bitte nicht grob zum Hund sein!

4 F

Hand mit Handschuh in den Fang (alter Lederhandschuh)

Diese Übung ist eine Weiterführung der Übung E der 3. Übungswoche und soll dazu dienen, daß der Hund ganz allmählich – Stufe für Stufe – auf das Apportieren vorbereitet wird. Man gibt zunächst dem Hund wieder nur die rechte Hand so in den Fang, um danach – praktisch als zweite Stufe – sich den Lederhandschuh auf die rechte Hand zu ziehen und sie dann wieder in den Fang des Hundes zu geben. Diese Übung ist korrekt ausgeführt, wenn der Hund stillesitzt und die Hand mit dem darübergezogenen Handschuh ruhig in seinem Fang duldet. Wenn die erste Übung hier nicht geht, kann natürlich die zweite überhaupt nicht funktionieren.
Wichtig ist hierbei noch, daß der Handschuh nicht etwa ein alter Arbeitshandschuh ist, der womöglich nach Öl, Schmiere oder dergleichen stinkt. Es muß ein ganz sauberer, alter Lederhandschuh sein, der auch nicht nach Parfüm riechen darf. Er sollte aber auf alle Fälle den Geruch des Hundeführers haben.

4 G

Platz und bleib für etwa fünf Minuten

Mit dieser Übung soll erreicht werden, daß der Hund etwa fünf Minuten lang ruhig dort liegenbleibt, wo man ihn mit »Platz und bleib« abgelegt hat. Sie können sich dabei schon etwas weiter von Ihrem Hund entfernen. Sie brauchen auch nicht mehr die Leine festzuhalten, sondern legen sie einfach auf den Boden. Sie müssen jedoch Ihren Hund bei dieser Übung noch ständig beobachten. Sollte der Hund tatsächlich noch aufstehen und weggehen wollen, so müssen Sie ihn sofort unter energischer Zurechtweisung, z. B. »Pfui! Was soll das, wo ist Platz?«, wieder genau an die Stelle zurückbringen, wo er zuvor abgelegt wurde. Sie erkennen diese Stelle ja genau an dem Gegenstand, den Sie zu Ihrem Hund gelegt hatten, was hoffentlich nicht vergessen wurde. Nach fünf Minuten den Hund aus dem »Platz und bleib« abholen und ihn dabei – wie gelernt – erst ansprechen, wenn man unmittelbar vor ihm steht. Wenn der Hund brav war, muß er ausgiebig gelobt werden.

4 H

»Down« für etwa 3 Minuten

Diese Übung stellt eine Weiterführung der Übung F der 3. Übungswoche dar, wobei der Hund jetzt für etwa 3 Minuten ruhig in der korrekten Downstellung liegen soll (*s. Abb. 50*). Sobald der Hund z. B. den Kopf hebt oder sich seitlich legen will, vielleicht auch die Hinterläufe wegstreckt, müssen Sie sofort »Bleib Down« sagen und die Haltung des Hundes sogleich korrigieren. Den Hund sehr loben und abliebeln, wenn er diese Übung korrekt ausführt.

Damit ist das Programm für die 4. Übungswoche festgelegt. Jeder Hundeführer muß sich unbedingt einprägen, daß er jeden Befehl, den er seinem Hund erteilt hat, auch immer durchsetzen muß. Anderenfalls ist die ganze Ausbildung mit Sicherheit zum Scheitern verurteilt. Logischerweise darf man deshalb gar nicht erst irgendeinen Befehl geben, wenn man seine Ausführung nicht wirklich jederzeit durchsetzen kann. Aus diesem Grunde ist ja der Hund jetzt auch bei allen Übungen noch angeleint, damit er sich eben nicht durch Flucht (etwa unter den Tisch oder hinter irgendwelche Gegenstände) dem Einfluß seines Führers entziehen kann, auf diese Weise also gehorchen lernen muß.

5. Übungswoche

Bei unserem Trainingsprogramm sind für die Grundausbildung des Hundes im Gehorsam insgesamt 20 Übungswochen – also praktisch fünf Monate – vorgesehen. Nun kann es durchaus sein, daß dies für manchen Hundeführer mit seinem Vierbeiner einfach ein zu schnelles Tempo ist. Es kommt hier aber überhaupt nicht darauf an, forsch vorwärtszueilen, sondern ist viel wichtiger, daß die einzelnen Übungen mit dem Hund stets ganz gewissenhaft gemacht werden und man dabei nichts ausläßt. Nur so kann der Gehorsam des Vierbeiners kontinuierlich aufgebaut werden. Deshalb ist es auch weit angebrachter, sich dann vielleicht mit dem Hund für die hier angegebenen Übungen einer Übungswoche ruhig 14 Tage Zeit zu lassen und erst dann

Abb. 50: Vorschriftsmäßige Downlage.

das Programm der nächsten Übungswoche in Angriff zu nehmen.
Es mag auch Hundeführer geben, denen das Tempo hier zu langsam erscheint. In einem solchen Fall aber müssen wir vor dem Vorwärtsstürmen warnen, denn es hat keinerlei Zweck und bringt nur Mißerfolg, wenn man mit seinem Hund das Trainingsprogramm unbedingt in einer kürzeren Zeit absolvieren will. Wer dies tun möchte, beweist damit schon, daß er weder Verständnis und Einfühlungsvermögen noch ausreichende Geduld und Selbstdisziplin für die Ausbildung eines Hundes besitzt. Wer aus seinem Hund einen gehorsamen Begleiter machen will, auf den er sich wirklich verlassen kann, dem darf ein solcher Fehler des Vorwärtshetzens nicht unterlaufen. Man muß seinem Hund vielmehr eine faire Chance geben, sich ohne Überforderung langsam entwickeln und entfalten zu können. Alles andere wäre unsachgemäße Pfuscherei.

5 A

Handschuh in den Fang

Man beginnt bei dieser Übung wieder mit den vorangegangenen, also zunächst Hand in den Fang, dann Hand mit Handschuh in den Fang. Erst danach wird der Handschuh allein mit dem Befehl »Ap-

Abb. 51: Hund hält Handschuh geduldig im Fang.

port« in den Fang des Hundes gegeben (*s. Abb. 51*). Der Fang wird dazu nach wie vor mit Lefzendruck geöffnet. Damit der Hund den Handschuh auch wirklich festhält, stützt man mit der rechten Hand noch etwas den Unterkiefer des Hundes, sagt dabei »Halt fest!« und lobt den Hund sehr, wenn er brav ist. Kaut der Hund auf dem Handschuh, so darf man das nicht durchgehen lassen, sondern muß sofort energisch eingreifen, indem man »Pfui! Dulde! Schone!« sagt und diesen Befehl noch durch Rucken an der Halsung unterstreicht.
Spuckt der Hund den Handschuh aus, heißt es wieder sofort »Pfui!« Dann gehört der Handschuh erneut blitzschnell in den Fang, wobei man sofort umschaltet und den Hund sehr lobt, wenn der Handschuh im Fang ist. Wer hierbei zu nachgiebig oder zu langsam ist, hat mit Sicherheit keinen Erfolg. Also sehr schnell, aber keinesfalls grob sein!

5 B

»Platz und bleib« für zehn Minuten, wobei der Hundeführer in einiger Entfernung vom Hund ruhig sitzt

Der Hund wird – wie gelernt – ins »Platz und bleib« gebracht, die Leine auf dem Boden liegengelassen und der Hut oder dergleichen neben den Hund gepackt. Dann setzen Sie sich in einiger Entfernung vom Hund für zehn Minuten hin. Sie können ja dabei Zeitung lesen oder dergleichen, müssen aber trotzdem den Hund ständig beobachten. Nicht aus Versehen den Vierbeiner loben, wenn er stilleliegt, denn dann würde er mit Sicherheit doch sofort aufspringen, womit die ganze Übung mißlungen wäre. Also, den Hund weder ansprechen noch loben. Sollte der Hund bei der Übung irgendwann aufstehen, wird er sofort unter »Pfui! Was soll das, wo ist Platz!« wieder genau auf die Stelle zurückgebracht, wo er abgelegt wurde. War der Hund dagegen brav und ist er die zehn Minuten liegengeblieben, wobei er ja – wie unter Übung G der 2. Übungswoche gelernt – sich ruhig am Boden bewegen, aber sich weder aufsetzen noch gar aufstehen darf, gehen Sie zu Ihrem Hund hin, sprechen ihn erst an, wenn Sie unmittelbar vor ihm stehen, loben ihn sehr und liebeln ihn ab. Die Übung wird beendet, indem man zum Hund »Jetzt komm« sagt, so daß er sich wieder frei bewegen kann.

5 C

»Down« mit Downpfiff (Trillerpfiff)

Hierbei handelt es sich um Übung F der 3. Übungswoche, wobei der Hund jetzt aber mit dem Downpfiff in die Downlage gebracht wird. Dieser Downpfiff muß mit der breiteren Seite der Hundepfeife ausgeführt werden (wo sich auch eine kleine Kugel im Mundstück befindet) und ist ein etwas längerer Trillerpfiff. Aber bitte diesen Trillerpfiff nicht etwa solange aushalten, bis der Hund im »Down« liegt! Nehmen Sie die Downseite der Pfeife schon in den Mund, bevor Sie mit der Übung beginnen, pfeifen Sie dann den etwas längeren Trillerpfiff und bringen dabei blitzschnell Ihren Hund ins »Down«. Sobald der Hund mit dem Kopf hochkommt oder nicht mehr korrekt im »Down« liegen will, wird er sofort wieder downgepfiffen und schnell korrigiert. Aber eben nicht etwa solange pfeifen, bis das Korrigieren beendet ist!

5 D

Hund für fünf Minuten ins »Down« legen und ihn dabei an das Sichtzeichen gewöhnen

Hierbei handelt es sich praktisch um die Übung H der 4. Übungswoche, nur daß jetzt der Hund schon fünf Minuten lang korrekt im »Down« liegen muß. Dabei gewöhnt man den Vierbeiner auch gleich an das Sichtzeichen, indem man den rechten Arm ausgestreckt hochhebt, so daß er etwa mit dem Kopf eine Linie bildet (*s. Abb. 52*). Es ist ganz wichtig, daß der Arm wirklich ausgestreckt ist und dem Hund dadurch wie etwas vorkommt, das ihn von oben runterdrückt. Würde der Unterarm dagegen in lässiger Weise abgewinkelt, wäre dieser Eindruck verpatzt.
Mit diesen Übungen wird also erreicht, daß sich der Hund an die drei Arten gut gewöhnt, nämlich

1. an das Wort »Down«,
2. an den Downpfiff, ein etwas längerer – aber nicht zu langer – Trillerpfiff, der mit der breiteren Seite der Hundepfeife ausgeführt wird (die Seiten dürfen auf keinen Fall verwechselt werden!),
3. an das Sichtzeichen in Form des ausgestreckten rechten Arms.

Damit wäre das Programm der 5. Übungswoche abgeschlossen.

6. Übungswoche

Wie in unseren Kursen, so möchten wir auch hier, daß die Hundeführer aktiv am Trainingsprogramm teilnehmen, indem Sie sich eine Liste mit den einzelnen Übungen fertigen, die Ihnen dann als Richtschnur für das Arbeiten mit ihrem Hund dient. Mit Hilfe dieser Liste können Sie nachprüfen, ob Sie nicht eine Übung vergessen haben oder aber zu selten wiederholen.

Abb. 52: Der ausgestreckte rechte Arm ist das Sichtzeichen für »Down«.

6 A

Handschuh in den Fang und vor dem Hund pendeln

Hier handelt es sich also um die Weiterführung der Übung A der 5. Übungswoche. Wenn der Hund den Handschuh ruhig im Fang hält, zeigt man ihm die rechte Hand – wie gelernt – als Stoppschild und sagt »Bleib«, um dann vor dem Hund einige Male zu pendeln. Anschließend geht man wieder zu ihm hin, nimmt ihm mit »Aus« den Handschuh ab und lobt ihn sehr. Läßt der Hund den Handschuh aber noch fallen, energisch »Pfui« sagen (notfalls den Hund auch etwas beuteln) und ihm den Handschuh dann wieder blitzschnell in den Fang geben.

6 B

Handschuh in den Fang und den Hund umkreisen

Das ist die gleiche Übung wie A, nur daß jetzt der Hund schon einige Male umkreist wird. Leine gut hochhalten, damit sie nicht stört.

6 C

»Platz und bleib« für zehn Minuten, wobei der Führer im Zimmer läuft und sich beschäftigt

Die gleiche Übung wie B der 5. Übungswoche, nur daß Sie jetzt nicht mehr ruhig irgendwo sitzen, sondern im Raum herumlaufen und sich beschäftigen. Dadurch wird der Hund praktisch zum Aufstehen verleitet. Steht er auf, wird er energisch – wie gelernt – auf seinen Platz zurückgebracht. Diese Übung dient also dazu, den Gehorsam des Hundes weiter zu festigen.

6 D

»Down« und vor dem Hund pendeln unter Verwendung des Sichtzeichens

Der Hund wird hier wie bei Übung F der 3. Übungswoche ins »Down« gebracht. Anschließend gehen Sie mit ruhigen Schritten vor Ihrem korrekt im »Down« liegenden Hund einige Male hin und her

Abb. 53: Vorsicht beim Übersteigen des im Down liegenden Hundes.

und verwenden dabei das Sichtzeichen – also ausgestreckter rechter Arm. Bleibt der Hund nicht in der korrekten Downlage, korrigieren Sie ihn wie unter Übung H der 4. Übungswoche beschrieben. Bleibt er aber während der Übung gehorsam liegen, gehen Sie anschließend zu ihm hin, um ihn sehr zu loben und abzuliebeln.

6 E

»Down« und den Hund umkreisen unter Verwendung des Sichtzeichens

Die gleiche Übung wie D, nur daß jetzt der Hund schon einige Male mit ruhigen Schritten unter Verwendung des Sichtzeichens umkreist wird. Die Leine soll hierbei schon auf den Boden gelegt werden. Anschließend wieder zum Hund hingehen, Leine aufnehmen und den Hund, wenn er brav im »Down« gelegen hat, ausgiebig loben. Bei Ungehorsam den Hund wieder wie unter Übung H der 4. Übungswoche korrigieren.

6 F

»Down« mit Umkreisen und Übersteigen des Hundes

Die gleiche Übung wie D, allerdings jetzt schon mit einem weit höheren Schwierigkeitsgrad, weil Sie hierbei mit großem Schritt über Ihren im korrekten »Down« liegenden Hund steigen (*s. Abb. 53*).
Dabei ist ganz wichtig, daß der Hund bei dieser Übung auf keinen Fall eine negative Erfahrung machen darf. Man muß sehr aufpassen, daß der Hund beim Übersteigen nicht einmal berührt wird, denn das käme einem Vertrauensbruch gleich. Der Hund soll ja gerade bei dieser Übung lernen, daß er im »Down« absolut sicher ist und daß ihm in dieser Stellung nichts passiert. Der Führer muß also gerade hier ganz besonders vorsichtig und umsichtig sein.

6 G

»Down« mit Umkreisen und Übersteigen des Hundes wobei der Führer gleichzeitig noch in die Hände klatscht

Die gleiche Übung wie F, jedoch mit einem noch höheren Schwierigkeitsgrad, weil beim Umkreisen und Übersteigen des Hundes hier auch noch mehrmals in die Hände geklatscht wird (*s. Abb. 54*), was den Hund selbstverständlich sehr zum Aufspringen und damit zum Ungehorsam verleitet. Gleichzeitig aber macht der Hund die für ihn so überaus wichtige Erfahrung, daß ihm bei alledem absolut nichts passiert, wenn er gehorsam in der Downstellung verharrt. Bei Gehorsam des Hundes darf hier auf keinen Fall das Loben vergessen werden. Diese Übung festigt seinen Gehorsam schon sehr.
Bitte nicht verzweifeln, wenn die hier beschriebenen Übungen am Anfang noch gar nicht funktionieren wollen, sondern täglich intensiv üben und dabei keinen Ungehorsam des Hundes durchgehen lassen. Der Erfolg stellt sich dann schon sehr bald ein.

Abb. 54: Als Verleitung wird in die Hände geklatscht.

7. Übungswoche

Gegenüber den Hundeführern aus unseren Kursen sind diejenigen, die hier mit ihrem Vierbeiner dieses Trainingsprogramm absolvieren, insofern im Nachteil, als sie völlig selbständig arbeiten müssen. Es ist also niemand da, der sie auf Fehler hinweisen könnte, die sich beim Üben mit dem Hund allzu leicht einschleichen und die, wenn sie nicht möglichst schnell wieder korrigiert werden, auch verhältnismäßig schwer auszumerzen sind. Deshalb muß jeder Hundeführer hier äußerst gewissenhaft sein und sich ständig einer Selbstkontrolle unterziehen. Dabei ist es unerläßlich, den Text des Übungsprogramms immer wieder zu lesen, um seine eigenen Handhabungen beim Üben sowie die Leistungen des Hundes daran zu prüfen. Wer dies wirklich fleißig und verantwortungsbewußt tut, wird den Text des gesamten Trainingsprogramms schon beinahe auswendig hersagen können. Er wird auch beim erforderlichen Zurückblättern und Nachlesen sehr geschickt werden, ja, zum Schluß wird das bei ihm schon beinahe wie im Schlafe gehen. Zunächst aber macht das alles selbstverständlich einige Mühe und damit ist klar, daß nur der hier Erfolg haben kann, der mit sich selbst hart ist und nicht gleich zum Aufgeben neigt. Es ist noch kein Meister vom Himmel gefallen, das gilt auch für jeden Hundeführer und jeden Hund.

7 A

Hund läuft mit Handschuh im Fang auf Führer zu

Bei dieser Übung handelt es sich um eine Weiterführung der Übungen A und B der 6. Übungswoche. Nachdem Sie also vor Ihrem Hund hin- und hergependelt sind und ihn dann auch mit ruhigen Schritten umkreist haben, wobei der Hund den Handschuh brav im Fang halten muß, hocken Sie sich in geringem

Abstand vor Ihrem Hund hin und schauen ihn an. Dann loben Sie Ihren Hund und sagen zu ihm »Komm« und ziehen ihn dabei ganz vorsichtig mit der Leine zu sich, wobei jede zusätzliche Geste und jedes Wort der Aufmunterung hilfreich sind, z. B. Locken durch Schnalzen mit der Zunge, freundliches, aufmunterndes Zunicken, viel Lob usw. Bei manchen Hunden ist es allerdings angebrachter, lieber mit etwas energischem Ton in der Stimme den Hund zum Kommen aufzufordern. Hier muß jeder Hundeführer seinen Vierbeiner kennen und das dementsprechende Mittel wirksam einsetzen, d. h. hier ist eben Fingerspitzengefühl gefragt.
Die Übung ist korrekt ausgeführt, wenn der Hund zu Ihnen kommt und dabei den Handschuh fest im Fang behält, sich auch mit dem Handschuh im Fang vor Ihnen hinsetzt. Nehmen Sie dem Hund den Handschuh jetzt nicht gleich ab, sondern verfahren Sie so, wie wir das beim Ausgeben des Apportels ausführlich erklärt haben (s. hierzu Übung 16 A, Seite 115 und 116). Also, erst mehrmals vorsichtig rechts und links gegen den Handschuh tippen, dann die Hand ganz wegnehmen, und beim Befehl »aus« den Handschuh seitlich anfassen, d. h. die Hand nicht unter den Fang halten! Hat der Hund sich dabei fehlerlos verhalten, muß er ausgiebig gelobt werden. Belohnungsbrocken sind sehr angebracht. Der Hund muß richtig merken, wie sehr Sie sich freuen, daß er den Handschuh zugetragen hat.
Sollte der Hund aber den Handschuh noch fallen lassen, müssen Sie ihm unter »Pfui! Was soll das! Halt fest!« den Handschuh sofort wieder in den Fang geben. Auf keinen Fall darf bei dieser Übung dem Hund nachgegeben werden, auch wenn sich diese Übung am Anfang noch recht problematisch gestalten sollte und es vielleicht sogar nötig wird, den Hund ein wenig zu beuteln. Durchhalten!
Trägt der Hund dann aber schon vorschriftsmäßig zu, sollen Sie sich bei dieser Übung nicht mehr hinhocken.

7 B

»Platz und bleib« für zehn Minuten, wobei der Hund allein im Zimmer ist

Bei dieser Übung handelt es sich um die Weiterführung der Übung C der 6. Übungswoche. Nachdem Sie also mit »Platz und bleib« den Hund abgelegt und auch den Hut dazugelegt haben, gehen Sie aus dem Zimmer, lassen aber die Tür etwas auf, so daß Sie durch den Türspalt Ihren Hund gut beobachten können. Sollte der Hund aufstehen und hinter Ihnen hergehen wollen oder dergleichen, wird er – wie unter Übung G der 4. Übungswoche beschrieben – sofort zu seinem Platz zurückgebracht. Die Übung ist korrekt ausgeführt, wenn der Hund die zehn Minuten brav liegengeblieben ist, obwohl er ganz allein im Zimmer war. Das ist dann schon Gehorsam und zeigt bereits ziemliche Verläßlichkeit. Sie sollten sich hierüber sehr freuen und Ihren Hund dafür viel loben und abliebeln.
Wichtig ist dabei:
1. Daß der Hundeführer seinen Hund aus dem »Platz und bleib« vorschriftsmäßig abholt.
2. Beim Ablegen des Hundes darauf achten, daß dieser dabei immer mit dem Kopf in die Richtung schaut, in der sich der Hundeführer von ihm entfernt. Der Hund darf ihm ja durchaus nachschauen und soll sich doch dabei nicht den Hals verdrehen müssen.

7 C

»Down« mit Hereinrufen des Hundes, wobei er anschließend hinter dem Führer rumgehen muß

Hier handelt es sich um eine Kombination der Übungen F und B der 3. Übungswoche. Wenn alle Einzelübungen immer fleißig trainiert wurden, dürfte es bei dieser Übung keinerlei Schwierigkeiten geben. Sie sollten sich hier also zunächst die Übungen F und B der 3. Übungswoche durch Nachlesen noch einmal genau vor Augen führen. Auf diese Weise werden Sie auch immer mehr mit dem gesamten Trainingsprogramm gut vertraut. Bei dieser Übung wird der Hund also zunächst ins korrekte »Down« gelegt. Dann entfernen Sie sich in Leinenabstand von ihm, warten ein Weilchen und rufen dann Ihren Hund zu sich, der sich korrekt vor Ihnen hinsetzen und Sie anschauen muß. Dann lassen Sie den Hund einen Augenblick in dieser Stellung verharren, damit die einzelnen Phasen nicht so hektisch aufeinander folgen, und loben Ihren Vierbeiner dabei, um ihn anschließend hinter sich rumzuschicken, so daß der Hund sich dann wieder vorschriftsmäßig neben Ihnen hinsetzt. Hier muß der Hund wieder sehr gelobt werden, denn die korrekte Ausführung dieser Übung zeigt, daß der Hund schon recht gehorsam wird, aufmerksam ist und sich bereits gut lenken läßt.

7 D

»Down« mit Hereinrufen des Hundes durch Doppelpfiff, wobei er anschließend hinter dem Führer rumgehen muß

Die gleiche Übung wie C, nur daß Sie diesmal den Hund eben mit dem Doppelpfiff zu sich rufen.

7 E

»Down« mit Hereinrufen des Hundes durch Sichtzeichen, wobei er anschließend hinter dem Führer rumgehen muß

Wieder die gleiche Übung wie C, wobei Sie den Hund nun durch das Sichtzeichen (zweimaliges Klopfen mit der linken Hand auf den linken Oberschenkel) zu sich rufen. Beim Sichtzeichen brauchen Sie jetzt gar nicht mehr wirklich zu klopfen, es genügt eigentlich schon, wenn Sie dies nur durch die Handbewegung andeuten.

8. Übungswoche

Wenn Sie jetzt einmal Bilanz über den bisher mit dem Trainingsprogramm erreichten Erfolg ziehen, dann werden Sie sicher viele Übungen nennen können, die Ihr Vierbeiner direkt schon mit einer gewissen Eleganz ausführt. An manche Übungen können Sie jedoch nur unter Seufzen denken, während sich Ihnen und Ihrem Hund bei einigen Übungen noch die Haare sträuben. Es wäre aber nun restlos falsch, wenn Sie ständig nur versuchen würden, die für Ihren Hund noch so schwierigen Übungen endlich zu meistern und dabei die anderen, leichten Übungen gänzlich außer acht ließen. Dieser schwere Führerfehler hätte dann zur Folge, daß plötzlich überhaupt nichts mehr gehen würde. Also, auch immer all die Übungen gewissenhaft wiederholen, bei denen es gar keine Probleme mehr gibt. Dieses Vorgehen hilft sogar, auch mit den jetzt noch so schweren Übungen schneller fertigzuwerden.

8 A

Hund hält Handschuh im Fang und läuft damit längere Zeit in unterschiedlicher Gangart

Bei dieser Übung soll sich der Vierbeiner daran gewöhnen, den Handschuh längere Zeit beim Laufen zu tragen, ohne daß er ihn fallen läßt. Der Hundeführer läßt den Hund hier zunächst »Sitz« machen. Dann wendet er den Lefzendruck an und gibt dem Hund den Handschuh mit »Apport« in den Fang, sagt »Komm« und »Halt fest« und versucht jetzt, mit dem Hund unter Aufmunterung und viel Lob zu laufen. Läßt der Hund den Handschuh dabei fallen, wird dies – wie gelernt – sofort mit »Pfui!« quittiert und der Handschuh augenblicklich mit »Apport« wieder in den Fang gegeben. Bei vielen Hunden ist es angebracht, hier als erste Gangart das Rennen zu wählen, weil sich die Hunde dabei am schnellsten und besten entspannen, wobei das Tragen des Handschuhs dann plötzlich von ihnen gar nicht mehr als unangenehm empfunden wird. Diese Übung ist korrekt ausgeführt, wenn der Hund bei jeder Gangart (Rennen bis Schleichen) den Handschuh trägt und nicht fallen läßt, wofür er sehr gelobt werden muß.

8 B

»Platz und bleib« für zehn Minuten mit starker Verleitung

Die für diese Übung benötigte Situation ist sehr gut gegeben, wenn Freunde am Sonntag zum Kaffee kommen. Natürlich müssen das Leute sein, die Hunde mögen und auch Verständnis dafür haben, daß man seinen Hund zum Gehorsam erziehen muß. Bevor man sich an die Kaffeetafel setzt, wird den Freunden erklärt, daß sie sich für zehn Minuten überhaupt nicht um den Hund kümmern, also nicht zu ihm hingehen und auch auf gar keinen Fall ihn ansprechen oder loben dürfen. Sitzen die Gäste dann am Tisch, legt man seinen Vierbeiner mit »Platz und bleib« so ab, daß er geschützt ist, also nicht mitten im Weg liegt, aber die ganze Gesellschaft von seinem Platz aus gut beobachten kann. Dann wird ihm der Hut noch danebengepackt und in aller Ruhe Kaffee getrunken. Bei Ungehorsam des Hundes wird – wie unter Übung G der 2. Übungswoche beschrieben – korrigiert. Die Übung ist korrekt ausgeführt, wenn der Hund die zehn Minuten brav auf seinem Platz trotz des Besuchs und der damit verbundenen Unruhe liegengeblieben ist. Danach zum Hund hingehen und ihn wieder erst ansprechen, wenn man unmittelbar vor ihm steht, ihn sehr loben und abliebeln und mit »Jetzt komm« die Übung beenden. Dies muß aber der Hundeführer immer selber tun und darf das niemals etwa einem Gast überlassen.

Wenn diese Übung einwandfrei klappt, hat man schon guten Grund, sich zusammen mit seinem Vierbeiner über das bereits Erreichte sehr zu freuen.

8 C

»Down« für fünf Minuten mit Verleitungen

Auch diese Übung ist sehr geeignet, den Gehorsam des Hundes zu festigen. Der Hund wird dabei – wie unter Übung F der 3. Übungswoche beschrieben – ins »Down« gebracht und zu ihm »Bleib down« gesagt. Dann verleitet man den Hund zum Ungehorsam, indem man z. B. im Zimmer schnell herumläuft, hoppst, vielleicht mit Tellern klappert, laut irgendetwas ruft (aber natürlich nicht den Namen des Hundes oder irgendeinen erlernten Befehl!), ein Schlüsselbund fallen läßt usw. Hier sind der Phantasie keine Grenzen gesetzt. Sollte der Hund durch die Verleitungen den Kopf heben oder gar aufspringen, wird er mit »Pfui! Was soll das!« sofort wieder an der Stelle ins korrekte »Down« gebracht, wo er zuvor lag. Diese Übung ist korrekt ausgeführt, wenn der Hund trotz aller Verleitungen brav in der vorschriftsmäßigen Haltung gelegen hat. Er muß dann dafür sehr gelobt und abgeliebelt werden.

Ganz wichtig ist jedoch dabei, daß sich der Hund durch die Verleitungen niemals direkt bedroht fühlt, denn das wäre unverzeihbar und ein völliger Vertrauensbruch. Man will ja gerade mit dieser Übung dem Hund das Gefühl vermitteln, daß er im »Down« absolut sicher ist und sich in dieser Lage daher nie zu ängstigen braucht. Der Führer muß hier also sehr vorsichtig sein und darf z. B. auf keinen Fall irgend etwas als Verleitung auf den Boden werfen, das den Hund dann trifft. Eine derartige Ungeschicklichkeit hätte schlimme Folgen.

8D

»Down« neben dem Führer

Für diese Übung stellen Sie sich neben Ihren korrekt sitzenden Hund, halten die Leine mit der rechten Hand hinten an der Schlaufe fest und lassen sie gut durchhängen. Dann stellen Sie Ihren linken Fuß auf die durchhängende Leine und heben die Fußspitze soweit an, daß er nur noch mit dem Hacken auf dem Boden steht, die Leine aber praktisch unter der Sohle durchläuft (*s. Abb. 55*). Der Schuh sollte eine glatte Ledersohle haben. Sie sagen jetzt »Down« zu Ihrem Hund und ziehen dabei schnell – aber wieder nicht grob – mit der rechten Hand die Leine hoch, so daß der Hund dadurch automatisch in die Downlage gezogen wird, ohne daß Sie ihn dabei noch anfassen (*s. Abb. 56*). Der Hund geht hier praktisch wie ein Fahrstuhl runter. Es ist nicht schlimm, wenn die Downlage des Hundes dabei anfänglich noch nicht völlig korrekt ist. Der Kopf des Hundes muß allerdings stets am Boden sein. Die korrekte Downlage aber lernt der Hund ja mit der anderen Downübung, bei der Sie ihm die Vorderläufe nach vorn ziehen. Selbstverständlich darf diese Übung jetzt nicht etwa vernachlässigt werden, sondern muß zur Verbesserung der Downlage des Hundes auch weiterhin – aber getrennt von dieser Übung hier – mit dem Hund gearbeitet werden.

Bei der zweiten Downübung hier geht es – wie zuvor schon gesagt – lediglich um das sehr schnelle Ins-Down-Gehen des Hundes ohne weitere Hilfestellung des Hundeführers, wobei dieser jedoch sehr aufpassen muß, daß er bei der Übung die Leine nicht zu stark hochzieht, weil der Hund dann nämlich direkt auf dem Boden aufprallen würde. Das darf natürlich unter keinen Umständen geschehen!

Jetzt wird sicher auch jedem Hundeführer klar, warum wir zu Beginn des Trainingsprogramms unter Punkt 3 der Übung A der 1. Übungswoche darauf hinwiesen, daß der Karabinerhaken der

Abb. 55: Beim »Down neben dem Führer« muß der Hacken fest auf dem Boden stehen und die Schuhspitze etwas angehoben sein, damit die Leine gut unter der Sohle durchlaufen kann.

Führerleine nie in der Nähe der Halsung sein darf, sondern sich immer etwa in der Höhe der Hüfte des Führers befinden muß. Diese Übung hier wäre nämlich wegen des störenden Karabinerhakens sonst gar nicht durchführbar.

Abb. 56: Korrekte Downlage neben dem Führer.

9. Übungswoche

Bis jetzt wurden alle Übungen mit dem Hund im Zimmer gemacht, man spricht ja deshalb auch direkt von Stubendressur. Da der Hundeführer jetzt bereits zwei Monate mit seinem Vierbeiner übt, dürften schon einige Erfolge zu verzeichnen sein. Hier kam dem Hundeführer natürlich zu Hilfe, daß der Hund fast keiner nennenswerten Ablenkung dabei ausgesetzt war und es ihm deshalb gewiß nicht sonderlich schwerfiel, sich auf den Hundeführer und dessen Befehle zu konzentrieren. Es gilt jetzt, den Gehorsam des Vierbeiners zu festigen, indem man ihn während der Übungen nunmehr Ablenkungen und Verleitungen aussetzt. Damit wird gleichzeitig ein höheres Maß an Aufmerksamkeit und Konzentration vom Hund gefordert. Zu diesem Zweck sollen Sie von jetzt an täglich einmal im Zimmer und einmal draußen – im Garten, Park oder dergleichen – mit Ihrem Vierbeiner üben. Dabei brauchen Sie sich aber keinesfalls zu wundern, wenn die im Zimmer bereits so einwandfrei funktionierenden Übungen draußen erst gar nicht klappen wollen und der Hund restlos unkonzentriert ist. Trotzdem eisern mit ihm auch draußen üben, ihn dabei ständig zur Aufmerksamkeit ermahnen und besonderen Wert auf große Korrektheit bei der Ausführung der einzelnen Übungen achten.
Wichtig ist dabei noch, daß Sie draußen die Leine besonders gut festhalten müssen, damit Ihnen der Hund nicht etwa auskommt und dadurch lernen würde, sich durch Flucht Ihrer Einwirkung entziehen zu können. Daß dergleichen einen furchtbaren Rückschlag bei der Ausbildung zur Folge hätte, können Sie sich gewiß gut vorstellen.
Da das Üben draußen für den Hund etwas völlig Ungewohntes ist, möchten wir hier in der 9. Übungswoche auch keine direkt neuen Übungen anbieten. Sie sollten vielmehr diese Woche hauptsächlich dazu nutzen, alle bisher erlernten Übungen im Zimmer wie draußen sehr gründlich mit Ihrem Hund zu wiederholen, so daß sie sich bei Ihnen und Ihrem Hund noch besser einprägen und damit dann auch weit korrekter ausgeführt werden. Beim Wiederholen sollten Sie ganz besonderes Augenmerk auf die Apportierübungen legen, also, daß der Hund den Handschuh gut im Fang behält, wenn Sie vor ihm pendeln und ihn umkreisen. Daß der Hund ferner den Handschuh Ihnen gut zuträgt und auch längere Strecken in unterschiedlicher Gangart mit dem Handschuh im Fang läuft und diesen dabei nicht mehr fallen läßt.
Wir fügen dem Programm nur zwei Übungen hinzu, und zwar

9 A

»Platz und bleib« für 15 Minuten

Eigentlich keine neue Übung, sondern lediglich eine Erschwerung, die wieder höhere Anforderungen an den Hund stellt. Der Vierbeiner muß jetzt für eine noch längere Zeit – statt 10 nunmehr 15 Minuten – brav am Platz liegenbleiben. Diese Übung soll allerdings nur im Zimmer gemacht und dafür folgende Übungen verwendet werden:
Übung B der 5. Übungswoche,
Übung C der 6. Übungswoche,
Übung B der 7. Übungswoche,
Übung B der 8. Übungswoche.
Auch das Down möchten wir noch weiter gefestigt wissen, daher

9 B

Down für zehn Minuten

Hierbei muß der Hund nun schon die doppelte Zeit – also statt bisher fünf, jetzt zehn Minuten – brav in der Downstellung verharren. Die Übung sollte stets sowohl im Zimmer wie auch schon draußen ausgeführt werden. Bei dieser Übung wird der Hund bereits auf zwei Arten ins »Down« gebracht, und zwar einmal gemäß der Übung F der 3. Übungswoche und einmal gemäß der Übung D der 8. Übungswoche.

Danach wird der Hund jeweils für zehn Minuten im »Down« ruhig liegengelassen. Anschließend soll dann gemäß den folgenden Übungen verfahren werden: Übung C der 7. Übungswoche am 1. Tag, Übung D der 7. Übungswoche am 2. Tag, Übung E der 7. Übungswoche am 3. Tag, d. h., daß Sie den Hund, nachdem er brav zehn Minuten im Down gelegen hat, jeden Tag auf eine andere Weise zu sich rufen, also einmal durch Nennen des Namens in Verbindung mit »Komm«, einmal durch Doppelpfiff und am 3. Tag durch Sichtzeichen. Dabei muß der Hund immer, wenn er sich beim Kommen korrekt vor Ihnen hingesetzt hat, anschließend noch hinter Ihnen herumgehen und sich dann vorschriftsmäßig neben Ihnen hinsetzen.

Es wird sicher jedem auffallen, wie sich gerade mit dieser Übung der Gehorsam des Hundes verbessern läßt.

10. Übungswoche

In dieser Woche wird der Hund mit einem neuen Arbeitsgerät, dem Apportel, bekanntgemacht. Wir hoffen, daß es bereits vom Hundeführer so vorbereitet wurde, wie wir es auf Seite 57 f. erklärt haben. Wir hoffen ebenfalls, daß der Hund bislang nicht an das Apportel herangekommen ist, sondern erst jetzt damit vertraut gemacht wird.

10 A

Der Hund soll das Apportel kennenlernen

Nehmen Sie das Apportel in die Hand, indem Sie es am Ende der einen Seite anfassen und es dem Hund mit den Worten »Schau mal, was ich hier hab« zeigen, so daß dieser es durch gründliches Abschnuppern kennenlernt, wobei auch Sie selbst viel Interesse zeigen sollen. Aber bitte auf keinen Fall den Hund damit spielen lassen, das wäre ein unverzeihlicher Fehler. Das Apportel ist kein Spielzeug, sondern eben ein Arbeitsgerät, das von nun an den Hund sein ganzes Leben lang begleiten wird. Man legt es nur auf den Boden, wenn der Hund es bringen soll, ansonsten wird es hochgelegt oder hochgestellt.

10 B

Apportel in den Fang

Nachdem Sie Ihrem Vierbeiner genügend Zeit gelassen haben, sich mit diesem Gerät ein wenig vertraut zu machen, wobei Sie aber das Apportel unbedingt immer an einer Seite festhalten sollen, lassen Sie den Hund »Sitz« machen, hokken sich hin und halten wieder mit der linken Hand die Halsung fest, sagen »Apport« und geben das Apportel mit Lefzendruck dem Hund in den Fang und sagen dazu »Halt fest!« (*s. Abb. 57*). Im Gegensatz zu dem leichten Handschuh hat der Hund jetzt also schon ein gewisses Gewicht festzuhalten, was ihn wahr-

Abb. 57: Das Apportel (beim großen ohne Holz- und Metallscheiben) wird gut festgehalten.

Abb. 58: Der Hundeführer umkreist seinen Vierbeiner mit ruhigen Schritten, während dieser brav stillesitzt und das Apportel willig festhält.

scheinlich dazu veranlassen wird, das Ding sofort wieder fallen zu lassen. Wenn Sie aber mit Ihrem Hund schon sehr fleißig mit dem Handschuh gearbeitet haben, dann könnte es sogar sein, daß der Vierbeiner das Apportel schon wie das Selbstverständlichste von der Welt festhält. Gratulation, wenn das so ist, und der brave Hund hat nach dem Ausgeben des Apportels dafür viel Lob und gleich mehrere Belohnungsbrocken verdient. Sollte das Apportel jedoch in hohem Bogen aus dem Fang fliegen, dann – wie gelernt – »Pfui!« sagen und »Apport« und blitzschnell das Apportel wieder in den Fang geben. Erneut »Halt fest!« sagen, wobei Sie dann mit der rechten Hand den Unterkiefer des Hundes stützen, so daß er dadurch das Apportel auch nicht so schnell fallen lassen kann. Wenn der Hund es dann halb widerwillig, halb freiwillig festhält, ihn trotzdem loben, um ihn damit auch zu motivieren.

10 C

Apportel in den Fang und vor dem Hund pendeln

Hierbei handelt es sich um die Übung A der 6. Übungswoche, nur daß der Hund jetzt eben statt des leichten Handschuhs das etwas schwerere Apportel festhalten muß. Es geht also darum, das Arbeiten mit dem Apportel ganz systematisch aufzubauen. Deshalb kann diese Übung hier auch erst in Angriff genommen werden, wenn Sie mindestens drei Tage lang mit Ihrem Hund erfolgreich die Übung B gemacht haben und diese nun schon funktioniert.

Abb. 59: Der Hundeführer hockt sich in Leinenabstand vor seinem Vierbeiner hin und lockt ihn mit aufmunternden Worten zu sich.

Abb. 60: Hund läuft auf den Hundeführer zu, ohne das Apportel fallenzulassen. Der Vierbeiner soll dabei herangelobt werden.

10 D

Apportel in den Fang und Hund umkreisen

Das ist praktisch Übung B der 6. Übungswoche, und Sie wissen damit genau, was zu tun ist. Auch diese Übung trägt gut dazu bei, daß sich der Hund allmählich an dieses neue Gerät gewöhnt (*s. Abb. 58*).

10 E

Hund läuft mit Apportel im Fang auf Führer zu

Auch diese Übung ist für den Hund nicht neu, und obwohl Sie diese als Übung A der 7. Übungswoche kennen, bitten wir Sie, sich den Text zu dieser Übung noch einmal durchzulesen (*s. Abb. 59, 60*).

10 F

Hund hält Apportel im Fang und läuft damit längere Zeit in unterschiedlicher Gangart

Hierbei handelt es sich praktisch um die Übung A der 8. Übungswoche (*s. Abb. 61, 62*). Bitte ebenfalls die Erklärungen zu dieser Übung auch noch einmal ansehen. Wenn der Hund dann die Übung korrekt ausführt, hat er mit Sicherheit das Apportel bereits als sein Arbeitsgerät anerkannt. Sie sollten sich darüber freuen und das auch Ihren Vierbeiner deutlich spüren lassen, indem Sie ihn viel loben.

10 G

Gehen »bei Fuß«, wobei sich der Führer zur Kontrolle schon einmal die Leine richtig umhängt

In der Einleitung zur 9. Übungswoche ist der Hundeführer aufgefordert worden, alle Übungen, die er bisher im Zimmer

Abb. 61: Vorschriftsmäßiges Sitzen neben dem Hundeführer, wobei das Apportel gut festgehalten wird.

geübt hatte, nunmehr auch draußen zu wiederholen. Hierzu gehört das korrekte Gehen »bei Fuß«, das der Hund ja mit folgenden Übungen erlernt hat:
Übung D, E und F der 1. Übungswoche,
Übung A und B der 2. Übungswoche,
Übung D und E der 4. Übungswoche.
Sie sollten jetzt die hier genannten Übungen mit Ihrem Hund ausführen, indem Sie aber die Führerleine dabei nicht mehr – wie gelernt – in beiden Händen halten, sondern sie sich richtig umhän-

Abb. 62: Hund geht »bei Fuß« und trägt das Apportel einwandfrei.

Abb. 63: Der Hund geht »bei Fuß«. Der Hundeführer hat sich die Leine vorschriftsmäßig umgehängt und damit beide Hände frei.

gen (*s. Abb. 63*). Lassen Sie dann Ihren Hund »bei Fuß« gehen und fassen Sie die Führerleine überhaupt nicht mit den Händen an (*s. Abb. 64*), um so kontrollieren zu können, ob Ihr Hund denn nun wirklich schon brav »bei Fuß« geht. Für Übungen, die noch nicht korrekt vom Hund ausgeführt werden sowie für alle neuen Übungen müssen Sie die Leine aber selbstverständlich wieder in beide Hände nehmen, um so bessere Einwirkungsmöglichkeit zu haben.

Abb. 64: Für gehbehinderte Hundeführer ist diese Umhängeleine eine große Hilfe, weil sie überhaupt nicht stört.

Sollte der Vierbeiner gegenüber anderen Hunden noch Aggressionen zeigen, wenn er an der Leine läuft, so müssen Sie dies sofort unterbinden, indem Sie »Pfui, laß das« sagen und dabei scharf an der Leine rucken sowie den Hund energisch zwingen, ganz korrekt »bei Fuß« zu gehen. Der Hund muß andererseits aber auch von Ihnen gelobt werden, wenn er folgt und kein aggressives Verhalten mehr zeigt.

10 H

»Down« aus der langsamen Bewegung

Hier handelt es sich um die Weiterführung der Übung D der 8. Übungswoche. Bei dieser Übung gehen Sie langsam und Ihr Hund korrekt »bei Fuß«. Sie haben jedoch die Leine nicht – wie gewohnt – in beiden Händen, sondern halten sie hier – wie bei der Übung D der 8. Übungswoche – nur mit der rechten Hand hinten an der Schlaufe fest, so daß die Leine vor Ihnen gut durchhängt (*s. Abb. 65*). Beim langsamen »Bei-Fuß-Gehen« sagen Sie dann zu Ihrem Hund »Down« und treten dabei mit dem linken Fuß schnell auf die durchhängende Leine, wodurch der

Abb. 65: Für das »Down« aus der Bewegung muß die Leine gut durchhängen; nur an der Schlaufe festhalten!

Hund schon gestoppt wird, heben dann blitzschnell die Fußspitze an, so daß die Leine gut unter der Fußsohle durchlaufen kann, und ziehen mit der rechten Hand die Leine schnell hoch. Die Übung ist korrekt ausgeführt, wenn der Hund aus dem Gehen heraus auf Ihren Befehl die Downlage sofort einnimmt. Bei dieser Übung kommt es sehr darauf an, daß Sie flink sind. Sollte die Downstellung des Hundes hierbei noch nicht absolut korrekt sein, so spielt das keine große Rolle. Wichtig ist nur, daß der Kopf des Hundes dabei am Boden ist. Sobald Sie bei dieser Übung hier selbst eine gewisse Schnelligkeit und Sicherheit erreicht haben, sollten Sie beim Befehl »Down« zusätzlich mit dem linken Arm das Sichtzeichen dafür einsetzen (*s. Abb. 56*).

11. Übungswoche

In dieser Woche wird wiederum ein neues Gerät eingesetzt: die Feldleine. Sie wird für das Arbeiten mit dem Hund im Freien auf weitere Entfernungen gebraucht. Doch bevor wir sie für die einzelnen Übungen einsetzen, soll kurz ihre Handhabung erklärt werden:

1. Die Feldleine sollte nie wie eine Wäscheleine, sondern stets wie ein Wollknäuel aufgewickelt werden, wobei man hinten an der Schlaufe zu wickeln beginnt, so daß der Karabinerhaken jederzeit mit der Halsung des Hundes verbunden werden kann. Die Form des Knäuels ist günstiger, weil sich die Leine dann nicht verheddern kann (*s. auch Abb. 17*).
2. Der Karabinerhaken muß an beiden Ösen der Halsung befestigt werden, damit auch hier eben keine Würgehalsung entsteht.
3. Hat man die Feldleine somit am Hund befestigt, läßt man das Knäuel nur noch hinter dem Rücken des Hundes wegrollen (*s. Abb. 66*) und kann dann sofort mit dem Arbeiten beginnen. Der Hund soll dabei das Wegrollen des Knäuels nicht sehen, weil dies seinen Spiel- und Fangtrieb auslösen würde, was ja dem Üben mit dem Hund nicht unbedingt dienlich wäre.

Abb. 66: Der Hund soll das Wegrollen der Feldleine nicht sehen.

4. Man bewahrt die Feldleine am praktischsten in einer kleineren Plastiktüte auf, in die sie als Knäuel gerade gut hineinpaßt.
5. Die Feldleine wird bei jedem Wetter draußen gebraucht. Das sieht man ihr auch nach kurzer Zeit an. Es wäre völlig sinnlos, sie deshalb ständig waschen zu wollen. Man reinigt sie vielmehr, indem man sie gut trocknen läßt und dann kräftig ausschüttelt.
6. Damit der Vierbeiner dem Hundeführer an der Feldleine nicht auskommen kann, wird mit ihr eine Doppelschlaufe gemacht, durch die der Führer dann die rechte Hand steckt (*s. Abb. 67*) und so mit seinem Hund fest verbunden ist.
7. Die Führerleine sollte man jedoch dabei nicht irgendwo hinlegen, um sie später dann suchen zu müssen, sondern sich umhängen, indem man sie doppelt nimmt und sie dann so umhängt, daß sie weder Hund noch Hundeführer stören kann (*s. Abb. 68*).
8. Wenn der Hund an der Feldleine »bei Fuß« gehen soll, nimmt der Hundeführer – wie bei der anderen Leine –

Abb. 67: So wird die Hand des Hundeführers mit der Feldleine verbunden.

Abb. 68: Die Führerleine wird doppelt umgehängt und kann daher nicht verloren werden.

diese kurz hinter der Halsung des Hundes wieder in beide Hände und kümmert sich um den Rest der Feldleine gar nicht, sondern schleift ihn einfach hinter sich her (*s. Abb. 69*).

9. Der Hundeführer muß bei der Feldleine besonders aufpassen, daß er nicht – wenn er vom sitzenden oder im Down liegenden Hund weggeht – zu sehr an ihr zieht, so daß es dadurch an der Halsung des Hundes einen Ruck geben könnte, was der Vierbeiner dann als Befehl zum Kommen verstehen und damit eben loslaufen würde. Also, gut aufpassen und geschickt sein!

11 A

Hereinholen des Hundes an der Feldleine, wobei der Hund anschließend hinter seinem Führer herumgehen muß

Hierbei handelt es sich praktisch um die Übungen
C, D und E der 2. Übungswoche in Verbindung mit den Übungen
B, C und D der 3. Übungswoche,
nur daß jetzt der Abstand zwischen Hund und Ihnen durch die Feldleine

Abb. 69: Die Feldleine wird einfach hinterhergeschleift.

eben schon größer ist. Das Hereinholen des Hundes soll dabei abwechselnd auf jeweils eine der drei Arten geschehen, also

1. durch Nennung des Namens in Verbindung mit »Komm«,
2. durch Doppelpfiff,
3. durch das Sichtzeichen,

wobei der Hund dann jedesmal anschließend hinter Ihnen herumgehen und sich korrekt neben Ihnen hinsetzen muß.

Damit der Hund an der Feldleine schnell und auf dem kürzesten Weg zu Ihnen kommt, holen Sie sie durch schnelles Ziehen ein. Dabei dürfen Sie aber auf keinen Fall die gesamte Feldleine in die Hand nehmen wollen, indem Sie Schlaufen machen. Dies würde viel zu lange dauern. Deshalb sollen Sie hierbei genau so verfahren, als wenn Sie eine Jalousie hochziehen würden, also mit der einen Hand vorgreifen, ziehen, dann mit der anderen Hand vorgreifen, ziehen und immer dabei die Leine gleich wieder loslassen (*s. Abb. 70*).

Der Hund kommt weit schneller auf Sie zu, wenn Sie dabei auch noch zusätzlich ein paar Schritte rückwärtsrennen, wobei Sie sich natürlich nicht umdrehen dürfen, sondern immer dem Hund das Gesicht zeigen müssen. Durch dieses Rückwärtsrennen wird der Hund angereizt, noch schneller auf Sie zuzulaufen.

Die Übung ist korrekt ausgeführt, wenn der Hund zunächst brav »bei Fuß« gegangen, dann vorschriftsmäßig dort sitzengeblieben ist, wo Sie ihm dazu den Befehl gegeben haben, und danach auf Befehl schnell und auf dem kürzesten Weg zu Ihnen kommt und sich korrekt vor Ihnen hinsetzt, um dann anschließend auf Befehl noch hinter Ihnen herumzugehen und sich vorschriftsmäßig wieder neben Ihnen zu setzen, wofür der Hund sehr gelobt werden muß. Hier handelt es sich also schon um eine schwierigere Übung mit vielen Einzelphasen, die nur gut funktionieren kann, wenn Sie sich zunächst gedanklich über den Ablauf der Übung vollkommen im klaren sind, und wenn die Einzelübungen, die hier zu dieser Kombination gehören, mit dem Hund zuvor immer fleißig gearbeitet und auch ständig wiederholt wurden.

Abb. 70: Das Heranholen des Hundes mittels Feldleine. Der Hundeführer muß hierbei sehr flink und geschickt hantieren.

Es ist ratsam, bei dieser Übung nicht gleich auf die gesamte Länge der Feldleine zu gehen, sondern lieber den Abstand zwischen Hund und Ihnen allmählich größer werden zu lassen. Man erreicht dies, wenn man sich z. B. vielleicht erst einmal auf der halben Länge der Feldleine eine Doppelschlaufe macht und sein Handgelenk hier mit der Leine verbindet. Dabei braucht man sich dann um den Rest der Feldleine überhaupt nicht mehr zu kümmern, sondern läßt diesen eben einfach am Boden liegen und schleift ihn hinter sich her. Selbstverständlich muß sich jeder Hundeführer im Umgang mit der Feldleine erst einmal eine gewisse Geschicklichkeit erwerben. Bitte nicht verzagen, das geht im allgemeinen schneller, als man zunächst anzunehmen wagt.

11 B

Das Vorangehen an der Feldleine

Für diese Übung soll Ihr Hund, nachdem Sie ihn an die Feldleine genommen haben, korrekt neben Ihnen sitzen. Dann

Abb. 71: So wird der Hund zum Vorangehen aufgefordert.

sagen Sie zu ihm »Voran!«, wobei Sie gleichzeitig mit der rechten Hand nach vorn zeigen und mit der linken Hand an die Halsung fassen, um den Hund so unter Aufmunterung ein wenig nach vorn zu schieben. Sie gehen dann selbst einige Schritte mit nach vorn, bleiben dabei aber immer etwas hinter Ihrem Hund und ermuntern diesen ständig zum Vorwärtsgehen (*s. Abb. 71*).

Am Anfang sind die Hunde hier meist erst etwas irritiert und zögern. Aber wenn man das eine Weile mit ihnen geübt hat, begreifen sie plötzlich und rennen dann auch recht munter voran.

Wichtig ist dabei, daß der Hundeführer nie vor dem Hund gehen darf, sondern immer hinter ihm bleiben muß, so daß er seinen Vierbeiner ständig vor sich hat und ihn auf diese Weise gut beobachten kann. Sollte sich der Hund umdrehen und hinter den Hundeführer laufen wollen, muß dieser ihn sofort mit »Pfui! Nein!« an der Leine nach vorne ziehen. Sobald der Hund dann wieder vorn ist, lobt man ihn ausgiebig und ermuntert ihn weiterhin zum Vorangehen. Bei dieser Übung ist es jedoch ratsam, daß man sich Lederhandschuhe anzieht, denn wenn der Hund plötzlich nach vorne schnellt, könnte die Feldleine leicht Hautverletzungen an der Hand verursachen, die sehr schmerzhaft sind.

11 C

Das Vorangehen an der Feldleine mit Rückruf zum Hundeführer

Bei dieser Übung handelt es sich um die Weiterführung der Übung B. Wenn der Hund also eine Weile recht weit nach vorn gegangen ist und dort auch herumgeschnüffelt hat, rufen Sie ihn entweder

1. durch Nennung des Namens in Verbindung mit »Komm« oder
2. durch Doppelpfiff

wieder zu sich. Dabei ziehen Sie dann an der Feldleine und rennen etwas rückwärts, wobei Sie aber natürlich dem Hund das Gesicht zugewendet haben müssen. Der Vierbeiner kommt noch schneller heran, wenn Sie sich zusätzlich etwas klein machen und sich erst wieder aufrichten, sobald der Hund kurz vor Ihnen ist. Das aber ist nur am Anfang nötig und wird später, bei einwandfreiem Gehorsam des Hundes, überflüssig.

Die Übung ist korrekt ausgeführt, wenn der Hund auf Befehl sofort auf dem kürzesten Weg zu Ihnen kommt und sich vorschriftsmäßig vor Ihnen hinsetzt. Dann sollten Sie den Hund für sein braves Kommen loben und abliebeln und ihn anschließend hinter sich herumschikken, so daß der Hund nun wieder korrekt neben Ihnen sitzt. Jetzt aber können Sie den Vierbeiner erneut voranschicken.

Es dürfte selbstverständlich sein, daß man seinen Hund nicht schikanieren und dauernd zurückrufen darf, sondern ihm eben auch Gelegenheit geben muß, für eine Weile in weiterer Entfernung von Ihnen zu laufen und zu schnüffeln.

Hier möchten wir noch auf etwas Grundsätzliches hinweisen, daß nämlich

1. der Hund, wenn er »bei Fuß« geht, nicht am Boden herumschnüffeln darf, sondern mit erhobenem Kopf neben seinem Hundeführer zu laufen hat, daß er aber
2. sofort die Nase auf den Boden nehmen und schnüffeln darf, sobald man ihn vorangeschickt hat.

11 D

»Down« aus der schnellen Bewegung

Hier handelt es sich praktisch um die Übung H der 10. Übungswoche, nur daß jetzt der Hund schon aus einer schnellen Bewegung heraus ins »Down« muß. Sie rennen hier mit dem Hund und sagen dann »Down«, womit die Übung schon wieder einen höheren Schwierigkeitsgrad hat, denn Hund wie Führer müssen dabei blitzschnell agieren.

11 E

Platz und bleib an der Feldleine für zehn Minuten

Dabei handelt es sich um die altbekannte Übung G der 2. Übungswoche, wobei aber jetzt der Hund im Freien abgelegt wird und damit vielen Umwelteinflüssen als Ablenkung und Verleitung ausgesetzt ist. Sie sollten sich bei dieser Übung bereits außer Sichtweite des Hundes begeben, nachdem Sie die Feldleine am äußersten Ende irgendwo gut befestigt haben, so daß der Vierbeiner nicht auskommen kann. Der Kopf des Hundes soll dabei in die Richtung zeigen, in der Sie sich von ihm entfernen. So kann der Hund ein gewisses Stück Ihnen nachschauen, darf aber eben nicht aufstehen oder gar nachlaufen. Nachdem Sie ein Stück geradeaus vom Hund weggegangen sind, sollten Sie nach rechts oder links abbiegen, um sich hinter einem großen Baum oder Busch zu verstecken und von dort aus Ihren Vierbeiner beobachten. Steht der Hund noch auf und will nachlaufen, muß wie unter Übung G der 4. Übungswoche korrigiert werden. Hat der Hund dagegen die Übung korrekt ausgeführt, ist also die zehn Minuten ganz brav am Platz liegengeblieben, dann hat er für seinen Gehorsam ein großes Lob und recht viel Abliebeln durchaus verdient. Aber bitte den Hund erst loben, wenn man wieder unmittelbar vor ihm steht!

11 F

Hund lernt, auf Befehl seinen Fang aufzumachen

Nachdem der Hund in der vorigen Übungswoche mit dem Apportel gut vertraut gemacht worden ist, und es damit von ihm auch als sein Arbeitsgerät anerkannt wurde, gilt es nunmehr, noch die letzte Hürde zu nehmen, d. h., der Hund muß lernen, auf Befehl seines Herrn sofort den Fang aufzumachen und das Apportel von allein zu nehmen. Für diese Übung – aber auch wirklich nur für diese Apportierübung und sonst nie – wird ein Glied aus der Halsung entfernt, so daß sie dadurch fester am Hals des Hundes anliegt, dabei jedoch keinesfalls einschnüren darf. Jetzt hocken Sie sich wieder – wie in Übung E der 3. Übungswoche beschrieben – neben Ihren Hund hin und richten dann die Halsung des Hundes so, daß die Kette am Genick des Hundes liegt. Nun greifen Sie dort bei der Kette wieder mit der linken Hand von unten in die Halsung, während Sie mit der rechten Hand dem Hund das Apportel direkt vor den Fang halten. Drehen Sie nun Ihre linke Hand, in der Sie die Kette festhalten, nach rechts, womit Sie die Halsung des Hundes automatisch verengen, und sagen im gleichen Moment zum Hund »Apport«. Durch das Verengen der Halsung drücken den Hund jetzt die abgerundeten Enden der einzelnen Glieder, was ihm eigentlich mehr unangenehm ist als direkt wehtut. Er wird seinem Unmut darüber aber sofort Ausdruck verleihen wollen, indem er mauzt und dabei natürlich den Fang aufmacht. Jetzt kommt es darauf an, daß Sie sehr geschickt sind und blitzschnell reagieren. Sie müssen nämlich, sobald der Hund den Fang aufmacht, ihm das Apportel schnell – aber nicht grob – hineinschieben und dabei die linke Hand sofort wieder zurückdrehen, so daß der

Hund die Gliederenden nicht mehr spürt. Dabei loben Sie Ihren Hund ganz intensiv, wenn das Apportel im Fang ist und machen dem Vierbeiner auf diese Weise klar, daß Sie sich sehr freuen, weil er brav war und das Apportel genommen hat. Daraus lernt das Tier: Wenn es am Hals drückt, und mein Frauchen oder Herrchen dabei »Apport« sagt, brauche ich nur meinen Fang aufzumachen und das Ding zu nehmen. Dann spüre ich nichts mehr am Hals, sondern, ganz im Gegenteil, ich werde mächtig gelobt. Deshalb ist es eben so überaus wichtig, daß Sie flink sind und sofort die linke Hand zurückdrehen, sobald das Apportel auch nur ein bißchen im Fang ist. Damit sich der Sinn der Übung recht schnell beim Hund einprägt, und man ihn dabei so wenig wie möglich mit den Gliederenden belästigen muß, nehmen Sie anfangs, wenn Sie »Aus« sagen, das Apportel gar nicht wirklich aus dem Fang des Hundes, sondern lassen es nur ganz weit nach vorne rollen, um dann gleich wieder »Apport« zu sagen, die linke Hand dabei nur ganz geringfügig nach rechts zu drehen und dem Hund das Apportel jetzt etwas weiter in den Fang zu schieben, wobei Sie sofort wieder die linke Hand zurückdrehen, so daß die Gliederenden nicht mehr drücken. Dabei den Hund ausgiebig loben. Wenn Sie hierbei geschickt und flink sind und blitzschnell reagieren, hat der Hund binnen kürzester Zeit die Hürde genommen, d. h., er macht auf Befehl sofort den Fang auf und nimmt das Apportel ganz von selbst.

Wichtig ist jedoch, daß

1. der Hundeführer mit dieser Übung hier erst beginnt, wenn er sie selbst völlig begriffen hat, d. h., der Hundeführer muß sich die Anweisungen zu der Übung hier mehrmals durchlesen und sich dabei jede einzelne Phase ganz genau einprägen,
2. der Hundeführer sich unbedingt sehr bemühen muß, geschickt und flink zu sein,
3. die Halsung des Hundes sofort wieder um das herausgenommene Glied erweitert wird, sobald man mit der Apportierübung aufhört, das darf man nie vergessen!
4. Dieses Apportieren auf Befehl, durch das der Gehorsam des Hundes um vieles größer wird, muß zunächst wieder nur im Zimmer geübt werden. Aber nicht etwa deshalb, weil man hier an der Halsung des Hundes dreht und dieser dadurch anfänglich ein wenig mauzt, was kein Mensch hören soll. Nein, deshalb braucht niemand ein schlechtes Gewissen zu haben, denn er triezt seinen Hund ja keinesfalls, sondern ist ständig bemüht, auf seinen Hund nur so geringfügig wie möglich einwirken zu müssen, wird also dabei niemals direkt grob. Es gibt deshalb eben auch nichts, dessen er sich schämen oder das er gar vor anderen Menschen verbergen müßte. Wer hiergegen protestiert, der hat gewiß überhaupt nichts verstanden oder will nicht verstehen, um anderen Menschen in böser Absicht etwas Häßliches nachzusagen.

Es hat bei uns im Kurs ab und an schon einmal einen gegeben, der die Korallenhalsung als etwas Fürchterliches ablehnte. Wir haben jeden ruhig bei seiner Auffassung gelassen und dann zugeschaut, wie weit er mit der Lederhalsung bei der Ausbildung seines Hundes kommt. Wir wollen es kurzmachen und nur einen Fall als Beispiel schildern. Der Hundeführer kam auf der einen Seite bei den Übungen nicht voran, weil der Hund ihn nie für voll nahm, auf der anderen Seite – als der Hundeführer immer mehr sah, wie der Leistungsabstand zwischen seinem und den anderen Hunden ständig größer wurde – hat er seinen Vierbeiner dann mit der Lederhalsung so drangsaliert, daß wir es nicht mehr länger mit ansehen konnten und ihn vor die Alternative stellten, entweder Korallenhalsung oder vom Kurs wegbleiben, denn wir wollten nun wirklich nicht, daß auch nur ein Hund in unserem Kurs geschunden wird. Und der arme Kerl mit der Lederhalsung wurde wirklich von seinem Hundeführer geplagt, ohne daß sich Erfolg einstellte, so daß auch die anderen Hundeführer im Kurs dieses Theater nicht mehr länger anzuschauen gewillt waren. So kann eben in grotesker Weise Unverständnis und Unkenntnis einerseits sowie falsch verstandene und praktizierte Tierliebe andererseits tatsächlich regelrecht zu Tierquälerei führen, obwohl die betroffene Person das natürlich gar nicht will. Dies dürfte wohl auch jedem einleuchten, der guten Willens ist, zu verstehen.

Wir haben uns damals zunächst nur nicht eingemischt, um so den Führer gewähren und seine eigene Erfahrung machen zu lassen, weil fast jeder auf diese Weise doch besser lernt. Der Führer hat das damals auch eingesehen, umgeschaltet und die Koralle zur Ausbildung benutzt. Er hat dann mit seinem Vierbeiner großen Erfolg gehabt und die entstandene Leistungslücke recht bald und ohne die entsetzlichen Schwierigkeiten aufgeholt. Sein Vierbeiner war dadurch keineswegs seelisch geknickt, ganz im Gegenteil, er war genauso lustig und fröhlich wie alle anderen Hunde im Kurs, achtete jetzt aber weit mehr auf seinen Herrn und wurde zusehends gehorsamer. Der Hundeführer hat aufgeatmet und nun gern am Kurs teilgenommen.

Nein, wenn wir wollen, daß der Hundeführer die Apportierübungen mit seinem Hund zunächst wieder nur im Zimmer durchführt, dann ausschließlich deshalb, weil der Hund hier im Zimmer keiner weiteren Ablenkung ausgesetzt ist, sich also viel besser und leichter auf den Hundeführer konzentrieren kann und so auch schneller lernt. Später muß man Apportierübungen natürlich auch im Freien machen und die Verleitungen regelrecht suchen, um so die Konzentration und den Gehorsam des Hundes weiter zu festigen.

12. Übungswoche

Bisher hatte der Hundeführer seinen Vierbeiner stets entweder an der Führer- oder aber an der Feldleine, so daß jederzeit die Möglichkeit bestand, bei den einzelnen Übungen sofort eingreifen zu können, wenn der Hund Ungehorsam zeigte. Von jetzt ab soll im Zimmer mit dem Hund so geübt werden, daß man einige Übungen, die wir sogleich hier aufführen werden, täglich wie folgt übt:

1. an der Führerleine – also wie bisher – dann
2. mit schleppender Führerleine, d. h. man leint den Hund an, läßt dann aber die Leine einfach runterhängen und greift nur noch im Falle von Ungehorsamkeit des Hundes wieder schnell nach ihr. Auf diese Weise hat der Hund das Gefühl, immernoch an der Leine und damit unter der direkten Einwirkungsmöglichkeit seines Führers zu stehen;
3. ohne Leine. Man leint den Hund also für die Übungen ab und hängt sich die Leine, wie in der 11. Übungswoche unter Punkt 7 beschrieben, um. Sollte der Hund aber hier noch allzu großen Ungehorsam zeigen und die Übungen sehr schlecht machen, wenn er nicht angeleint ist, so wäre das eben ein Zeichen dafür, daß der Gehorsam des Hundes einfach noch nicht genügend gefestigt ist. Der Hund gehört in einem solchen Fall selbstverständlich sofort wieder an die Führerleine. Das ist aber ferner auch ein ganz deutlicher Hinweis darauf, daß der Hundeführer beim Üben an der Leine konsequenter sein muß.

Nach dem hier beschriebenen Verfahren sollen folgende Übungen absolviert werden:

a) »Sitz und bleib« und vor dem Hund pendeln;
b) »Sitz und bleib« und den Hund umkreisen;
c) »Sitz und bleib« und hereinholen des Hundes auf die bekannten drei Arten – also die Übung dreimal machen –,

Abb. 72: Damit der Hund nicht einfach vorbeiläuft, wird ihm die Hand als Stoppschild gezeigt.

Abb. 73: Das Übersteigen in Längsrichtung. Stets vorn am Kopf beginnen.

wobei der Hund jedesmal anschließend hinter seinem Führer herumgeht und sich dann korrekt neben ihn setzt;

d) »Sitz und bleib« mit anschließendem Heranholen des Hundes auf die bekannten drei Arten, wobei aber der Hundeführer dem Vierbeiner den Rücken zeigt (das sind die Übungen A, B und C der 4. Übungswoche), so daß also hier der Hund von hinten zum Herrn kommt, sich dann neben ihm setzen muß und keinesfalls vorlaufen darf. Damit dies nicht geschieht, kann man dem herankommenden Hund die Hand als Stoppschild zeigen (*s. Abb. 72*);

e) »Platz und bleib«.

Beim »Down« dagegen soll die Übung so gehandhabt werden, daß der Hund

einmal gemäß der Übung F der 3. Übungswoche,
einmal gemäß der Übung D der 8. Übungswoche,
einmal gemäß der Übung H der 10. Übungswoche
und einmal gemäß der Übung D der 11. Übungswoche

ins »Down« gebracht werden soll. Wenn der Hund dann korrekt in der Downlage ist, läßt man zunächst die Leine an seiner Halsung dran und legt sie nur einfach auf den Boden, um den im »Down« liegenden Hund zu umkreisen und ihn zu übersteigen – auch in Längsrichtung (*s. Abb. 73*) –, wobei man zusätzlich noch mehrfach in die Hände klatscht. Dann stellt sich der Hundeführer in etwa zwei Meter Entfernung vor seinem Hund hin, um ihn jeweils mit einer der drei bekannten Arten zu sich zu rufen. Dabei ihn zunächst wieder ruhig vor sich sitzen lassen, um ihn anschließend hinter sich rumzuschicken und dann korrekt neben sich sitzen zu lassen.

Wenn das mit schleifender Leine funktioniert, wird wiederum wie soeben beschrieben vorgegangen, nur daß man jetzt die Leine abmacht, wenn der Hund im »Down« am Boden liegt.

Die Apportierübungen kann man selbstverständlich nur durchführen, wenn der Hund an der Führerleine ist. Jedoch sollte von jetzt an nicht mehr mit dem Handschuh, sondern ausschließlich nur noch mit dem Apportel gearbeitet werden.

Im Freien sollen alle hier genannten Übungen zunächst an der Führerleine und danach an der Feldleine durchgeführt werden. Vom Üben mit schleifender Leine (*s. Abb. 74*) sowie ohne Leine im Freien soll aber in dieser Woche noch Abstand genommen werden, das bringt noch zu leicht Rückschläge.

Da sich das Umkreisen des Hundes an der Feldleine zu schwierig gestalten würde, muß man diese Übung auslassen.

Bei den Downübungen im Freien sollte man so vorgehen, daß man den Hund zunächst an der Führerleine ins »Down« bringt, danach aber die Feldleine statt der Führerleine an die Halsung macht, so daß man auf diese Weise bereits weiter von dem im »Down« liegenden Hund weggehen kann, ihn aber eben trotzdem fest an der Leine hat und ihn somit auch schon auf größere Entfernung aus dem »Down« hereinrufen kann.
Es würde nichts bringen, wollte man auch das Gehen »bei Fuß« mit schleppender Leine und frei üben, denn der Vierbeiner könnte damit nur zur Schlampigkeit verleitet werden. Statt dessen soll man sich nunmehr die Leine schon öfter einmal richtig umhängen und dann mit dem Hund die entsprechenden Übungen machen, siehe hierzu Übung G der 10. Übungswoche. Dabei ist es wichtig, den Hund, wenn er vorprellen oder zurückbleiben sollte, energisch mit »Pfui! Bei Fuß!« und kräftigem Ruck an der Leine zu korrigieren sowie ihn sehr zu loben, wenn er einwandfrei an der umgehängten Leine läuft, ohne daß man selbst die Leine noch anfassen muß. Wenn der Hund diese Übung einwandfrei macht, wird der Hundeführer in dem Augenblick sehr dankbar dafür sein, wenn er in der Praxis – und dafür soll der Hund ja ausgebildet werden – einmal in beiden Händen etwas sehr Schweres zu tragen hat, und sein Hund nun ganz brav an der Leine neben ihm läuft. Vielleicht ist das dann das erste Mal, daß der Hundeführer froh und glücklich ist, sich bei der Ausbildung seines Hundes im Gehorsam große Mühe gegeben zu haben. Hier beginnt man nämlich, die Früchte fleißiger Arbeit zu ernten, s. Seite 146.
An neuen Übungen kommen in dieser Woche folgende hinzu:

12 A

Die Quersuche an der Feldleine

Das ist zwar eine Übung, die für die Jäger mit ihren Jagdhunden sehr wichtig ist, die aber auch für alle anderen Nutzen bringt. Sinn und Zweck der Übung ist es eigentlich, daß der Jagdhund lernt, ein gewisses Gebiet systematisch nach Wild abzusuchen und dabei auch nichts auszulassen. Dieses Absuchen lernt der Hund an der Feldleine, indem Sie ihn zunächst korrekt neben sich »Sitz« machen lassen. Dann sagen Sie, wie unter Übung B der 11. Übungswoche bereits beschrieben, zu Ihrem Hund »Voran«, wobei Sie aber hier nicht mit dem rechten Arm direkt

Abb. 74: Das Herankommen mit schleifender Leine.

nach vorn, sondern schräg nach vorn rechts zeigen. Der Hund soll also bei dieser Übung auf keinen Fall geradeaus laufen, sondern schräg nach rechts, bis Sie ihn mit dem Wendepfiff auffordern, sich zu drehen und nunmehr schräg nach links zu laufen, was Sie dem Hund durch Ausstrecken Ihres linken Armes in diese Richtung deutlich machen. Der Wendepfiff ist ein einzelner, kurzer Pfiff, der mit der schmaleren Seite – also mit der sogenannten Komm-Seite der Hundepfeife – ausgeführt wird. Zur Unterstützung der Richtungsangabe gehen Sie selbst anfänglich dabei hinter Ihrem Hund in der angegebenen Richtung mit und wechseln dann ebenfalls die Richtung beim Wendepfiff. Dabei ist es wichtig, daß der Hund immer vor Ihnen laufen muß, so daß Sie ihn ständig vor sich haben und damit gut beobachten können. Will der Hund nach hinten wegrennen, heißt es sofort »Pfui!«. Der Hund wird dann sogleich wieder in die richtige Richtung gewiesen.

Wichtig ist hier allerdings noch, daß Sie auf die Windrichtung achten müssen. Das gilt ganz besonders für den Jagdhund. Am günstigsten ist es, wenn der Wind dabei von vorn kommt, so daß der Hund damit praktisch in den Wind hineinläuft und alle Gerüche auf diese Weise gut in seine feine Nase bekommt. Der Wind kann aber auch seitlich von rechts oder links kommen. Der Hund darf aber nicht mit Nackenwind (Wind von hinten) zur Quersuche geschickt werden.

Die Übung ist korrekt ausgeführt, wenn sich der Hund durch Wendepfiff und Armzeichen gut lenken läßt und auf Doppelpfiff oder Ruf seines Namens in Verbindung mit »Komm« sofort zu Ihnen läuft und sich korrekt vor Ihnen hinsetzt. Nachdem Sie ihn gelobt haben, schicken Sie ihn dann hinter sich herum, so daß sich der Hund korrekt wieder neben Sie setzt. Damit ist auch sogleich die Ausgangsposition erreicht, um den Hund erneut zur Quersuche zu schicken. Auf diese Weise läuft der Hund auf einer größeren Fläche im sogenannten Eselsgang (*s. Zeichnung*). Dem Jagdhund

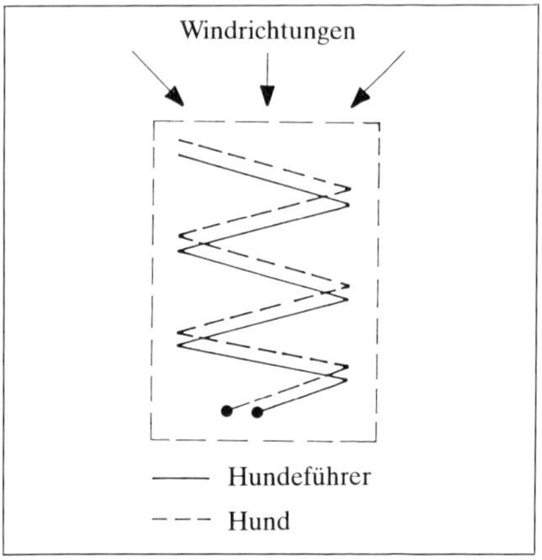

wird so keinerlei Wild entgehen, und für alle anderen Hunde bietet sich dadurch die Möglichkeit, auf verhältnismäßig kleiner Fläche sehr viel laufen zu können und dabei eben nicht aus der Kontrolle zu geraten, sondern praktisch ständig vom Hundeführer geleitet zu werden. Solange das »Down« auf Entfernung noch nicht einwandfrei funktioniert, was ja hier im Programm überhaupt erst zu einem späteren Zeitpunkt erlernt wird, bleibt der Hund bei der Quersuche an der Feldleine. Später, wenn der Hund auch auf große Entfernung zuverlässig im Down gehalten werden kann, läuft er selbstverständlich völlig frei in der Quersuche, hat aber, weil sehr gehorsam, stets ein Auge auf den Hundeführer gerichtet und wird – wie an einem unsichtbaren Faden – auch ohne Leine gelenkt. Das ist zwar jetzt noch Zukunftsmusik, muß aber für jeden guten Hundeführer das unbedingt angestrebte Ziel sein.

12 B

»Down« aus der schnellen Bewegung, wobei der Hundeführer weiterläuft

Das ist praktisch die Weiterführung der Übung D der 11. Übungswoche. Dabei lassen Sie die Leine fallen, sobald Ihr Hund im »Down« ist, rennen noch ein

Stück geradeaus (*s. Abb. 75*), um dann im Bogen von hinten wieder zu Ihrem korrekt im »Down« liegenden Hund zurückzulaufen und diesen – wenn er brav liegen geblieben ist – für seinen Gehorsam sehr zu loben. Hierbei lernt der Hund also, sich zu beherrschen, im »Down« zu bleiben und nicht etwa hinter Ihnen herzulaufen. Damit bringt diese Übung für die Festigung des Gehorsams sehr viel. Meistens heben die Hunde hier zunächst noch den Kopf, wenn der Hundeführer weiterrennt. Dies sollen Sie aber erst korrigieren, wenn Sie von hinten wieder zu Ihrem Vierbeiner zurückkommen. Also, zum Korrigieren nicht von vorn auf den Hund zulaufen, weil dabei nämlich die Gefahr besteht, daß der Hund aufspringt und wegläuft, was natürlich keinesfalls passieren sollte.

Abb. 75: Hund bleibt brav im Down, während die Hundeführerin weiterläuft.

12 C

»Platz und bleib« an der Feldleine für 15 Minuten

Hierbei handelt es sich um die Übung E der 11. Übungswoche, die aber gleich in doppelter Hinsicht erschwert ist. Der Hund muß statt 10 nunmehr schon 15 Minuten brav am Platz bleiben und die Feldleine wird nirgends mehr befestigt, sondern einfach auf den Boden gelegt. Sie sollten sich jedoch bei dieser Übung zunächst noch in der Nähe des Hundes beschäftigen und sich erst zuletzt, wenn Sie den Eindruck haben, daß der Hund brav liegenbleiben wird, für ganz kurze Zeit außer Sichtweite des Hundes begeben. Solange Sie sich während der Übung in der Nähe irgendwo beschäftigen, z. B. im Garten arbeiten, können Sie jederzeit schnell zur Feldleine greifen, wenn der Hund tatsächlich noch ungehorsam sein und aufstehen sollte. Eigentlich müßte »Platz und bleib« aber schon so intensiv geübt sein, daß der Hund gar nicht mehr versucht, hierbei noch aufzustehen, sondern eben brav liegenbleibt, wofür er sehr gelobt werden muß.

12 D

Apportieren, wobei jetzt das Apportel etwas höher und etwas tiefer gehalten wird

Hier soll immer zunächst gemäß der Übung F der 11. Übungswoche verfahren und dem Hund dann anschließend das Apportel einmal etwas höher und danach etwas tiefer vor den Fang gehalten werden, so daß der Hund, wenn er auf Befehl den Fang aufmacht, mit dem Kopf einmal etwas nach oben und einmal etwas nach unten gehen muß, um das Apportel zu nehmen (*s. Abb. 76 77*). Hat der Hund diese Übung korrekt ausgeführt, muß man ihn ausgiebig loben, viel abliebeln und dem Hund somit richtig zeigen, wie sehr man sich freut, daß er brav war. Immer daran denken, Lob beflügelt! Auf keinen Fall bei dieser Übung die Geduld verlieren. Sie müssen Ihrem Vierbeiner allzeit ein liebevoller, gütiger, geduldiger, aber auch ganz konsequenter Führer sein, der Ungehorsam nicht durchgehen läßt. Ungeduldige oder gar jähzornige Menschen sollen tunlichst die Finger vom Ausbilden eines Hundes lassen, sie sind dafür nicht geeignet!

Abb. 76: Hier muß der Hund den Kopf nach oben strecken, um an das Apportel zu gelangen . . .

Abb. 77: . . . und hier den Kopf senken. Damit sind die Apportierübungen für den Hund bereits mit Bewegungen verbunden.

13. Übungswoche

Jeder Hundeführer, der bislang fleißig nach unserem Trainingsprogramm gearbeitet und auch alle erlernten Übungen stets gewissenhaft mit seinem Hund wiederholt hat, wird voller Freude bestätigen können, daß sein Kontakt zum Vierbeiner durch das ständige Üben viel besser und fester geworden ist und er jetzt einen sehr aufmerksamen und auch schon sehr gehorsamen Hund sein eigen nennt. Da läßt sich aber noch eine Steigerung erreichen. Deshalb frischauf zu den nächsten Übungen.

13 A

Der Hund kommt schnell zum Hundeführer, wobei dieser dem Hund das Gesicht zeigt

Mit dieser Übung soll erreicht werden, daß der Hund beim Kommen keinesfalls trödelt, sondern schon sehr schnell dabei wird. Dies erreicht man mit den Übungen C, D und E der 2. Übungswoche, wenn man beim Kommen des Hundes die Führerleine blitzschnell einholt, und mit der Übung A der 11. Übungswoche, wenn man auch hier beim Einholen der Feldleine sehr fix ist und zusätzlich bei allen Übungen rückwärtsrennt, dabei aber das Gesicht dem Hund zugewandt haben muß und ihn sehr ranlobt. Durch dieses Rückwärtsrennen wird der Hund ungemein zum Schnellaufen angeregt. Es kommt hier also sehr auf Ihre Geschicklichkeit und Schnelligkeit an.

13 B

Der Hund kommt schnell zum Führer, wobei dieser dem Hund den Rücken zeigt

Durch diese Übung läßt sich das Kommen des Hundes noch mehr beschleunigen, wenn Sie hierfür die Übungen A, B und C der 4. Übungswoche verwenden, dabei aber, wenn Sie den Hund gerufen haben, sofort losgehen, so daß dieser Sie durch schnelles Laufen einholen muß, und Sie dann mit ihm zusammen jedesmal noch ein Stück weitergehen.

13 C

»Platz und bleib« im Freien unangeleint für zehn Minuten

Für diese Übung muß der Hund also schon recht gehorsam sein und draußen, trotz vieler Ablenkungen und Verleitungen, für zehn Minuten brav am Platz bleiben und den Gegenstand bewachen, den Sie neben ihn gelegt haben. Der Hundeführer sollte bei dieser Übung noch nicht zu weit vom Vierbeiner weggehen und immer ein Auge auf ihn gerichtet haben.

13 D

Hund läuft auf Apportel zu

Sie sollen hier zunächst wieder erst die Übungen F der 11. Übungswoche und D der 12. Übungswoche wiederholen – das Apportieren also immer kontinuierlich aufbauen –, um dann diese neue Übung hier mit dem Hund zu machen, indem Sie jetzt das Apportel auch wieder mit der rechten Hand festhalten, den rechten Arm aber in einiger Entfernung vom Hund ausstrecken (*s. Abb. 78*), dann zum Hund »Apport« sagen und ihn dabei mit der linken Hand an das Apportel heranführen, so daß der Hund hier schon ein paar Schritte machen muß, um das Apportel fassen zu können. Hier soll man aufpassen, daß man nicht aus Versehen den rechten Arm bewegt und damit das Apportel an den Hund heranführt. Es muß also gerade immer umgekehrt sein, der Hund muß laufen und wird so von Ihnen zum Apportel geführt. Wenn diese Übung klappt, sich zusammen mit Ihrem Vierbeiner mächtig freu-

Abb. 78: Hier muß der Hund sogar schon einige Schritte laufen, um das Apportel zu erreichen.

en, ihn tüchtig loben und abliebeln, denn der Hund hat damit bereits eine höhere Stufe beim Apportieren erreicht. Der Vierbeiner braucht hier viel Unterstützung in Form von Aufmunterung durch den Hundeführer. Dieser wird vielleicht noch ganz kurz an der Halsung etwas drehen müssen, wenn der Hund unmittelbar vor dem Apportel angekommen ist, hat dann aber sofort durch Zurückdrehen die Halsung wieder zu lockern, sobald der Hund seinen Fang aufmacht. Also, ganz flink und gewissenhaft sein und nach den Apportierübungen sofort das herausgenommene Glied wieder in die Halsung einsetzen.

13 E

»Down« vor dem Hundeführer

Eine äußerst wichtige Übung, ohne die ein Down auf Entfernung eine Utopie bleiben würde. Sie lassen hier Ihren Hund an der Führerleine »Sitz« machen, sagen dann zum Hund »Bleib« und zeigen ihm dabei – wie gelernt – die Hand als Stoppschild. Dann stellen Sie sich in ungefähr ein Meter Abstand seitlich vor Ihren Hund hin und lassen dabei die Führerleine durchhängen. Sie nehmen

Abb. 79: Beim »Down vor dem Führer« muß der Hundeführer wieder die Leine hinten an der Schlaufe festhalten.

jetzt Ihr linkes Bein zu Hilfe, indem Sie in dem Moment, wo Sie »Down« sagen, mit dem linken Fuß die Leine dicht über dem Boden nach vorn wegziehen (*s. Abb. 79*). Das soll zwar sehr schnell geschehen, damit der Hund wirklich lernt, auf Befehl blitzschnell in die Downlage zu gehen, denn nur dann ist ja das Down in einem Gefahrenmoment sinnvoll. Der Hundeführer muß aber hier sehr geschickt sein und darf nicht etwa aus Versehen schnell mit grob verwechseln. Mit dem linken Arm das Sichtzeichen für Down geben (*s. Abb. 80*).

Abb. 80: Korrektes »Down vor dem Führer«.

14. Übungswoche

Da die Anforderungen an Hund und Hundeführer jetzt immer größer und die Übungen immer zahlreicher werden, kann man ohne einen Arbeitsplan gar nicht mehr auskommen. Man würde sonst einfach manche Übungen direkt unter den Tisch fallen lassen. Der Hundeführer kann auch nicht mehr richtig vorankommen, wenn er nicht mindestens täglich eine Stunde mit seinem Hund übt, wobei er eine halbe Stunde mit ihm im Zimmer arbeiten und dann eine Pause einlegen sollte, um anschließend wenigstens noch eine halbe Stunde mit dem Vierbeiner die Übungen im Freien zu absolvieren. Danach braucht der Hund Ruhe.

14 A

»Platz und bleib« unangeleint im Freien für 10 Minuten, wobei sich der Führer mehrmals außer Sichtweite des Hundes begibt

Hier ist also die Übung C der 13. Übungswoche insofern noch erschwert worden, als Sie sich nunmehr in Blickrichtung des Hundes einige Male außer Sichtweite begeben, indem Sie sich hinter einem Baum, Busch oder dergleichen verstecken, dann wieder vorkommen, wieder verstecken usw., bis die zehn Minuten vorbei sind, und Sie dann Ihren braven Hund aus dem Platz abholen. Später hierbei Zeit variieren.

14 B

Das Apportel wird etwas über dem Boden deponiert und der Hund zum Apportieren rangeführt

Auch für diese Übung den Hund zunächst wieder mit den bisher erlernten Apportierübungen vorbereiten und erst dann für die Übung hier Steine, Bü-

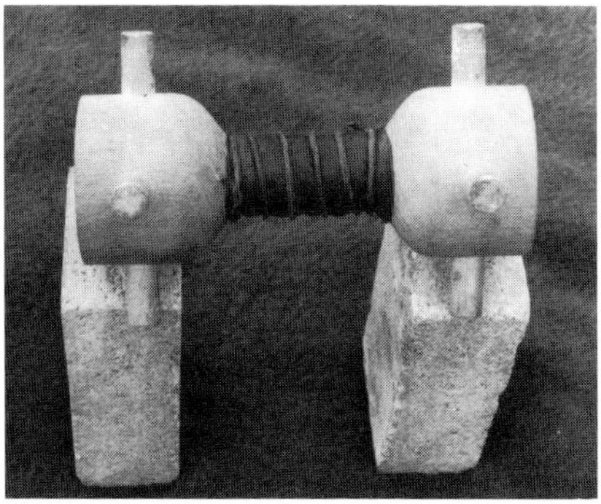

Abb. 81: Das Apportel liegt wie eine Brücke über den Steinen.

Abb. 82: Hier ist der Abstand vom Boden durch Umlegen der Steine schon geringer.

cher oder dergleichen so auf dem Boden deponieren, daß man das Apportel quasi als Brücke darüberlegen kann (*s. Abb. 81, 82*). Man erleichtert dem Hund damit noch das Apportieren, er stößt so mit seinem Fang eben noch nicht auf den Boden, wenn er das Apportel holt, kann es also dadurch leicht nehmen. Man läßt seinen Hund dann etwa zwei Meter vor dieser Konstruktion »Sitz« machen, sagt zum Hund »Bleib« und geht nach vorn, um – für den Hund deutlich sichtbar – das Apportel auf diese Konstruktion zu legen (*s. Abb. 83*). Beim Zurückgehen zum Hund (*s. Abb. 84*) ist darauf zu achten, daß das Apportel nicht verdeckt wird, sondern für ihn gut sichtbar ist. Wenn man zu seinem Hund zurückgekehrt ist, muntert man ihn durch Klopfen auf die Brust und Streicheln des Kopfes auf, faßt mit der linken Hand an die Halsung, sagt »Apport« und rennt gemeinsam mit dem Hund zum Apportel hin, das er dann sofort aufnehmen muß – notfalls hier wieder noch ganz wenig die Drehbewegung machen, aber natürlich erst, wenn der Vierbeiner direkt vor dem Apportel ist und nicht etwa schon auf dem Weg dort hin. Hat der Hund das Apportel brav genommen (was er noch williger tut, wenn der Hundeführer dabei das Apportel seitlich mit der Hand berührt), wird er sofort sehr gelobt und unter dem Loben wird schnell mit dem Hund, der ja jetzt das Apportel im Fang hält, zum

Abb. 83: Der Hundeführer legt das Apportel – deutlich sichtbar für den Hund – auf die Steine.

Abb. 84: Damit der Hund nicht etwa voreilig losläuft, zeigt ihm der Hundeführer auf dem Rückweg die Hand als Stoppschild. Apportel beim Zurückgehen nicht verdecken!

Ausgangspunkt zurückgerannt. Dort stellen Sie sich vor den Hund hin und sagen zu ihm »Sitz« – der Hund muß sich also mit dem Apportel setzen. Beim Ausgeben wie unter 7 A, S. 86, beschrieben verfahren. Anschließend geht der Hund dann ohne Apportel noch hinter Ihnen herum, um sich wieder korrekt neben Ihnen hinzusetzen.
Jedem dürfte klar sein, daß man diese Übung natürlich erst mit seinem Hund machen kann, wenn die vorangegangenen Apportierübungen bereits gut funktionieren. Sollte dies nicht der Fall sein, dann die Übung hier noch ein bis zwei Wochen zurückstellen und die leichteren Apportierübungen erst gut festigen.

14 C

»Down« auf Entfernung

Für diese Übung brauchen Sie eine Hilfsperson. Sollte Ihnen jedoch niemand zur Verfügung stehen, so können Sie sich auch gut helfen, indem Sie sich entweder einen Metallpfosten suchen, der sehr glatt sein muß, so daß die Feldleine gut um ihn laufen kann, ohne hängenzubleiben. Man kann aber auch eine speziell für die Hundeausbildung entwickelte Metallspirale benutzen, die sich wie ein Korkenzieher in den Boden drehen läßt. Die Spirale (*s. Abb. 85*) ist in Hundefach- sowie in Jagdgeschäften erhältlich. Für die Übung hier soll der Hund zunächst »Sitz« machen, dann sagen Sie zu ihm „anleinen“ und befestigen jetzt die Schlaufe am Ende der Feldleine eben-

Abb. 85: Die Spirale.

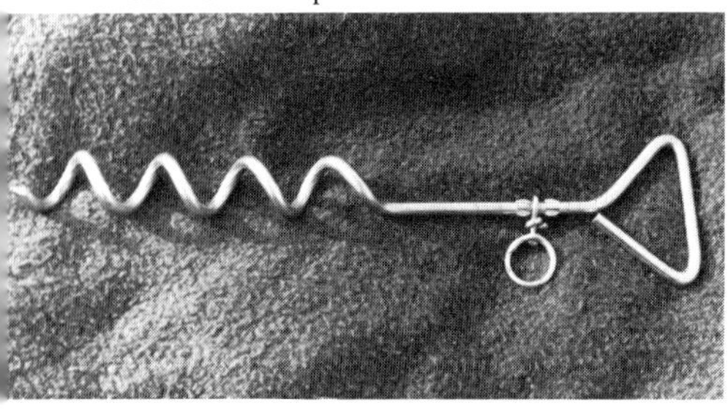

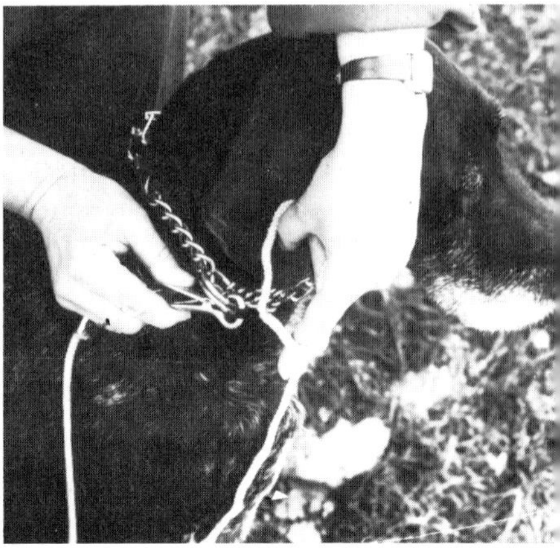

Abb. 86: Die Schlaufe der Feldleine wird mit in den Karabinerhaken eingehängt.

falls mit der Halsung des Hundes, indem Sie den Karabinerhaken nicht nur in die beiden Ösen der Halsung, sondern gleichzeitig auch noch in die Schlaufe der Feldleine einhaken (*s. Abb. 86*). Die Feldleine wird jetzt so ausgelegt, daß der Hund in der Mitte sitzt, während die Feldleine vor und hinter dem Hund gleich lang sein muß. Jetzt stellt sich die Hilfsperson an das Ende der Feldleine hinter dem Hund und nimmt die Leine in beide Hände (*s. Abb. 87*), während Sie sich vor Ihren Hund hinstellen und hier die Feldleine so in die rechte Hand nehmen, daß sie wie bei der Übung E der 13. Übungswoche – »Down vor dem Führer« – durchhängt. Jetzt sagen Sie zum Hund »Down« und verfahren dabei genauso wie bei der Übung E der 13. Übungswoche. Sie ziehen also mit dem linken Fuß die Feldleine nach rechts weg, während die Hilfsperson mit den Armen in Richtung Boden geht und nur soviel Leine gibt, daß der Hund ins Down gehen kann (*s. Abb. 88*). Der Hund bleibt so eine Weile im »Down« liegen, dann rufen Sie ihn zu sich, wobei Sie auch noch an der Feldleine ziehen, während die Hilfsperson hinten die Arme sofort wieder hochnimmt und die Hände etwas öffnet, so daß die Feldleine gut durchlaufen kann, wenn der Hund nun auf Sie zuläuft

Abb. 87: Die Vorbereitung zum »Down auf Entfernung«.

Abb. 88: Korrektes Down. Hilfsperson geht mit Leine nach unten.

Abb. 89: Metallpfosten als Hilfsmittel. Hier muß man praktisch wie ein Kutscher hantieren.

Abb. 90: Die Spirale als Hilfsmittel beim »Down auf Entfernung«.

und sich – wie gelernt – korrekt hinsetzt. Sie loben Ihren Hund dafür, sagen »Bleib«, und die Übung kann von neuem beginnen.
Sobald Sie sich bei dieser Übung eine gewisse Sicherheit angeeignet haben, soll, wenn Sie zum Hund »Down« sagen, zusätzlich der linke Arm dabei noch als Sichtzeichen für das »Down« eingesetzt werden. Außerdem sollten Sie bei dieser Übung nicht immer nur »Down« sagen, sondern abwechselnd den Vierbeiner auch downpfeifen. Dies macht jedoch schon eine gewisse Geschicklichkeit erforderlich. Steht nun aber keine Hilfsperson zur Verfügung, so wird dafür eben hinten der Metallpfosten oder die Metallspirale eingesetzt (*s. Abb. 89, 90*). Der einzige Unterschied ist dann dabei, daß der Hundeführer beim Pfosten und bei der Spirale den Hund logischerweise immer wieder auf den Ausgangspunkt zurückbringen muß.

15. Übungswoche

Da der Hundeführer jetzt bereits mit seinem Vierbeiner über ein Vierteljahr fleißig übt, darf man wohl davon ausgehen, daß der Gehorsam des Hundes schon soweit gefestigt ist, daß nunmehr ab und an mit dem Hund draußen ohne Leine gearbeitet werden kann. Diesem Zweck sollen die nächsten beiden Übungen hier gleich dienen:

15 A

Hereinholen des Hundes aus größerer Entfernung mit schleifender Führerleine

Bei dieser Übung sollen Sie die Leine richtig umhängen und von einem markierten Ausgangspunkt aus mit Ihrem Hund 30 Schritte gehen, sich dann mit der Kehrtwendung umdrehen, so daß Sie und Ihr Hund nun in Richtung des Ausgangspunkts schauen, und hier stehenbleiben, wobei sich der Hund sofort neben Ihnen setzen muß. Nehmen Sie jetzt die Leine von der Schulter und lassen Sie sie an der Halsung des Hundes hängen, dann sagen Sie »Bleib« und zeigen dem Vierbeiner dabei die rechte Hand als Stoppschild. Nun gehen Sie zum Ausgangspunkt zurück und drehen sich um, so daß Sie den Hund anschauen. Dann rufen Sie ihn unter Nennen des Namens in Verbindung mit »Komm« zu sich, wobei der Hund auf dem kürzesten Weg zu Ihnen laufen (*s. Abb. 74*) und sich korrekt hinsetzen soll. Dafür wird er wieder gelobt und anschließend hinter Ihnen

Abb. 91: Der unangeleinte Hund kommt freudig zur Hundeführerin ...

herumgeschickt, so daß er sich neben Ihnen wieder korrekt setzen muß.
Auf diese Weise wird der Hund mehrere Male rausgebracht und anschließend wieder zum Führer gerufen, wobei jedesmal eine andere der drei bekannten Arten zum Hereinholen des Hundes verwendet werden soll. Außerdem soll man auch den Abstand zum Ausgangspunkt variieren, also z. B. seinen Vierbeiner einmal 20, dann 50, dann 35 Schritt usw. hinausbringen, um ihn – wie hier beschrieben – dann vom Ausgangspunkt aus wieder hereinzuholen.

15 B

Hereinholen des Hundes aus größerer Entfernung ohne Leine

Hierbei handelt es sich um die gleiche Übung wie A, nur daß Sie jetzt, wenn der Hund rausgebracht wurde, die Leine eben nicht mehr an der Halsung des Hundes hängenlassen, sondern sie nun abmachen, so daß der Hund dann völlig frei ist, wenn er hereingeholt wird (*s. Abb. 91, 92*). Sollte der Hund hierbei noch Ungehorsam zeigen, muß er selbstverständlich sofort wieder an die Feldleine, um den Gehorsam erst noch weiter zu festigen, bevor man dann erneut den Versuch startet.

Abb. 92: ... und setzt sich korrekt vor ihr hin.

15 C

Der Hund nimmt das Apportel vom Boden auf

Erneut erst alle vorangegangenen Apportierübungen mit dem Hund wiederholen, um dann anschließend hier die neue Übung mit dem Hund zu machen, wobei man genauso wie unter Übung B der 14. Übungswoche verfährt, nur daß jetzt schon das Apportel direkt auf den Boden gelegt wird, und der Hund es von dort aufnehmen muß. Voraussetzung für diese Übung ist jedoch wieder, daß die vorangegangenen Apportierübungen mit dem Hund schon einwandfrei funktionieren. Sonst sollten Sie sich lieber noch etwas Zeit lassen, bevor Sie den nächsten Schritt wagen. Ein zu schnelles Vorwärtsgehen bringt hier eben nichts anderes als Rückschläge.

15 D

»Down« vor dem Führer ohne Leine

Dem unangeleint korrekt sitzenden Hund geben Sie das Kommando »Sitz und bleib«, wobei Sie ihm wieder die rechte Hand als Stoppschild zeigen, um sich in etwa zwei Meter Abstand vom Hund so hinzustellen, daß Sie den sitzenden Hund genau anschauen. Jetzt »Down« sagen und gleichzeitig den rechten Arm heben – wie gelernt – als Sichtzeichen für das Down. Die Übung ist korrekt ausgeführt, wenn der Hund sofort auf Befehl ins »Down« geht, wofür er sehr gelobt werden muß. Sie sollten den Hund dann noch etwas im »Down« liegenlassen und nicht immer sofort zu sich rufen.
Bei dieser Downübung sollen Sie den Hund einmal durch das Wort »Down« in Verbindung mit dem Sichtzeichen, einmal durch den Downpfiff (Trillerpfiff) in Verbindung mit dem Sichtzeichen und einmal mit dem Sichtzeichen allein in die korrekte Downstellung bringen.
Da das »Down« praktisch die wichtigste Übung des gesamten Trainingsprogramms ist, sollen Sie alle Downübungen wirklich täglich mit Ihrem Hund wiederholen.

15 E

Down auf Entfernung aus der Bewegung

Im Grunde genommen ist dies die Übung C der 14. Übungswoche, nur daß sie jetzt insofern erschwert ist, als Sie den sitzenden Hund zunächst erst zu sich rufen, wobei Sie selber rückwärtslaufen, dabei aber natürlich dem Hund das Gesicht zuwenden, um dann, wenn der Hund einige Schritte gelaufen ist, den Downbefehl zu erteilen. Damit muß der Hund also aus der Bewegung ins »Down« gehen.
Wichtig ist, daß die Hilfsperson hier sehr schnell reagieren muß, d. h., sie muß die Feldleine gut festhalten und hinter dem laufenden Hund hergehen, wobei die Feldleine nicht gespannt sein, aber eben auch nicht allzu sehr durchhängen darf. Sobald Sie dann den Downbefehl für den Hund geben, muß die Hilfsperson augenblicklich stehenbleiben und nach hinten die Leine festhalten, so daß der laufende Hund dadurch gebremst wird und ins »Down« geht.
Schwieriger wird die Sache, wenn keine Hilfsperson zur Verfügung steht. Hier müssen Sie dann sehr geschickt und sehr schnell wie folgt agieren:
Den Hund zunächst dicht vor dem Pfosten oder der Spirale »Sitz« machen lassen. Jetzt sollen Sie praktisch wie ein Kutscher hantieren, d. h. Sie rufen den Hund nun zu sich und ziehen dabei mit der linken Hand an der Feldleine (*s. hierzu die Abb. 89*). Nachdem der Hund einige Schritte gelaufen ist, erteilen Sie den Downbefehl und ziehen dabei geringfügig mit der rechten Hand an der Feldleine, während die linke Hand die Leine gut festhält. Auf diese Weise wird der Hund ebenfalls am Weiterlaufen gehindert und geht ins Down.

16. Übungswoche

Da jetzt bereits fünf Wochen Apportierübungen gemacht wurden, und damit schon ein gewisser Leistungsstand erreicht sein dürfte, sollte nunmehr beim Apportieren mit dem Hund täglich zunächst im Zimmer und dann aber auch im Freien geübt werden.
Wichtig ist dabei, daß wirklich täglich alle Apportierübungen – angefangen mit

Apportel in den Fang – wiederholt werden, so daß dadurch ganz systematisch – Stufe für Stufe – die Leistung des Hundes hier gesteigert bzw. gefestigt wird. Ferner ist wichtig, daß man niemals das Apportel etwa einfach wegwerfen darf, damit es der Hund dann holt, sondern daß – wie gelernt – das Apportel, deutlich sichtbar für den Hund, stets hinausgetragen wird, weil sonst der Spiel- und Fangtrieb des Hundes wieder angeregt würde, was wir ja gerade beim Apportieren als Arbeit nicht wollen. Außerdem beginnt der Hund dann auch verstärkt, Vögeln hinterherzulaufen und dergleichen, was unbedingt zu vermeiden ist.

16 A

Apportieren an der Führerleine, wobei der Führer den Hund zum Aufnehmen des Apportels voranschickt

Sie beginnen mit »Sitz und bleib« (Stoppschild nicht vergessen!) und lassen die Führerleine an der Halsung des Hundes hängen, gehen in Blickrichtung des Hundes weg und legen das Apportel – für den Hund deutlich sichtbar – in einiger Entfernung auf den Boden. Kehren Sie dann zum Hund zurück und loben ihn, weil er brav sitzengeblieben ist. Jetzt nehmen Sie die Leine, muntern Ihren Hund – wie gelernt – auf, um dann »Apport« zu ihm zu sagen und zusammen mit dem Vierbeiner sehr schnell auf das Apportel zuzulaufen, wobei Sie aber kurz vor dem Apportel hinter dem Hund bleiben sollen und ihn damit also die letzten Schritte zum Apportel allein machen lassen, wobei Sie ihn von hinten mit der Führerleine dirigieren (*s. Abb. 93*). Hat der Hund das Apportel aufgenommen, wird unter Loben ganz schnell mit ihm gemeinsam zum Ausgangspunkt zurückgerannt. Stellen Sie sich wieder vor Ihren Hund hin und sagen Sie »Sitz«. Nehmen Sie dem Hund dann aber nicht sofort das Apportel ab, sondern klopfen Sie erst ganz vorsichtig mit dem Zeigefinger rechts und links gegen das Apportel, wobei Sie zum Hund »Halt fest« sagen (*s. Abb. 94*). Sollte der Hund das Apportel dabei fallen lassen, müssen Sie sofort »Pfui« sagen und den Hund mit »Apport« auffordern, es sogleich wieder zu nehmen und sich damit korrekt vor Ihnen zu setzen. Weil der Hund hierfür etwas Bewegungsfreiheit braucht, sollte man dabei ein bis zwei Schritte rückwärtsgehen.

Es ist sehr wichtig, daß Sie dem Hund das Apportel nicht etwa immer sofort

Abb. 93: Hier bleibt der Führer ein wenig zurück und schickt den Hund an der Führerleine zum Aufnehmen des Apportels voran.

Abb. 94: Der Hund muß das Apportel gut festhalten, wenn der Hundeführer seitlich rechts und links ein wenig dagegenklopft.

abnehmen, wenn sich der Vierbeiner vor Ihnen gesetzt hat. Dies wäre ein schlimmer Fehler und würde bald zur Folge haben, daß der Hund Ihnen das Apportel ständig vor die Füße wirft. Deshalb auch, nachdem rechts und links mit »Halt fest« gegen das Apportel geklopft wurde, noch einen Augenblick warten – dabei auch die Hand gänzlich vom Fang des Hundes wegnehmen –, um dann danach »Aus« zu sagen und das Apportel abzunehmen, wobei Sie den Hund sehr loben sollen. (Fassen Sie das Apportel immer seitlich an, wenn Sie es dem Hund abnehmen. Also nicht etwa die Hand unter den Fang des Hundes halten, so daß dieser dann das Apportel einfach in Ihre Hand fallen läßt. Dies würde nämlich in kürzester Zeit ebenfalls dazu führen, daß Ihnen der Vierbeiner das Apportel stets vor die Füße wirft.) Anschließend wird der Hund noch – wie gelernt – hinter seinem Herrn herumgeschickt, um sich wieder neben diesem korrekt hinzusetzen, wofür er nochmals Lob erhält, denn es ist außerordentlich wichtig, daß man gerade jetzt, wo die Anforderungen an den Hund ständig steigen, diesem sehr viel Lob und sehr viel liebevolle Zuwendung schenkt.

16 B

»Down« auf Entfernung mit schleifender Führerleine

Hier wird wie unter Übung A der 15. Übungswoche beschrieben verfahren, nur daß Sie jetzt zusätzlich beim Hereinholen des Hundes diesen in unterschiedlicher Entfernung von Ihnen downmachen lassen, und zwar
einmal durch Rufen von »Down« mit Sichtzeichen,
einmal durch Downpfiff (Trillerpfiff) und Sichtzeichen und
einmal nur mit dem Sichtzeichen allein.
Dabei ist wichtig, daß Sie Ihren Hund nicht etwa auf einer Strecke zu Ihnen nun gleich dreimal hintereinander ins Down bringen sollen. Man darf dies auf einer Strecke höchstens zweimal hintereinander tun, weil der Hund sonst so frustiert ist, daß er dann nur noch geschlichen kommt, was man ja durchaus nicht will. Damit der Hund aber immer fröhlich und schnell zu Ihnen läuft und nicht etwa schon auf das »Down« wartet, soll diese Übung hier mit der Übung A der 15. Übungswoche im Verhältnis 1:3 durchgeführt werden, d. h., man ruft seinen Hund zweimal hintereinander zu sich und läßt ihn dabei voll durchlaufen, so daß er sich korrekt vor einem hinsetzt. Wenn man dann die Übung zum dritten Mal mit dem Hund macht, kann man ihn während des Hereinkommens ein- bis zweimal ins »Down« bringen.
Die Übung ist korrekt ausgeführt, wenn der Hund beim Hereinkommen auf Befehl sofort vorschriftsmäßig in die Downlage geht und dabei auch seinen Kopf fest am Boden hat. Der Hundeführer soll den Hund stets im »Down« eine Weile verharren lassen, um ihn dann anschließend zu sich zu rufen, wobei wieder wie unter Übung A der 15. Übungswoche vorgegangen wird.
Ist der Hund nun aber noch ungehorsam und läuft trotz des Downbefehls weiter, ignoriert diesen also, dann läßt man den Hund bis zu sich kommen, um ihn dann an die Halsung zu nehmen und unter »Pfui! was soll das, wo ist Down?« – notfalls auch noch etwas beuteln – blitzschnell an die Stelle zurückzubringen, wo man dem Hund den Downbefehl erteilt hat. Dort läßt man ihn dann für eine Weile korrekt im »Down« liegen, um ihn anschließend wieder zu sich zu rufen.
Es ist sehr wichtig, daß der Hund immer erst etwas in der Downlage verharrt, bis man ihn dann zu sich ruft. Würde man dies nicht tun, sondern den Hund, nachdem er downgemacht hat, immer sofort wieder zu sich rufen, so hätte das zur Folge, daß der Hund leicht aufspringt und zum Hundeführer rennt.
Sollte der Hund zwar auf Befehl ins »Down« gegangen sein, aber den Kopf nicht am Boden lassen, geht der Hundeführer mit ruhigen Schritten zum Hund, faßt an die Halsung und ruckt energisch,

wobei er »Down« sagt. Man muß dies auch tun, selbst wenn der Hund seinen Kopf schon allein runternimmt, sobald man auf ihn zukommt. Der Hund würde andernfalls nämlich den Kopf sofort wieder heben, wenn man sich umdreht und zum Ausgangspunkt zurückgehen will. Also trotzdem hingehen zum Hund und ihn durch Rucken an der Koralle zum Gehorsam ermahnen. Dabei darf aber keinesfalls mit schnellen Schritten auf den Hund zugegangen oder gar gerannt werden, weil dieser dann bestimmt aufspringt und wegläuft, womit die gesamte Übung verpatzt wäre, und der Hund dazu noch gelernt hätte, sich durch Flucht der Einwirkung des Hundeführers entziehen zu können.

16 C

Ablegen im Wald mit Abgabe eines Schrotschusses

Diese Übung ist ausschließlich für Jäger gedacht, die mit ihrem Jagdhund zu einer Dressur-Abschlußprüfung gehen möchten. Der Hund wird im Wald abgelegt, indem man zunächst »Platz« sagt, dann den Hund ableint und einen Gegenstand (Hut, Rucksack o. ä.) neben ihn legt. Der Hundeführer gibt nun das Kommando »Bleib« und hält dem Vierbeiner dabei – wie gelernt – die rechte Hand als Stoppschild vor den Fang. Er begibt sich jetzt außer Sichtweite des Hundes, wobei er sich in dessen Blickrichtung entfernt. Nach einer kurzen Wartezeit wird ein Schrotschuß abgegeben. Danach soll der Hundeführer wieder etwas warten, um dann zu dem ganz allein im Wald unangeleint liegenden Hund zurückzugehen. Die Übung ist korrekt ausgeführt, wenn der Hund brav im »Platz und bleib« liegengeblieben ist, wofür er sehr gelobt werden muß.
Für den Jäger ist hier noch besonders wichtig, daß er seinem Hund jeden Befehl nur einmal geben darf. Werden mehrere Befehle erforderlich, so bedeutet das bei der Prüfung Punktabzug.

17. Übungswoche

Was wir bezüglich der Erteilung von Befehlen den Jägern geraten haben, gilt selbstverständlich auch für alle anderen Hundeführer. Niemand sollte durch seinen Vierbeiner zum Stotterer werden. Also nicht »Apport, Apport, Apport«, sondern einmal »Apport« und dann wird der Befehl durchgesetzt. Jeder Hundeführer sollte sich hier selbst kontrollieren und eventuelle Schwächen abstellen. Wenn ein Befehl ständig wiederholt wird, empfindet dies der Hund als Begleitmusik, sieht aber darin keinen Befehl, dem er gehorchen müßte. Der Hundeführer muß auch mit seiner Stimme sehr klug umgehen und sie richtig einzusetzen wissen, d. h. im Tonfall für Lob und Tadel Abstufungen zu wählen. Brüllen oder fluchen nützt – wie wir am Anfang schon erwähnten – nichts. Dergleichen verrät nur Schwäche!

17 A

Apportieren an der Feldleine

Hier wird genauso wie bei Übung A der 16. Übungswoche verfahren, wobei Sie aber jetzt nur noch ein kleines Stück mit dem Hund mitlaufen, dann stehenbleiben, ihm dabei aber natürlich gut Leine geben, damit er in keiner Weise behindert wird (*s. Abb. 95*). Sobald der Hund das Apportel aufnimmt, loben Sie ihn mächtig, drehen sich um und laufen vor dem Hund zum Ausgangspunkt zurück, wobei Sie ständig weiterloben. Am Ausgangspunkt drehen Sie sich dann schnell wieder um, so daß Sie Ihren apportierenden Hund auf sich zukommen sehen. Alles Weitere läuft dann genauso, wie unter Übung A der 16. Übungswoche beschrieben, ab. Wichtig ist noch, daß Sie nunmehr mit der Feldleine den Hund auf ganz unterschiedliche Entfernung apportieren lassen, Sie bringen also einmal das Apportel fünf, dann drei, danach sieben Meter usw. hinaus und legen

Abb. 95: Der Hund geht an der Feldleine schon allein zum Apportel.

es immer deutlich sichtbar für den Hund auf den Boden, also niemals verstecken! Bei Verweigerung Apportierbefehl – wie gelernt – sofort durchsetzen. Sollte diese Übung beim augenblicklichen Ausbildungsstand des Hundes noch zu schwierig sein, erst die vorangegangenen Apportierübungen gut festigen. Der Hund wird sehr schnell im Apportieren, wenn man, wie unter der Übung hier beschrieben, flink vor seinem mit dem Apportel herankommenden Hund zum Ausgangspunkt zurückläuft. Man muß sich also tüchtig anstrengen, wenn die Ausbildung des Hundes Erfolg haben soll!

17 B

»Down« auf Entfernung ohne Leine

Hier wird wie bei der Übung B der 16. Übungswoche verfahren, allerdings mit dem Unterschied, daß Sie jetzt, wenn Sie Ihren korrekt an der Leine »bei Fuß« gehenden Hund hinausgebracht haben, diesen dort ableinen, sich die Leine umhängen und zum Ausgangspunkt zurückkehren (*s. Abb. 96*). Mit dieser Übung wird also wiederum eine höhere Stufe des Gehorsams beim Hund er-

Abb. 96: Der Hundeführer hat den Hund abgeleint, sich die Führerleine korrekt umgehängt und geht nun zum Ausgangspunkt zurück.

reicht, da der Vierbeiner ja jetzt völlig frei ist und trotzdem auf Befehl gehorsam hereinkommen und auch downmachen muß.

17 C

Das Tragen des schweren Apportels

Dies ist wiederum eine Übung für den Jäger, dessen Jagdhund die Dressur-Abschlußprüfung ablegen soll. Auf dieser Prüfung wird verlangt, daß das Apportel für die Apportierübungen ein ganz bestimmtes Gewicht haben muß, und zwar

bei Vorsteh- und großen Stöberhunden muß es 2,5 kg wiegen,
beim Spaniel und Terrier 1,5 kg und
beim Teckel o,5 kg.

Niemand mache bitte den schrecklichen Fehler, einfach vom Hund verlangen zu wollen, dieses schwere Apportel sofort zu nehmen. Im Gegenteil, der Hund muß auch hierbei wieder allmählich aufgebaut werden, indem man das Gewicht zum Tragen des Apportels – aber noch nicht zum Apportieren selbst – jede Woche etwas erhöht. Zur Kräftigung der Muskulatur des Hundes soll der Vierbeiner nunmehr das Apportel täglich zehn Minuten hintereinander tragen, wobei es jede Woche etwas schwerer gemacht wird, bis schließlich das für den Hund erforderliche Gewicht erreicht ist. Für das eigentliche Apportieren aber soll auch weiterhin das ganz leichte Apportel verwendet werden, bis der Vierbeiner dieses aus unterschiedlichster Entfernung einwandfrei bringt und dabei schon frei arbeitet, also nicht mehr angeleint ist. Erst dann wird auch für die Apportierübungen selbst das Gewicht des Apportels wieder ganz allmählich Woche für Woche erhöht, bis hier ebenfalls das Ziel erreicht ist.

18. Übungswoche

Mindestens jetzt – wenn nicht schon viel früher – wird jeder Hundeführer erkannt haben, daß das nunmehr Erreichte nur auf Dauer gehalten werden kann, wenn der Hund ständig im Training bleibt. Man kann dies am Vergleich mit einem Sportler deutlich machen, denn auch er muß stets trainieren, wenn er seine Leistung halten oder vielleicht noch steigern will. Es geht dem Vierbeiner durchaus nicht anders.

18 A

Freies Apportieren auf kurze Entfernung

Bei dieser Übung wird der Hund bereits abgeleint, nachdem Sie »Sitz« und »Anleinen« gesagt haben. Mit der rechten Hand zeigen Sie das Stoppschild, sagen »Bleib« und bringen das Apportel 3 bis 4 Schritte hinaus. Nachdem Sie es dort für den Hund deutlich sichtbar auf den Boden gelegt haben, gehen Sie zum Vierbeiner zurück, muntern ihn durch Klopfen auf die Brust auf und sagen »Apport«, wobei Sie mit dem Zeigefinger der rechten Hand in Richtung des Apportels weisen. Die Übung ist korrekt ausgeführt, wenn der Hund zunächst brav sitzengeblieben ist, während Sie das Apportel hinausgetragen haben, er es dann anschließend auf Befehl sofort holt, sich korrekt damit vor Ihnen hinsetzt, das Apportel auch nicht fallen läßt, wenn Sie seitlich antippen, sondern erst auf Befehl ausgibt, um danach – wiederum auf Befehl – noch hinter Ihnen rumzugehen und sich ordentlich neben seinen Herrn hinzusetzen.

18 B

»Down« auf Entfernung, wobei der Hund dem Führer den Rücken zugewendet hat und nach vorne schaut

Es handelt sich hier um eine sehr wichtige Übung, die dazu dienen soll, daß der Hund, wenn er sich in größerer Entfernung vom Führer befindet und den Downbefehl erhält – unabhängig von seiner Position –, sofort in die Downlage gehen muß und sich nicht etwa erst umdreht, damit er seinen Herrn im »Down« anschauen kann. In einem Gefahrenmoment könnte nämlich dadurch schon zuviel Zeit verlorengehen. Dieses Ziel wird in einzelnen Stufen erreicht, indem man

1. seinen Hund – wie gelernt – aus dem Sitz neben sich downmachen läßt, dann
2. den Hund wieder »Sitz« machen läßt, sich dann einmal rechts und einmal links seitlich etwas hinter den Hund stellt und ihn wiederum downmachen läßt. Sollte sich der Hund dabei umdrehen wollen, wird er sofort korrigiert. Er lernt also hierbei, aus seiner Sitzposition nach vorn »Down« zu machen, ganz gleich, wo sein Führer steht.
3. Hat der Hund dies begriffen, kann der Hundeführer sich nunmehr schon direkt hinter seinen Hund stellen und danach schrittweise den Abstand vom Hund nach rechts und nach links sowie nach hinten jeweils vergrößern (*s. Abb. 97, 98*).

Abb. 97: Der Hund liegt vorschriftsmäßig im Down, obwohl er seinen Herrn nicht sieht . . .

Abb. 98: . . . auch wenn sich die Entfernung zwischen beiden – wie hier – schon sehr vergrößert hat.

19. Übungswoche

Der Hundeführer muß sich nun immer wieder prüfen, ob er wirklich alles, was der Hund gelernt hat, jetzt auch schon im Alltag genügend von ihm fordert.

19 A

Freies Apportieren auf unterschiedliche Entfernung

Dies ist eine Weiterführung der Übung A der 18. Übungswoche, wobei der Hund nunmehr aus unterschiedlichster Entfernung einwandfrei apportieren

Abb. 99: Der Hundeführer läuft vor seinem apportierenden Hund zum Ausgangspunkt zurück.

muß. Dabei sollten Sie aber zunächst noch nicht über eine Entfernung von 50 m hinausgehen. Die Entfernung soll ständig verändert werden, wobei der Hund zwischendurch also auch immer wieder einmal aus dem Stand (etwa 1 m Entfernung vom Ausgangspunkt) apportieren muß. Es darf dabei aber nichts übertrieben und dem Hund die Arbeitsfreude keinesfalls durch ein Zuviel genommen werden. Wenn man den Vierbeiner zehnmal hintereinander apportieren läßt, hat er genug getan. Man soll nie vergessen, den Hund für korrektes Apportieren sehr zu loben. Er muß richtig merken, wie sehr man sich über seinen guten Gehorsam freut. Damit ein noch schnelleres Apportieren erreicht wird, auch hier wieder ab und an nach Erteilen des Apportierbefehls mit dem Hund zusammen ein Stück hinauslaufen, dann stehenbleiben, um anschließend vor dem apportierenden Hund zum Ausgangspunkt zurückzurennen, sich dort schnell umzudrehen und dem herankommenden Hund das Gesicht zu zeigen (*siehe Abb. 99, 100*).

Abb. 100: Der Hund setzt sich korrekt vor seinen Herrn, schaut ihn aufmerksam an und hält das Apportel vorschriftsmäßig fest.

19 B

Laufen am Fahrrad

Der Hund muß lernen, jetzt rechts vom Hundeführer – also auf der dem Verkehr abgewandten Seite – am Fahrrad zu laufen, ohne dabei vorzuprellen oder zurückzubleiben, und sich sofort neben dem Rad hinzusetzen, wenn man anhält. Dies ist also praktisch ein Bei-Fuß-Gehen am Rad. Dabei soll die Leine nicht etwa ums Handgelenk gewickelt, sondern so in der Hand gehalten werden, daß man, um im Notfall nicht zu stürzen, die Leine schnell loslassen kann (*s. Abb. 101, 102*).

Abb. 101: Der Vierbeiner sitzt korrekt neben dem Fahrrad ...

Abb. 102: ... und läuft auch vorschriftsmäßig am Rad. Der Hundeführer hält die Leine so, daß er sie in einem Notfall sofort loslassen kann.

Wenn der Hund vorschriftsmäßig am Rad geht, kann man ihn dort auch frei laufen lassen. Der Hundeführer muß dabei nur sehr gut auf den Hund aufpassen, und sollte dieser irgendwann Ungehorsam zeigen und weglaufen wollen, muß er ihn eben sofort downmachen lassen (*s. Abb. 103*), selbst anhalten und den Hund dann zu sich ans Rad rufen, neben dem sich der Vierbeiner wieder korrekt setzen muß.
Wo der Hundeführer seinen Hund am Rad laufen lassen kann und was es dabei alles zu beachten gilt, ist im Kapitel ›Der tägliche Auslauf für den Hund‹ beschrieben (*s. Seite 37f.*).

20. Übungswoche

Wir sind nunmehr am Ende des Trainingsprogramms angelangt. Wenn der Hundeführer mit seinem Vierbeiner bis jetzt immer fleißig mitgearbeitet hat, ist ein gutes Fundament gelegt worden, auf dem er weiter aufbauen kann, d. h. alle Übungen ständig wiederholen, die Entfernungen bei den Übungen vergrößern und darauf achten, daß der Hund alle Befehle noch korrekter befolgt, so daß schon eine gewisse Eleganz bei der Ausführung der Befehle sichtbar wird. Und nie mit dem Trainieren aufhören!
Wie bereits zuvor schon einmal erwähnt, können Jäger mit ihren Jagdhunden ohne weiteres zur Dressur-Abschlußprüfung gehen, wenn ihr Hund dieses Trainingsprogramm hier einwandfrei beherrscht. Sie können nun auch mit der Ausbildung des Hundes in den jagdlichen Fächern beginnen, müssen aber täglich auch den Gehorsam des Hundes natürlich weiter trainieren, weil es gerade beim Jagdhund anderenfalls sofort schwere Rückschläge gibt.

20 A

Das Voranschicken des unangeleinten Hundes

Dies ist also die Weiterführung der Übung B der 11. Übungswoche (*s. Abb. 104*). Hierbei soll man sehr vorsichtig sein, damit einem der Hund nicht anfangs doch noch aus der Hand gerät. Der Hundeführer soll den Vierbeiner ab und an immer wieder einmal zu sich rufen, wobei sich dieser korrekt vor dem Führer hinsetzen und anschließend hinter ihm herumgehen muß, um sich danach

Abb. 103: Hier hat sich der Hund selbständig gemacht, wird aber von seinem Führer mit dem Downpfiff und dem Sichtzeichen für Down am Weglaufen gehindert.

wieder neben seinem Führer zu setzen. Er kann dann erneut vorangeschickt werden. Weder Hund noch Hundeführer dürfen jetzt hier nachlässig werden. Der Hund soll zwischendurch auch immer wieder einmal downgepfiffen und anschließend hereingerufen werden.

20 B

Die Quersuche des unangeleinten Hundes

Hierbei handelt es sich also um die Weiterführung der Übung A der 12. Übungswoche. Im übrigen ist wie bei Übung A der 20. Übungswoche zu verfahren (*s. Abb. 105*).

Sollte Ihnen der Hund hier anfangs doch noch einmal aus der Hand geraten, weder Downbefehl noch Rückruf befolgen, sondern einfach weglaufen, ist dies eben ein Zeichen dafür, daß der Gehorsam doch noch nicht genügend gefestigt ist. Dies könnte z. B. leicht passieren, wenn Sie nicht mehr regelmäßig mit dem Hund geübt haben und insgesamt etwas nachlässig geworden sind.

Abb. 104: Der unangeleinte Hund wird vorangeschickt.

Abb. 105: Der Hundeführer lenkt durch Handzeichen seinen freilaufenden Hund in der Quersuche. Der Hund achtet aufmerksam auf die Befehle seines Herrn.

Bei einem derartigen Ungehorsam des Hundes müssen Sie dann dort stehenbleiben, wo Ihnen der Hund ausgekommen ist. Sie dürfen also dem Hund keinesfalls folgen oder ihn gar strafen wollen, wenn dieser zurückkommt. Der Hund würde nämlich die Strafe stets mit dem Kommen zu Ihnen, aber nicht mit seinem Weglaufen verbinden und sich dann künftig nicht mehr trauen, zu Ihnen zurückzukehren. Man muß sich, wenn der Hund zurückkommt, vielmehr ganz neutral verhalten, soll den Hund nun nicht gerade loben, sondern ihn einfach nur anleinen und dann anschließend sofort energisch mit ihm Gehorsamsübungen an der Führerleine machen, und zwar dabei besonders das Herankommen sowie das »Down« vor und neben dem Führer üben. Sollte der Hund aber einmal stundenlang ausbleiben, so daß man einfach nicht länger auf ihn warten kann, muß man dort, wo er weggelaufen ist, ein Kleidungsstück von sich hinlegen (am besten Jacke oder Mantel) und dann immer wieder nachsehen, ob sich der Hund inzwischen hier eingefunden hat. Normalerweise kommt er auf seiner Rückfährte genau zu dieser Stelle zurück. Außerdem sollten die Polizei – auch Autobahn-Polizei – und Tierheime vom Abhandenkommen des Hundes unterrichtet werden. Eine Verlustanzeige in der örtlichen Presse hat schon oft zum Auffinden eines Hundes geführt. Also unermüdlich nach dem Vierbeiner suchen und keinesfalls so schnell resignieren und ihn aufgeben!

Abb. 106: Das Hindernis. Die vorderen Stangen sind nur lose aufgelegt, so daß sich die Höhe des Hindernisses dadurch beliebig variieren läßt.

Muß der Hund wegen großen Ungehorsams einmal gestraft werden, wenn er z. B. Sie angreifen sollte oder insgesamt den Gehorsam direkt verweigert, dann darf man ihn – wie zuvor bereits oft erwähnt – niemals schlagen, sondern läßt ihn ein Stück kriechen, d. h., daß der Hund dann in der Downlage, jedoch mit erhobenem Kopf, vorwärtskriechen muß.

Man erreicht dies, indem man den Hund zunächst downmachen läßt, dann »Down voran« sagt und dabei die Führerleine ein wenig am Boden schleifen läßt und mit dem linken Fuß die Leine am Boden vorwärtszieht. Diese Übung stellt eine extreme Unterwerfung dar und fordert den Hund körperlich stark, ohne daß er dadurch aber einen körperlichen Schaden erleiden könnte.

Wie erwähnt, darf dieses »Down voran« nur als Strafe für großen Ungehorsam eingesetzt werden. Man darf das »Down voran« auch keinesfalls als eine Übung auffassen, denn dann würde der Hund ja gestraft, obwohl er gar nichts getan hat. Er würde damit also ungerecht behandelt werden, was bei der gesamten Ausbildung nie und nimmer geschehen soll. Der Hundeführer darf auch niemals, wenn er den Hund in dieser Form einmal strafen muß, jähzornig sein. Die Strafe hat ohne jede Emotion des Führers zu erfolgen.

Für die Jäger mit ihren Jagdhunden bleibt jetzt noch eine weitere Übung, und zwar

20 C

Das Springen über ein Hindernis

Diese Übung ist für den Jagdhund wichtig, damit er später sich beim Apportieren von Wild nicht durch irgendwelche

Hindernisse von seiner Aufgabe abbringen läßt.
Der Jäger kann sich dafür ein Hindernis im Revier bauen (*s. Abb. 106*) oder aber daheim in einem Türrahmen eine Holzwand aufrichten, über die er den Hund dann springen läßt. Hier darf der Fußboden jedoch nicht glatt sein, weil der Hund sonst ausrutschen und sich verletzen könnte.
Bei dieser Übung gehen Sie so vor, daß Sie den Hund zunächst an der Führerleine etwa 3 m vor dem Hindernis neben sich »Sitz« machen lassen und dann auf den Befehl »Hopp« mit ihm zuerst zusammen über das Hindernis hin- und herspringen. Hat der Hund dann den Befehl »Hopp« gelernt, lassen Sie ihn an der Führerleine allein über das Hindernis springen, während Sie selbst davor stehenbleiben.
Geht auch diese Übung gut, kann der Hund unangeleint mit dem Befehl »Hopp« über das Hindernis hin- und hergeschickt werden, wobei man die Übung natürlich nicht allzu oft machen soll.
Wichtig ist dabei noch, daß die Höhe des Hindernisses allmählich gesteigert werden soll, so daß der Hund also nicht schon anfangs über ein zu hohes Hindernis springen muß und dabei vielleicht eine negative Erfahrung machen würde.
Bei der Dressurabschlußprüfung wird für die einzelnen Jagdhunderassen folgende Höhe gefordert:

Bei Vorsteh- oder großen Stöberhunden eine Höhe von	75 cm
bei Spaniel und Terrier	50 cm
beim Teckel	30 cm

Geht dieses Springen über Hindernis bei dem Hund einwandfrei, dann sollte man ihn auch über einen Graben springen lassen, denn auf manchen Dressur-Abschlußprüfungen wird als Hindernis ein Graben verwendet, der

bei Vorsteh- und großen Stöberhunden	100 cm
beim Spaniel und Terrier	70 cm
beim Teckel	40 cm

breit sein muß. Auch ein solches Hindernis ist ja der Jagdpraxis entnommen. Es kommt gar nicht so selten vor, daß der

Abb. 107: In der Jagdpraxis muß der Hund so manches Hindernis überwinden.

Abb. 108: Der Hundeführer hat sich so an das Hindernis gestellt, daß sein Vierbeiner deutlich sehen kann, wenn er das Apportel hineinwirft.

Abb. 109: Das Apportel sollte möglichst geschickt in die Mitte des Hindernisses geworfen werden, damit der Hund es gut aufnehmen kann.

Abb. 110: Hund springt mit Apportel über das Hindernis.

Jagdhund im Revier eben auch einmal einen Graben oder Baumstämme (*s. Abb. 107*) überwinden muß.
Wenn dieses Springen über Hindernis beim Hund einwandfrei funktioniert, kommt die nächste Übung, und zwar

20 D

Apportieren über Hindernis

Auch hier stellen Sie sich wieder mit Ihrem Hund etwa 3 m vor dem Hindernis auf, sagen dann zu ihm »Bleib« und gehen anschließend mit dem Apportel, das zunächst sehr leicht sein soll, direkt zum Hindernis, dessen Höhe anfangs noch gering sein muß, und werfen das Apportel – für den Hund deutlich sichtbar – über das Hindernis (*s. Abb. 108, 109*). Gehen Sie dann zu Ihrem Hund zurück, muntern ihn wieder durch Klopfen auf die Brust auf, und laufen mit ihm an der Führerleine bis zum Hindernis, geben den Befehl »Hopp« und lassen den Hund an der Leine über das Hindernis springen, sagen dann »Apport«, so daß der Hund das Apportel aufnehmen und anschließend mit ihm über das Hindernis zurückspringen muß. Laufen Sie dann mit Ihrem Hund wieder zum Ausgangspunkt zurück, lassen ihn dort vor sich »Sitz« machen und vorschriftsmäßig ausgeben. Der Hund muß danach auf Befehl hinter Ihnen rumgehen und sich anschließend neben Ihnen setzen. Das Loben nicht vergessen!
Wichtig ist hierbei noch, daß Sie, wenn der Hund mit dem Apportel über das Hindernis zurückspringen soll, keinen Hoppbefehl mehr geben dürfen, weil auf der Dressurabschlußprüfung jeweils nur ein Spring- und ein Apportierbefehl erteilt werden darf. Dies entspricht ja auch der Jagdpraxis, denn dort ist beim Apportieren auch niemand in der Nähe, wenn der Hund mit dem Wild im Fang ein Hindernis überwinden muß. Um dem Hund klarzumachen, daß er mit dem Apportel über das Hindernis zurückspringen soll, müssen Sie eben am Anfang einfach etwas an der Leine ziehen, was der Hund auch sofort verstehen wird.
Wenn das Apportieren über Hindernis an der Führerleine einwandfrei funktioniert, muß der Hund diese Übung frei absolvieren (*s. Abb. 110*), wobei man ihn ganz allmählich auf die Prüfungshöhe bringt. Auch das Gewicht des Apportels langsam steigern, bis es dann schließlich den Prüfungsanforderungen entspricht (s. C der 17. Übungswoche).

Der kranke Hund ...

Ein Hund kann nicht sprechen, kann's leider nicht sagen, wenn er sich krank und elend fühlt. Zwar wimmern und jaulen die Hunde bei heftigen Schmerzen, sind aber im übrigen darauf angewiesen, daß der Mensch sie stets aufmerksam beobachtet und dann eben auch erkennt, wenn es ihnen schlecht geht und Hilfe für sie nötig ist.

Wir merken unserem eigenen Hund zum Glück sofort an, wenn etwas nicht stimmt, weil er dann nämlich ganz auffällig unsere Nähe sucht und überhaupt nicht mehr von uns weichen will. Ein kleines Experiment, das wir mit ihm machten und das sehr erfolgreich verlief, hat uns im Umgang mit ihm aber noch ein Stückchen weitergebracht.

Als er einmal starke Leibschmerzen hatte und dies auch für uns durch lautes Kollern hörbar war, haben wir unsere warme Hand auf seinen Bauch gelegt, was er ganz offensichtlich als Wohltat empfand. Und dann haben wir jedesmal, wenn wir über die Hand das Rumoren in seinen Därmen wahrnehmen konnten oder das Kollern hörten, laut gestöhnt. Zu unserer großen Überraschung und Freude hat unser Hund dies tatsächlich richtig verstanden. Seitdem stöhnt er nämlich, wenn er Schmerzen hat und er weiß auch genau, daß wir uns dann sofort um ihn kümmern und ihm zu helfen versuchen.

Trotzdem aber können wir dies keineswegs zur allgemeinen Nachahmung empfehlen, denn es würde mit Sicherheit in vielen Fällen gar nicht oder zumindest nicht zuverlässig genug funktionieren. Wir wollten unser Erlebnis hier nur erwähnen, weil es so eindrucksvoll zeigt, wie überaus lernfähig ein Hund doch ist und was sich alles erreichen läßt.

Selbstverständlich gibt es viel sicherere Merkmale, die jeden Hundebesitzer unmißverständlich erkennen lassen, wenn mit seinem Tier einmal etwas nicht in Ordnung ist.

So werden z. B. Schmerzen vom Hund dadurch angezeigt, daß er fortwährend an seinen Pfoten und Läufen knabbert, ohne daß hierfür etwa durch Kletten, Haarverklebungen oder dergleichen Anlaß besteht. Auch ständiges Zittern oder gar ein Verkriechenwollen sind eindeutige Hinweise auf Schmerzen.

Wenn das Haar des Hundes plötzlich struppig und glanzlos ist oder sehr stark ausgeht, wird mit größter Wahrscheinlichkeit eine Erkrankung des Vierbeiners die Ursache hierfür sein. Auch wenn er ständig eine trockene, warme Nase hat. Dabei ist jedoch zu beachten, daß die Nase bei manchen Hunden während des Schlafens und kurz danach warm sein kann, dann aber wieder ganz schnell kalt und naß zu werden beginnt. Man muß hier also gut unterscheiden können, um keine Fehldiagnose zu stellen.

Der Hund ist mit Sicherheit krank, wenn er sich völlig ungewöhnlich verhält, also z. B. dauernd schlafen möchte, ohne zuvor irgendeiner besonderen Anstrengung ausgesetzt gewesen zu sein oder aber schon nach geringster Belastung einen ganz erschöpften Eindruck macht. Wenn der Hund matt und auffallend ruhig ist und an nichts richtig interessiert zu sein scheint oder von großer Unruhe geplagt wird und sich z. B. ständig kratzt oder andauernd Kopf und Ohren heftig schüttelt. Man achte auch auf Veränderungen an den Gelenken oder Knotenbildungen unter der Haut.

Wenn der Hund hinkt, Läufe nachzieht, überhaupt nicht gern laufen will, son-

dern sich immerfort hinlegt oder gar unsichere, taumelnde Bewegungen macht, so sind dies natürlich Alarmsignale. Freßgier wie Appetitlosigkeit zeigen gleichermaßen an, daß etwas mit dem Vierbeiner nicht stimmt, auch wenn er von ständigem Durst gequält sein sollte. Blut im Stuhl ist äußerst gefährlich und weist auf eine schwerere Erkrankung, meistens auf eine Vergiftung, hin.
Beschleunigte Atmung, Husten, Niesen, Würgen, wiederholtes Erbrechen, über Tage anhaltender Durchfall oder tagelange Verstopfung, glanzlose Augen, Ausfluß aus Augen oder Nase, all dies sind ebenfalls deutliche Zeichen einer Erkrankung.
Eine verhängnisvolle Idee wäre nun, bei seinem Hund den Dr. Eisenbart zu spielen, selbstherrlich eine Diagnose zu stellen und auch gleich das richtige Mittelchen dafür wissen zu wollen. Auf keinen Fall gebe man dem Hund etwa ein Medikament, das einem selbst irgendwann einmal geholfen oder das dem Hund von Frau X damals so phantastisch gutgetan hat. Es ist auch unverantwortlich, erst lange ausprobieren zu wollen, ob der Körper des Hundes nicht vielleicht doch von ganz allein mit der Krankheit fertigzuwerden imstande ist. Auf diese Weise könnte sich nämlich ganz schnell einmal aus einem akuten ein chronischer Zustand entwickeln, unter dem das Tier dann vielleicht sein ganzes Leben lang zu leiden hat.
Jeder erkrankte Hund gehört unverzüglich in die Hand eines erfahrenen Tierarztes, der das Vertrauen des Hundebesitzers genießt. Man hat sich dann selbstverständlich auch strikt an dessen Anweisungen zu halten und darf nicht etwa so ganz nebenbei heimlich doch noch irgend etwas selbst ausprobieren wollen. Ein solches Vorgehen könnte für den Hund schwerwiegende Folgen haben. So würden sich z. B. das vom Tierarzt verordnete und das eigenmächtig verabreichte Medikament in der Wirkung möglicherweise gegenseitig verstärken oder dergleichen, so daß damit ein irreparabler Schaden für das Tier entstehen kann. Möchte man seinem Vierbeiner gern zusätzlich noch irgend etwas geben – was einem vielleicht von anderen als sehr wirksam empfohlen wurde –, so muß man auf alle Fälle zuvor mit dem Tierarzt hierüber gesprochen und dessen Zustimmung erhalten haben.
Hat man nun Tabletten oder Tropfen für den Hund verschrieben bekommen, so stellt sich immer die schwierige Frage, wie dieses Medikament am besten zu geben ist.
Wenn es um Tabletten geht, so hat ein kleiner Trick bei unserem Vierbeiner stets einwandfrei funktioniert. Wie wohl jeder Hund, so frißt auch er sehr gern Leberwurst. Und diese ist zum Verstekken von Tabletten wunderbar geeignet. Wir formen sechs etwas größere Leberwurstkügelchen, wobei in die vierte die Tablette kommt. Irgendwie scheint er den Braten zwar manchmal doch zu riechen, denn er ist beim ersten und zweiten Kügelchen immer ziemlich vorsichtig, prüft und kaut etwas länger darauf herum. Der dritte Happen wird dann schon viel schneller verschlungen und nach dem geheimnisvollen vierten halten wir ihm den fünften und sechsten sofort ganz verführerisch vor die Nase, so daß er schmatzt und schluckt und gar nichts

Abb. 111: Der Hundeführer spricht beruhigend mit dem Hund. Durch die Streichbewegungen mit der Hand wird der Hund automatisch zum Schlucken der Tablette gebracht.

merkt. »Fein, schmeckt gut« sagen wir und freuen uns; die Tablette kann wirken.
Wenn der Vierbeiner allerdings so krank ist, daß ihn nicht einmal mehr delikate Leberwurstkugeln reizen können, dann läßt man ihn »Sitz« machen (wie gut, wenn der Hund im Gehorsam ausgebildet worden ist!), öffnet ihm mit Lefzendruck den Fang und legt ihm die Tablette weit hinten auf die Zunge, hält anschließend schnell mit der einen Hand den Fang zu und hebt ihn dabei ein wenig an, während man mit der anderen Hand vom Kinn zum Hals Streichbewegungen ausführt, durch die der Hund praktisch zum Schlucken gezwungen wird *(s. Abb. 111)*. Selbstverständlich muß man bei dieser Prozedur flink, geschickt und vorsichtig zu Werke gehen und dabei liebevoll und freundlich mit dem Hund sprechen, damit er sich nicht etwa unnötig ängstigen muß.
Das Verabreichen von Tropfen ist leicht, wenn der Hund trotz Erkrankung gut frißt, weil man sie ja dann ohne weiteres dem handwarmen Futter zusetzen kann. Wenn der Vierbeiner hingegen keinerlei Appetit hat und seine Futterschüssel gänzlich ignoriert, dann läßt man ihn wiederum »Sitz« machen, öffnet den Fang mit Lefzendruck und formt durch leichtes Hochziehen der unteren Lefze auf der einen Seite des Fanges eine Tasche, in die man die Tropfen hineingibt. Dann wieder mit der einen Hand den Fang zu- und etwas hochhalten sowie mit der anderen Hand die Streichbewegungen ausführen.
Man darf aber niemals die Tropfen wie die Tabletten hinten auf die Zunge des Hundes geben wollen, weil die Flüssigkeit dabei allzu leicht in die Luftröhre gelangen könnte.
Bei Magen- und Darmerkrankungen weist der Tierarzt meist sogleich darauf hin, daß der Hund kein Wasser, sondern nur schwarzen Tee zu trinken bekommen darf. Das aber gestaltet sich dann oft recht problematisch, weil viele Hunde den schwarzen Tee gar nicht so gern mögen, wenn man sie nicht zuvor schon

Abb. 112: So werden dem Hund die Läufe durch den Verband gesteckt . . .

Abb. 113: . . . und der Verband dann vorsichtig zusammengenäht.

daran gewöhnt hat. Aus diesem Grunde sollte man dem Vierbeiner des öfteren ein bis zwei Eßlöffel vom gebrühten schwarzen Tee in sein Trinkwasser geben. Das ist überhaupt ganz allgemein gut für ihn und macht ihn darüber hinaus allmählich mit dem Geschmack des Tees vertraut, so daß es im Ernstfall dann keinerlei Schwierigkeiten gibt.

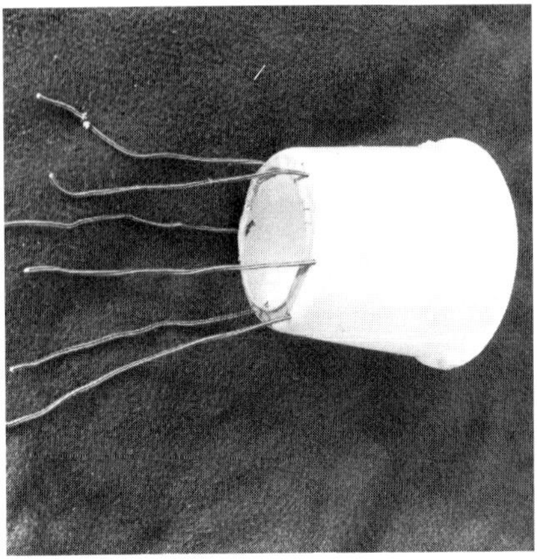

Abb. 114: Der präparierte Plastikeimer.

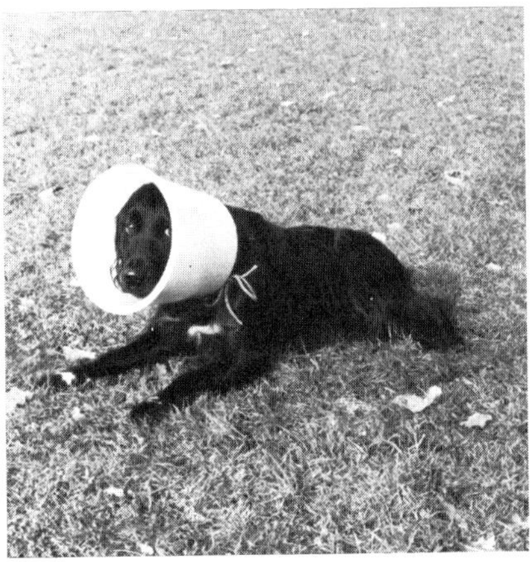

Abb. 115: Der Hund hat sich bereits in sein Schicksal gefügt. Er wird durch den Eimer gehindert, mit dem Fang an seine Läufe oder Pfoten zu gelangen.

Bei Verletzungen und nach operativen Eingriffen entsteht immer das Problem, den Hund vom Nagen an Verbänden und Fäden abzuhalten, denn wenn er hieran nicht gehindert wird, können die Folgen – wie Aufreißen der Wunden und Fressen von Verbandstoff – verheerend sein. Wunden am Rumpf des Hundes kann man sehr gut mit einem für diesen Zweck schnell angefertigten Jäckchen schützen. Man nimmt dafür ein größeres, weißes, ganz sauberes Stück weichen Leinen- oder Baumwollstoffs, paßt es dem Vierbeiner an und schneidet genau dort vier Löcher in den Stoff, wo die Läufe durchgesteckt werden müssen (*s. Abb. 112*). Dann zieht man dem Hund das Jäckchen an und näht den Stoff am Rücken vorsichtig zusammen (*s. Abb. 113*). Auf diese Weise kann der Hund also nicht an Fäden oder Verbände gelangen.

Weit schwieriger ist die Sache bei den Läufen. Hier muß man sich entweder eine spezielle Manschette vom Tierarzt geben lassen, die dem Hund um den Hals gelegt und damit verhindert wird, daß er mit dem Fang seine Läufe erreicht. Man kann aber auch ebensogut einen Plastikeimer als Halsmanschette verwenden, dessen Durchmesser selbstverständlich der Größe des Hundekopfes entsprechen muß. Von diesem Eimer wird zunächst der Henkel entfernt, dann der Boden herausgeschnitten und der dadurch entstehende, verhältnismäßig scharfe Eimerrand mit Leukoplast gut gepolstert. Dann sticht man in der Nähe des gepolsterten Randes rechts und links mehrere Löcher in das Material und zieht hier jeweils ein Band hindurch (*s. Abb. 114*). Jetzt läßt man seinen Vierbeiner »Sitz« machen, beruhigt ihn mit liebevollen Worten und stülpt ihm dabei den Eimer soweit über den Fang, daß man die Bänder rechts und links an der Halsung des Hundes gut befestigen kann (*s. Abb. 115*). Sicher wird der Hund hier vielleicht zuerst noch ein wenig Theater machen; das muß aber konsequent durchgestanden werden. Es dauert durchschnittlich gar nicht so lange, bis er sich in sein Schicksal fügt. Diese Anpassungszeit läßt sich auch noch um einiges verkürzen, wenn man sich mit dem Vierbeiner eingehend beschäftigt, freundlich auf ihn einredet und das Unangenehme durch Verwöhnen mit Leckerli ein wenig versüßt. Hierbei auftretende Anfangsschwierigkeiten lassen sich doch wohl leicht ertragen, wenn man bedenkt, daß auf diese Weise ein schnelles, unproblematisches Abheilen der Wunde möglich wird, während es eben anderenfalls zu erheblichen Komplikationen kommen könnte, die dann weit größere Schwierig-

keiten nach sich ziehen. Man darf dem Hund den Eimer natürlich nachts zum Schlafen nicht etwa abnehmen wollen, denn gerade in der Nacht, wenn alle schlafen und niemand ihn beobachtet, könnte der Hund ja sonst ungestört großes Unheil an Verband und Wunde anrichten.
Vorbeugen ist besser als heilen. Deshalb hat jeder Hundebesitzer gewissenhaft darauf zu achten, daß sein Tier stets durch Impfschutz vor den Hunde am häufigsten befallenden Krankheiten bewahrt bleibt. Wir haben darauf eingehend im Kapitel über die Pflege des Hundes hingewiesen (s. Seite 27ff.).
Wenn ein Hund einmal schwerer erkrankt oder eine größere, schwierige Operation notwendig erscheint, ist es sinnvoll und ratsam, zur Sicherheit noch ein oder zwei weitere Tierärzte zu konsultieren. Wer seinen Vierbeiner wirklich liebhat, wird die Kosten hierfür bestimmt nicht scheuen. Ganz im Gegenteil, er wird alles daran setzen, das Leben seines Hundes zu schützen und zu retten, wenn dies nur irgend möglich ist, wird jede zusätzliche Belastung und Mühe ohne Murren als eine Selbstverständlichkeit auf sich nehmen und seinen Hund während der Krankheit besonders viel Liebe, Zuwendung, Fürsorge und Hilfe erfahren lassen.
Kann aber einmal kein Arzt mehr helfen, und steht unumstößlich die bittere Wahrheit fest, daß tatsächlich für den Hund das Leben nur noch aus Schmerzen und Qual bestehen kann, dann darf man keineswegs in egoistischer Weise das Tier unbedingt am Leben erhalten wollen, weil man es um keinen Preis verlieren möchte.
Als verantwortungsbewußter Mensch muß es einem größtes Anliegen sein, bis zum letzten Schnaufer treu bei seinem Hund zu bleiben und ihm durch leise, liebevolle Worte und ganz behutsames Streicheln in seiner Todesnot das Gefühl von Wärme, Geborgenheit und Schutz zu geben.

... der alte Hund

Wir wissen von Tierärzten, wie herzlose, egoistische Menschen mit ihrem alten Hund zu ihnen kamen und ihnen mit Mitleid heuchelnden Worten einzureden bemüht waren, daß es ihrer Meinung nach doch wohl jetzt an der Zeit wäre, das arme Tier vom Diesseits zu erlösen, obwohl dem Hund überhaupt nichts weiter als die Jugend fehlte. Unsere Wegwerfgesellschaft trägt grausame Früchte!
Auch wenn uns allein bei dem Gedanken hieran schon der heilige Zorn packt, möchten wir doch so gern Optimisten bleiben. Wir möchten einfach glauben, daß es sich bei solchen Menschen nur um Ausnahmen handelt. Ja, wir hoffen so sehr, daß die überwiegende Zahl der Hundebesitzer ihrem alten Hund so etwas nie antun würde, sondern vielmehr alles daransetzt, dem älteren, schon etwas hilfsbedürftigen Tier das Dasein so angenehm und schön wie nur irgend möglich zu gestalten.
Man kann unheimlich viel dazu beitragen, daß auch der ältere Vierbeiner noch recht frisch und munter ist und echte Freude am Leben genießt, indem man ihm z. B. sehr viel Bewegung verschafft, also mehrmals am Tag mit ihm spazierengeht, ohne ihn dabei natürlich zu sehr anzustrengen. Auch ein paar Gehorsams- und Apportierübungen sollten fester Bestandteil seines Tagesablaufs sein. Das fordert ihn und hält ihn fit. Gerade der alte Hund hat ein Recht darauf, besondere Aufmerksamkeit, Zuwendung und Liebe zu erfahren. Dazu gehört, daß man sich insgesamt viel mit ihm beschäftigt und auch mit ihm spricht, wodurch er zum wachen Erleben seiner Umwelt animiert wird.
Fürsorglich sollte ihm zweimal pro Tag

eine kleinere Futtermenge geboten werden, um auf diese Weise Herz und Kreislauf keiner unnötigen Anstrengung auszusetzen. Damit der alte Hund auch die seinen Organismus schon belastenden aber eben doch notwendigen Impfungen gut übersteht, kann es angebracht sein, ihm vor und nach einer Impfung mit einem Stärkungsmittel ein wenig zu helfen, daß er fest auf den Läufen bleibt.
Überhaupt lassen sich heute mit Hilfe von Medikamenten Herz und Kreislauf des alten Hundes gut stabilisieren und der Tierarzt weiß auch so manches Mittelchen, das den Vierbeiner munter macht und belebt und eventuelle Altersbeschwerden, wie steife Gelenke und dergleichen, beheben oder zumindest um vieles mildern kann. Man selbst wird dem Tier durch Massagen – die aber unbedingt mit dem Tierarzt abgesprochen werden müssen – durchaus noch weitere Linderung und Erleichterung verschaffen und so dazu beitragen können, daß sich der Hund auch im fortgeschrittenen Alter pudelwohl fühlt.
Eines aber hat kein einziger alter Hund je verdient und sollte es deshalb auch niemals erleben müssen – derart abgeschrieben zu werden, daß er nur noch ein Gnadenbrot frißt. So aber geht jeder – bewußt oder unbewußt – mit seinem alten Tier um, der ihm ein junges hinzugesellen will. Für ein so feinfühliges Tier wie den Hund, der mit einer äußerst empfindsamen Antenne, die wir Instinkt zu nennen pflegen, schon die leisesten Regungen eines Menschen wahrzunehmen und wie kein anderes Tier mit dem Menschen mitzuempfinden imstande ist, kann es nichts Schlimmeres geben. Er muß über kurz oder lang daran einfach zerbrechen. Dabei mag es zunächst vielleicht sogar den Anschein haben, als würden sich alt und jung bestens verstehen. Schaut man dann aber mit ehrlichen, kritischen Augen ein wenig genauer hin, dann wird man erschreckt feststellen, daß der alte Hund mehr oder weniger stets unter dem jungen zu leiden hat. Seine liebe, gutmütige Art läßt ihn dies nur so geduldig ertragen, obwohl es für ihn eine ständige Belastung ist, die ihm oft genug schwer zu schaffen macht, ohne daß der Mensch es überhaupt wahrnimmt, geschweige denn ihm hilft. Zur wirklichen Tragik aber eskaliert die Sache erst dann, wenn der junge Hund ausgewachsen ist und damit zwischen beiden Tieren echte, sehr ernste Rivalität entsteht.
All dies aber ist restlos unnötig, braucht niemals zu sein. Auch Jäger, die ein solches Verhalten dem alten Hund gegenüber noch am ehesten begründen und rechtfertigen könnten, weil ihnen im Revier laut Gesetz stets ein brauchbarer Hund zur Verfügung stehen muß, und ein älteres Tier eben in vielen Fällen nicht mehr allen Aufgaben voll gewachsen ist, können hier eine weit bessere Lösung, eine gute Alternative finden. Als Möglichkeit würde sich dann z. B. anbieten, mit einem anderen Waidkameraden, den man gut kennt und der ebenfalls Hundeführer ist, eine Absprache dahingehend zu treffen, daß dieser gelegentlich – wenn es im Jagdbetrieb erforderlich ist – zusammen mit seinem Vierbeiner aushilft. Wie gesagt, wer seinen Hund wirklich liebhat, der findet immer und überall Mittel und Wege.

Hund und Kinder

Hübsche Fotos sind das! Die ganze Familie vereint – Vater, Mutter und die Kinder, vielleicht auch noch die Großeltern – und vorn in der Mitte, zwischen den Kindern, der Hund. Wen rührt das nicht? Doch leider, der Schein trügt oft genug. In Wirklichkeit sieht die Sache mit Hund und Kindern dagegen manchmal weit anders aus. Warum?

Als Antwort darauf möchten wir hier einige Probleme aufzeigen und hoffen, damit Eltern Entscheidungshilfe geben zu können.

Wenn man ein Kind im Säuglings- oder Krabbelalter hat, ist aus mehreren Gründen dringend von einem Hund abzuraten. Hier gleich ein Beispiel dafür: Niemand wird wohl vermeiden können, daß ein Baby ab und an einmal kräftig schreit. Nun läßt sich aber keineswegs generell behaupten, daß Hunde dieses Geschrei absolut nicht stört. Im Gegenteil, es gibt gar nicht so wenige, die durch solch lautes Weinen des Säuglings in einen gewissen Erregungszustand geraten, der möglicherweise sogar in Aggression umschlagen kann. Hier liegt eine nicht unerhebliche Gefahr.

Auch Eifersucht spielt eine große Rolle, und zwar besonders dann, wenn der Hund praktisch ältere Rechte besitzt, also schon vor der Geburt des Kindes in der Familie war. Sobald nämlich der größte Teil der Liebe und Fürsorge nicht mehr – wie bisher – dem Hund, sondern nun plötzlich dem Neugeborenen gilt, und der Hund sich dadurch verständlicherweise zurückgesetzt und vernachlässigt fühlt, kann auch dies verheerende Folgen haben. Hunde besitzen einen großen Gerechtigkeitssinn und reagieren daher auf von ihnen als ungerecht empfundene Behandlung – wozu natürlich auch ihre Zurücksetzung zugunsten eines anderen gehört – äußerst empfindlich und heftig. Im schlimmsten Falle würde der Hund daher versuchen, diesen Rivalen zu beseitigen.

Nun muß man sich selbstverständlich wegen der Geburt eines Kindes nicht etwa von seinem Hund trennen, das wäre grausam und unverantwortlich dem Tier gegenüber. Doch sollte man sich der Probleme schon voll bewußt sein und deshalb auch sehr gewissenhaft alles vermeiden, was vom Hund falsch verstanden werden und so bei ihm zu Eifersucht und den damit verbundenen Komplikationen führen könnte. Wer seinen Hund wirklich gern hat, der wird geschickt zu verhindern wissen, daß sich sein Vierbeiner überhaupt jemals zurückgesetzt fühlt.

Wenn man mit dem Säugling aus der Klinik nach Hause kommt, sollte man ihn dem Hund sogleich zeigen, dabei den Namen des Kindes mehrmals nennen, den Hund sehr loben und ihn mit leisem, sehr liebevollem Ton zum Bewachen auffordern. Damit gibt man ihm die Gelegenheit, sich mit dem Geruch und Namen des Säuglings vertraut zu machen, der so – von der Warte des Hundes betrachtet – ins Rudel aufgenommen wird. Doch Vorsicht, dies kann und darf man nur mit absolut wesensfesten Hunden machen (s. Seite 165).

Auch wenn ein Kind schon ein wenig älter und größer ist, lauern Gefahren. Kinder sind keine Engelchen. Ja, manchmal zum großen Entsetzen ihrer Eltern, neigen sie in bestimmten Phasen mitunter nicht selten sogar zum Quälen. Daß ein Hund in der Umgebung eines solchen Kindes dann alles andere als gut aufgehoben ist, wird sich wohl jeder vorstellen können. Weil nun Hunde sich in den meisten Fällen Kindern gegenüber äußerst lieb, gutmütig und sehr geduldig verhalten, müssen sie bedauerlicherweise unter manchen Kindern oft genug leiden. Aber die Gutmütigkeit eines Hundes hat doch irgendwo einmal seine Grenze. Dann allerdings beginnt er sich kräftig zu wehren und kann dabei schon äußerst aggressiv sein. Eltern müssen hier einschreiten, sich für den Hund einsetzen und dem Kind unmißverständlich klarmachen, daß sie dergleichen böses Verhalten gegenüber dem Hund keineswegs dulden. Es ist daher unbedingt notwendig, das Kind beim Umgang mit dem Hund aufmerksam und kritisch zu beobachten und bei jedem Fehlverhalten des Kindes entsprechend zu reagieren. Den Eltern muß es ein großes Anliegen sein, die Liebe zum Tier und auch die Achtung vor dem Lebewesen in ihrem Kind zu wecken und zu fördern und es zu Verständnis und Rücksichtnahme gegenüber dem Hund anzuhalten.

Dazu gehört auch, seinem Kind begreiflich zu machen, daß ein Hund kein Spielzeug, sondern ein Spielkamerad ist, auf den ein Kind keineswegs nun so besitzergreifend pausenlos einwirken darf. Wer hätte sich nicht schon am gemeinsamen, fröhlichen Spiel von Hund und Kind gefreut, doch ist es eben außerordentlich wichtig, daß der Hund dabei stets einen gewissen Freiraum behält und deshalb auch immer wieder zwischendurch dringend Ruhe vor dem Kind braucht und haben muß. Anderenfalls wäre das nämlich – wenn auch vielleicht gänzlich unbewußt und ungewollt – Tierquälerei.

Eltern von verhaltensgestörten Kindern ist von der Anschaffung eines Hundes abzuraten. Wir können gut verstehen, wenn Eltern ihrem kranken Kind Freude bereiten möchten. Aber ein Hund ist dazu nicht geeignet, damit würde man nur gefährliche Situationen heraufbeschwören. Sollte es in der Familie bereits einen Hund geben, haben die Erwachsenen hier verantwortungsvoll darauf zu achten, daß dieses Tier nie leiden muß.

Und noch ein Problem: Kinder verstreuen ihr Spielzeug liebend gern überall im Raum und damit ist es auch für den Hund leicht zu erreichen. Ganz abgesehen von der hygienischen Seite, kann dies gerade für junge Hunde verhängnisvoll sein, denn – genau wie die Kinder – sind auch sie ständig damit beschäftigt, ihre Umwelt zu entdecken und zu begreifen. Zu diesem Zweck nehmen sie alles in den Fang, kauen darauf herum und – im ungünstigsten Fall – verschlucken es. Nicht wenige Hunde sind durch solche Unfälle schon ums Leben gekommen. Der Erwachsene darf eben weder dem Kind noch dem Hund gegenüber je seine Aufsichtspflicht verletzen. Dies aber kann dann unter Umständen schon recht nervenraubend und belastend sein. Damit wird sicher immer deutlicher, warum wir uns – wie eingangs erwähnt – am Kind-Hund-Gespann auch gar nicht so uneingeschränkt begeistern können.

Besonders kritisch wird es unserer Meinung nach zusätzlich noch, wenn fremde Kinder zu Besuch kommen. Hier sollte man sich einmal in die Lage des Hundes versetzen. Von seinem Standpunkt aus betrachtet, bedeutet die Familie ja das Rudel, das selbstverständlich jedem Außenstehenden gegenüber verteidigt wird. Deshalb kann es sehr leicht vorkommen, daß der stets wachsame Hund irgendeine Bewegung eines fremden Kindes falsch – nämlich als Angriff auf das Rudel – versteht und damit ganz automatisch zur Verteidigung übergeht. Was in solch gefährlichen Augenblicken dann alles geschehen kann, mag sich bitte jeder selbst ausmalen. Mit Sicherheit können die Folgen schwerwiegend sein. Daher niemals den Hund unbeobachtet mit den Kindern spielen lassen, wenn fremde Kinder anwesend sind (s. Seite 164).

Umgekehrt muß man das eigene Kind natürlich auch dazu erziehen, daß es sich fremden Hunden gegenüber zwar nicht ängstlich, aber eben doch zurückhaltend und nicht etwa vertraulich und damit unvorsichtig verhält.

Und noch einen Aspekt möchten wir nicht vergessen: Viele Eltern sind der Meinung, daß es sich auf die Entwicklung eines Kindes nur positiv auswirken könne, wenn man ihm im schulpflichtigen Alter ein Tier, vielleicht am besten einen Hund, schenkt. Durch diesen Vierbeiner würde das soziale Verhalten des Kindes positiv beeinflußt, lerne der Jugendliche ganz automatisch, nicht nur an sich selbst zu denken, sondern einem anderen Lebewesen Liebe und Fürsorge zu schenken, Pflichten zu übernehmen und Verantwortung für einen anderen zu tragen, also Fähigkeiten und Fertigkeiten zu entfalten, die ihm dann im späteren Leben sehr zugutekommen. Durchaus begrüßenswerte Beweggründe, denen man aber dennoch nicht uneingeschränkt zustimmen kann. Wir sehen auch hier Probleme. Probleme nämlich insoweit, als der junge Mensch damit eventuell überfordert wird und zwangsläufig versagen muß. Versagen aber wird von allen nur schwer ertragen.

Ein Jugendlicher ist aber mit Sicherheit dann überfordert, wenn die Eltern von ihm verlangen, für Gesundheit und Wohlergehen des Hundes schon völlig selbständig sorgen zu müssen. Dies kann zwar eine ganze Weile gutgehen, auf lange Sicht jedoch werden Pflichten und Verantwortung gegenüber dem Hund für den jungen Menschen dann so zwingend und unerträglich, daß er das Geforderte einfach nicht mehr leisten kann und ihm damit die Freude an einem Hund für alle Zeit vergällt wird. Pädagogisch ein schlimmer Fehler der Eltern also, der dann leider gerade das Gegenteil vom Gewünschten bewirkt. Ein Jugendlicher aber kann und soll immer nur Mitverantwortung für einen Hund übernehmen. Die Hauptlast der Verantwortung müssen doch stets seine Eltern tragen.

So ist es auch sträflicher Leichtsinn und einfach unverantwortlich, wenn Eltern ihre Kinder allein mit dem Hund zum Spaziergang schicken. Dies gilt in ganz besonderem Maße für dicht besiedelte Gebiete. Auf solchen Spaziergängen kann es nämlich sehr leicht zu äußerst gefährlichen Situationen kommen, denen das allein auf sich gestellte Kind niemals gewachsen ist. Keiner wiege sich bitte in Sicherheit, weil bislang immer alles gutgegangen wäre und dies vielleicht schon Monate, wenn nicht gar Jahre hindurch. Irgendwann aber kann es eben doch einmal zu großen Schwierigkeiten kommen, und dies könnte ja möglicherweise gerade morgen sein.

So haben sich Eltern schwere Vorwürfe gemacht, wenn sie im Krankenhaus am Bett ihres Kindes standen, das von fremden Hunden gebissen und dabei vielleicht lebensbedrohlich verletzt wurde, weil es dem eigenen Hund helfen und vor den Angriffen anderer Hunde schützen wollte. Wunden heilen natürlich wieder, aber möglicherweise bleibt zum Beispiel das Gesicht des Kindes davon durch Narben für immer entstellt.

Können sich Eltern eigentlich vorstellen, welchen Schock ihr Kind davonträgt, wenn der ungehorsame Hund sich vom Kind aus irgendeinem Grunde losreißt, auf die Straße läuft, vom Auto überfahren wird und dann schwer verletzt vor Schmerzen furchtbar schreit, und das Kind nicht weiß, wie es ihm helfen soll? Darf man je sein Kind solch tiefgreifenden Aufregungen aussetzen? Derart schreckliche Erlebnisse können Ängste beim Kind entstehen lassen, die kaum noch abzubauen sind und im nervlich-seelischen Bereich schwere Schäden hinterlassen. Wir wissen von einem kleinen Mädchen, das auf die Gleise der S-Bahn rannte, um ihren geliebten Hund vor dem herannahenden Zug zu retten und dabei selbst den Tod fand. Deshalb soll hier noch einmal festgehalten werden: Ein Kind kann gern mit seinem Hund spazierengehen, es muß dabei jedoch immer von einem Erwachsenen begleitet werden.

Die Leichtfertigkeit mancher Eltern wird auch recht gut an folgendem Beispiel klar: Wir führen seit Jahren Ausbildungslehrgänge für Hund und Hundeführer durch. Nun erleben wir es allzu häufig, daß uns Eltern ihr Kind mit dem Hund zum Kurs schicken wollen in der Meinung, Hundeausbildung sei Kinderkram, also mehr oder weniger Spielerei. Nun, genau das Gegenteil davon ist natürlich der Fall. Hundeausbildung ist anstrengende Arbeit, die den vollen Einsatz eines Erwachsenen fordert. So gern wir Kinder mögen, bei der Ausbildung eines Hundes im Gehorsam aber haben sie absolut nichts zu suchen. Eltern dürfen ihren Kindern überhaupt niemals erlauben, dem Hund direkt irgendwelche Befehle zu erteilen, und zwar aus folgendem Grund:

Wie bereits zuvor schon einmal erwähnt, betrachtet ein Hund ja die Familie, in der er lebt, als Rudel. Und genau wie im Rudel wird er deshalb auch in einer Familie nur denjenigen als Rudel- oder Meuteführer anerkennen, der ihm kräftemäßig überlegen ist. Das kann also stets nur ein Erwachsener sein. Nur diesem Rudelführer wird sich der Hund letztlich im Gehorsam unterwerfen. Sicher, spielerisch mag er sich vielleicht sogar des öfteren auch dem Kind unterordnen, und zwar so, wie er das im Rudel bei seinen Geschwistern gleichfalls tun würde. Wenn aus der Sache jedoch Ernst und das Folgen ganz nachhaltig gefordert wird, macht der Hund bei einem Kind durchaus nicht mehr mit. Er weiß genau, daß das Kind gleich stark oder sogar schwächer als er selber ist und verweigert daher auch prompt den Gehorsam, mehr noch, er wird sich sogar dagegen energisch zur Wehr setzen, was dann – wie wohl jedem einleuchten wird – für ein Kind nichts mehr mit Spaß zu tun hat, sondern äußerst gefährlich werden kann (s. Seite 164).

Weil nun aber der Nachahmungstrieb bei Kindern sehr groß ist und sie deshalb mit Sicherheit irgendwann einmal heimlich ausprobieren würden, ob der Hund denn auch bei ihnen die Gehorsamsübungen macht, darf man Kinder hierzu gar nicht erst in Versuchung führen, d. h. sie grundsätzlich überhaupt nie zuschauen lassen, wenn man mit seinem Hund die Gehorsamsfächer trainiert. Dies wird wohl auch jedem durchaus verständlich geworden sein.

Hund und Kinder – eine lustige, fröhliche Sache, aber auch ein sehr ernstes Thema. Wir hoffen, mit diesen Ausführungen dazu beigetragen zu haben, daß Eltern oder Verwandte künftig nicht mehr so leichtfertig und unbedacht dem Drängen und Bitten der Kinder um einen Hund nachgeben werden, sondern erst gewissenhaft alle positiven und negativen Faktoren abwägen, bevor sie eine Entscheidung fällen. Wenn man sich aber nach reiflicher Überlegung für einen Hund entschieden hat, dann muß diese Entscheidung auch endgültig sein. Es ist unverzeihlich und einfach menschenunwürdig, wenn man einen Hund erst zu sich nimmt und ihn später wieder verstößt. Man hat im Gegenteil dann uneingeschränkt allzeit treu zu seinem Hund zu stehen, ganz gleich, wieviel Schwierigkeiten es vielleicht auch noch geben mag, auch dann, wenn der Hund tatsächlich eine Belastung sein sollte. Erwachsene haben die Pflicht, hier Kindern ein Vorbild zu sein.

Jungen Ehepaaren aber möchten wir eindringlich davon abraten, sich einen Hund als »Kindersatz« anzuschaffen. Uns sind genügend Fälle bekannt, in denen der bislang so verwöhnte Hund die Ankunft des Nachwuchses nicht verkraften konnte und es daher zu großen Schwierigkeiten kam. Nicht selten ist dann der einzige Ausweg im Töten des Tieres gesehen worden, entsetzlich! Mit einer so schweren Schuld darf sich doch niemand belasten! Es gibt ja die Möglichkeit, durch Vermittlung von Tierheim oder Tierarzt einen lieben, verantwortungsvollen Menschen zu finden, dem man seinen Vierbeiner anvertrauen kann. Trotzdem ein grausames Schicksal für das Tier, das zunächst einmal alles verliert, was es besessen hat. Um sein Leid nicht noch unerträglicher zu machen, muß die Trennung vom Hund endgültig sein, denn um überhaupt vergessen zu können, darf er Sie nie wieder sehen. Damit eben solche Probleme gar nicht erst entstehen können, von Anfang an lieber auf einen Hund verzichten!

Hund und ältere Menschen

Und jetzt möchten wir uns ganz speziell auch an die älteren Menschen wenden, denen in unserer Zeit Einsamkeit und das Gefühl, von anderen verlassen zu sein und auch keine richtige Lebensaufgabe mehr zu haben, oft genug eine bittere, schmerzvolle Lebenserfahrung ist. Wir können daher gut verstehen, wenn gerade ältere Leute gern einen Hund um sich haben, der ihnen wieder Lebensfreude und neuen Lebensmut gibt. Mit einem Hund ist jemand da, der einen braucht, für den man sorgen muß. Er bringt einem soviel Liebe und Zuneigung entgegen und läßt einen dadurch glücklich sein.

Wissenschaftler in Amerika wollen herausgefunden haben, daß Hundebesitzer länger als andere Menschen leben. Um ein paar Jahre soll es sich dabei sogar handeln. Wunderbar also, wenn einem durch einen Hund noch frohe, erfüllte Lebensjahre geschenkt werden.

Aber hier werden wir nachdenklich. Die ganze Geschichte, die einem so gefällt und unsere volle Zustimmung findet, könnte sich auch ins Gegenteil verwandeln und damit ein schreckliches Zerrbild entstehen lassen. Ein Zerrbild dann nämlich, wenn ein Tier – hier der Hund – ausschließlich Mittel zum Zweck wird. Dies, so meinen wir, darf in keinem Fall geschehen. Wir möchten niemanden verletzen, doch fühlen wir uns verpflichtet, in Verantwortung für den Hund gerade mit älteren Menschen ein paar Dinge zu besprechen.

Solange jemand geistig und körperlich fit ist, wird ein Hund gewiß immer gut bei ihm aufgehoben sein, denn, weil geistig selbst rege, wird sich dieser Mensch auch sehr mit seinem Vierbeiner beschäftigen. Er wird ihn viel beobachten, wodurch auch gewährleistet ist, daß Veränderungen – möglicherweise eine beginnende Krankheit des Hundes – schon rechtzeitig bemerkt und entsprechende Maßnahmen ergriffen werden können. Er wird auch viel mit ihm sprechen und damit dem kontaktfreudigen Hund ein schönes Zuhause bieten, denn zum Wohlbefinden des Hundes gehört es einfach – wir können nicht oft genug darauf hinweisen – daß man ihn auch geistig anregt und nicht etwa vielleicht in Stumpfsinn auf dem Sofa dahinvegetieren läßt. Diese geistige Anregung sollte jedoch nicht nur in fröhlichem Spiel und munterem Herumtollen mit dem Hund, sondern auch in ein paar Gehorsamsübungen bestehen, die man mit seinem Vierbeiner täglich absolvieren muß (siehe »Die Ausbildung des Hundes im Gehorsam«).

Voraussetzung für all dies ist jedoch, daß der ältere Mensch nicht nur geistig fit, sondern auch körperlich noch in der Lage sein muß, den Anforderungen, die ein Hund an ihn stellt, auch wirklich gerecht werden zu können. Es darf ihm z. B. nicht zu einer unerträglichen Last werden, mit seinem Vierbeiner täglich – und zwar bei jedem Wetter – spazierenzugehen und ihm damit den für seine Gesundheit und sein Wohlergehen so unbedingt erforderlichen, genügenden Auslauf zu verschaffen. Was aber, wenn der ältere Mensch – weil vielleicht gehbehindert oder schwer herzkrank – seinem Hund diese Möglichkeit eben gar nicht mehr bieten kann? Hier haben wir das schreckliche Zerrbild! Furchtbar, wenn einem Hunde begegnen, denen ihr Besitzer nicht genügend Auslauf bieten konnte und die sich daher – aus Mangel an Bewegung fett und damit krank geworden – nur noch mühsam und völlig lustlos vorwärtsquälen. Man möge uns bitte nicht falsch verstehen, es tut uns aufrichtig leid, wenn alten oder kranken Menschen so selbstverständliche Dinge wie das Laufen zur Plage werden. Wir vergessen dabei auch nicht, daran zu denken, daß es uns selbst eines Tages genauso oder noch schlimmer ergehen kann. Dennoch finden wir, daß ein Hund bei einem derart gebrechlichen Menschen nicht gut aufgehoben ist, weil dieser eben einfach nicht mehr in ausreichendem Maße für das Tier sorgen kann, so gern er das sicher tun würde. Wenn jemand dies absolut nicht einsehen will, dann handelt er verantwortunglos und egoistisch (s. Seite 161).

Doch was soll man einem alternden Menschen raten, wenn ihm plötzlich die Kräfte nicht mehr ausreichen wollen und er hinfällig wird? Sich von seinem Tier zu trennen, es irgendwo hinzugeben oder gar töten zu lassen? Selbstverständlich nicht! Nun, wie läßt sich dann ein solches Los für den Hund abwenden?

Der Idealfall ist gegeben, wenn sich der alleinstehende Mensch diesem Problem bereits schonungslos stellt, bevor er sich noch zur Anschaffung eines Hundes entschließt. Er wird sich gewissenhaft fragen, was aus seinem Hund werden soll, wenn er vielleicht plötzlich erkrankt, ins Krankenhaus muß oder sogar stirbt. Mit Rücksicht auf das Tier wird seine Antwort darin bestehen, daß er gewiß von der Anschaffung eines Hundes Abstand nimmt.

Sicher ist es schon vorgekommen, daß jemand in egoistischer Weise die Ansicht vertrat, nach seinem Tod müßte der Hund eben „eingeschläfert" werden, womit das gewaltsame Töten verharmlost werden soll. So aber geht es auf keinen Fall. Es gibt Möglichkeiten, trotzdem nun nicht gänzlich auf fröhliche Stunden mit einem Vierbeiner zu verzichten. Wie wärs denn, wenn man den Hund des Nachbarn oder eines Bekannten des öfteren einmal in seine Obhut nimmt? Dadurch lassen sich dann möglicherweise sogar auch neue Kontakte zu anderen Menschen knüpfen, und man ist plötzlich gar nicht mehr so ganz allein. Man hat dann vielleicht einen Hund, der sich riesig freut, während der Urlaubszeit oder auch sonst ab und an bei seiner »lieben Pflegeperson« zu weilen. Doch soll dabei nicht der Fehler begangen werden, diesen Hund in ichsüchtiger Weise seinem Besitzer irgendwie abspenstig machen zu wollen. Der Hund soll – nachdem man eine schöne Zeit mit ihm verbringen konnte – auch gern und willig wieder abgegeben werden. Zurückstehen können ist eine feine Eigenschaft. Einem so selbstlosen Menschen wird der Hund sicher immer gern wieder gebracht.

Es gibt auch die Möglichkeit, sich an den Tierschutzverein oder an ein Tierheim zu wenden, um dort gemeinsam mit anderen zu beraten, wie man – seinen Kräften entsprechend – sich nützlich machen und für ein Tier – vielleicht einen Hund – noch Hilfe, Schutz und Freude sein kann, ohne sich selbst dabei zu übernehmen und ohne daß ein Tier nun so ausschließlich von einem selbst abhängig ist.

Wenn sich jemand jedoch in der glücklichen Lage befindet, einen Menschen zu kennen, dem er vertrauen kann, der jünger und gesund ist und von dem man mit Sicherheit annehmen kann, daß der Hund bei diesem Menschen stets gut aufgehoben sein würde, dann steht natürlich der Anschaffung eines Vierbeiners auch im Alter nichts im Wege, vorausgesetzt, daß man mit der betreffenden Person die ganze Angelegenheit zuvor erörtert und diese ihre volle Zustimmung hierzu gegeben hat. In einem solchen Fall ist anzuraten, den Hund an diese Bezugsperson voll zu gewöhnen so daß, wenn man einmal nicht mehr allein für seinen Vierbeiner sorgen kann oder es für immer Abschied zu nehmen gilt, dem Hund ein lieber Mensch bleibt.

Wer so handelt, hat nicht nur bis zuletzt, sondern noch über den Tod hinaus gut für seinen treuen Begleiter gesorgt!

Der Hund im Auto, in öffentlichen Verkehrsmitteln und auf Reisen

Auch die Vierbeiner genießen die Vorteile unseres technischen Zeitalters gern – von nahezu allen wird das Auto sehr geliebt. Damit aber eine solche Autofahrt mit dem Hund stets eine fröhliche, angenehme Sache bleibt, sollte sich jeder Hundebesitzer hier über ein paar wichtige Dinge im klaren sein, die in 10 Punkten zusammengefaßt sind:

1. Dem Hund muß ein fester, sicherer Platz im Auto gehören. Besonders bei einem großen Hund ist es sehr günstig, wenn man einen Variant besitzt, weil sich hier mittels eines eingesetzten Gitters oder Fangnetzes ein kleines Extra-Abteil für ihn einrichten läßt, in dem er genügend Bewegungsfreiheit hat, bei einem eventuellen Unfall verhältnismäßig geschützt ist und während der Fahrt alles durchs Fenster gut beobachten kann. Wir wollen ja, daß der Hund reges Interesse an seiner Umwelt zeigt. Es muß aber unbedingt ein solches Gitter bzw. Fangnetz eingebaut sein, weil der Hund wie alle im Wagen befindlichen Personen bei einem eventuellen Aufprall oder auch schon bei sehr starkem Bremsen sonst enorm gefährdet würden. Infolge der Massenträgheitskraft würde der Hund regelrecht wie ein Geschoß nach vorn ins Auto fliegen. Bei einer Limousine ist der Rücksitz für den Hund gut geeignet. Auch hier läßt sich zwischen Vorder- und Rücksitz ein Gitter befestigen, wodurch ein noch größerer Schutz für das Tier entsteht. Notfalls wäre der Vierbeiner auch ganz gut vorn am Boden vor dem Beifahrersitz aufgehoben, vorausgesetzt, daß er bereits im Gehorsam ausgebildet ist, den Befehl »Platz und bleib« voll akzeptiert und daher während der Fahrt hier auch nicht stört. Dies ist aber kein allzu schöner Platz für ihn, weil er dort sämtliche Erschütterungen ziemlich stark mitbekommt, außerdem nichts sehen und beobachten kann, so daß eine solche Fahrt für ihn dann recht langweilig wird.
2. Ein Hund gehört niemals in den Kofferraum. Abgesehen davon, daß kein guter Hundebesitzer es je übers Herz bringen würde, sein Tier dort einzusperren, ist dies auch ein regelrechtes Verbrechen. Die Gummidichtungen des Kofferraums schließen niemals völlig einwandfrei, so daß daher während der Fahrt unweigerlich immer giftige Abgase der Auspuffanlage in den Kofferraum gelangen. Was dies aber für die Gesundheit eines Hundes bedeutet, muß doch wohl nicht erklärt werden.
3. Beim Auto darf der Hund nur auf Befehl ein- oder aussteigen. Wer diese Regel nicht strikt beachtet, dessen Hund wird mit größter Wahrscheinlichkeit irgendwann einmal angefahren, wenn nicht gar überfahren werden und dabei möglicherweise sogar noch einen schweren Unfall verursachen. Ein gehorsames Verhalten des Hundes am Auto erreicht man, indem man ihn stets angeleint zum Wagen führt, ihn neben dem Auto auf dem Gehsteig vorschriftsmäßig »Sitz« machen läßt und ihm den Befehl »Bleib« erteilt. Dies ist aber natürlich alles unmöglich, wenn der Hund nicht im Gehorsam ausgebildet ist. Hier wird erneut deutlich, welch einen hohen Stellenwert eine solche Ausbildung hat.

Der Hund muß dann auch folgsam sitzenbleiben, wenn die Autotür geöffnet wird (*s. Abb. 116*) und darf erst in den Wagen springen, wenn ihm das mit dem Befehl »Hopp« gestattet wird. Dies gilt ebenfalls für das Aussteigen. Selbst wenn alle Wagentüren offenstehen, darf

Abb. 116: Hier sitzt der Hund korrekt und ruhig auf dem Gehsteig. Obwohl die Wagentür geöffnet ist, springt er nicht einfach ins Auto, sondern wartet geduldig auf den Hoppbefehl zum Einsteigen.

der Hund erst aus dem Auto springen, wenn er hierfür den Befehl erteilt bekommt, und muß sich ganz automatisch dann sofort wieder neben dem Wagen setzen (*s. Abb. 117, 118*). Dies aber kann natürlich, wie bereits gesagt, nur mit einem Tier erreicht werden, das systematisch im Gehorsam ausgebildet worden ist. Ein solcher Hund verhält sich auch während der Fahrt ruhig und diszipliniert, stört also den Fahrer keinesfalls und bedeutet daher kein Risiko.

4. Vor einer Autofahrt ist dem Hund jegliche Halsung abzunehmen. Auf diese Weise wird gewährleistet, daß der Hund bei einem Unfall nicht etwa mit der Halsung an irgenwelchen Gegenständen oder Armaturen hängenbleibt und sich damit strangulieren könnte. Diese Gefahr besteht natürlich auch, wenn der Vierbeiner einmal allein im Auto gelassen wird. Zur Sicherheit des Tieres also immer Halsung ab, sobald der Hund im Auto ist.

5. Man soll seinen Vierbeiner vor einer Autofahrt nie ausgiebig fressen lassen. Damit keine gefährlichen Situationen entstehen, muß sich der Hund ja – wie bereits erwähnt – im Auto sehr still verhalten und während der Fahrt ruhig sitzen oder liegen. Mit einem vollen Magen aber wird dies nicht selten für das Tier zur Qual. Kein Wunder, wenn dem Vierbeiner in kurvenreicher Gegend dann hundeelend wird und sich sein Futter auf den Polstern oder zwischen den Sitzen wiederfindet. Es gibt zwar vereinzelt auch Hunde, bei denen das Autofahren – genau wie bei manchen Menschen – generell Übelkeit und Erbrechen auslöst. Dies muß jedoch keinesfalls als unabwendbares Schicksal hingenommen und der Vierbeiner deshalb zum ständigen Daheimbleiben verurteilt werden. Mit kurzen Fahrten, bei denen ganz allmählich Dauer und Geschwindigkeit gesteigert werden, kann man den Hund schön langsam daran gewöhnen und ihn damit stabiler und belastbarer machen. In hartnäckigen Fällen wird ein Medikament, das der Tierarzt empfiehlt, erfolgreich Abhilfe schaffen können.

6. Ein fürsorglicher Hundebesitzer wird stets frisches Wasser und einen Saufnapf im Auto haben, und zwar nicht nur an heißen Sommertagen, wo der Hund eine Erfrischung ganz dringend nötig hat, sondern zu jeder Jahreszeit. Hunde haben z. B. nach einem ausgedehnten Spaziergang meist großen Durst. Wie gut, wenn dieser dann bei der Rückkehr zum Auto sogleich gelöscht werden kann. Bei längeren Wanderungen Wasser und Saufnapf in kleinem Rucksack mitnehmen. Regenpfützen meiden, darin ist meist Gift enthalten (s. Seite 51).

7. Während einer längeren Autofahrt muß mindestens alle zwei Stunden angehalten werden, damit der Hund ein wenig laufen und sein Geschäft verrichten kann. Sollte der Vierbeiner während der Fahrt plötzlich sehr unruhig werden und zu winseln beginnen, so darf dies keinesfalls überhört werden, denn der Hund zeigt damit deutlich an, daß er dringend austreten oder vielleicht brechen muß.

8. Alle Hunde neigen dazu, wenn ihnen im Auto zu warm ist, den Kopf aus dem Fenster in den Fahrtwind oder im Wagen genau vor die Lüftung zu halten, um sich damit eine Abkühlung zu verschaffen. Dies darf ihnen jedoch nicht gestattet werden, weil in den meisten Fällen eine

Abb. 117: Auch wenn Wagentüren offenstehen, darf der Hund nicht ohne Befehl das Auto verlassen.

Abb. 119: Dieses Scherengitter ermöglicht ein weites Öffnen des Autofensters, ohne daß der Hund dadurch gefährdet wird.

schwere Augenentzündung die Folge ist. Manche Leute empfinden es als unangenehm, wenn der Hund so stark hechelt. Dies aber muß ihm unbedingt erlaubt sein, weil er praktisch nur über die Zunge schwitzen kann und ihm das Hecheln daher Kühlung bringt.

Abb. 118: Und wenn er auf den Hoppbefehl aus dem Auto gesprungen ist, muß er sich sofort wieder still hinsetzen und darf nicht etwa wild herumrennen. Nur so hat er die Chance, nicht überfahren zu werden.

9. Soll der Hund einmal allein für eine gewisse Zeit im Wagen bleiben, so hat man das Auto im Sommer selbstverständlich immer so zu parken, daß es völlig im Schatten steht, denn jedem ist ja bekannt, welch hohe Temperaturen ganz schnell im Wageninneren erreicht werden, wenn das Auto einer direkten Sonnenbestrahlung ausgesetzt wird. Schon mancher Hund ist durch seinen verantwortungslosen Besitzer bei Sommerhitze so auf grausame Weise im Auto ums Leben gekommen.

10. Auch wenn der Wagen im Schatten steht, braucht der Vierbeiner unbedingt noch zusätzlich frische Luft. Man soll deshalb sämtliche Autofenster auf alle Fälle einen kleinen Spalt breit geöffnet halten, aber kein Fenster weiter öffnen, weil der Hund dann wieder gefährdet wird. Er verteidigt das Auto ja stets als sein Territorium, und wenn dann Fremde – möglicherweise sogar Kinder – zu dicht am Wagen vorbeigehen, könnte es große Schwierigkeiten geben. Das Fenster kann nur dann weiter geöffnet sein, wenn man für den Wagen Lüftungsgitter besitzt, also Scherengitter, die in die geöffnete Scheibe eingeklemmt werden (*s. Abb. 119*). Außerdem sollte dem im

Auto wartenden Tier eine Schüssel mit Wasser zur Verfügung stehen.
Bei niedrigen Temperaturen im Winter müssen die Fenster natürlich gut geschlossen sein und der Vierbeiner soll auch zusätzlich mit einer Decke geschützt werden, wenn er dann einmal etwas länger im abgestellten Wagen bleiben muß.
Bei Gewitter, sehr starkem Regen und Sturm oder auch Hagel den Hund niemals allein im Wagen lassen. Er würde sich sehr ängstigen und könnte regelrecht in Panik geraten. Solche negativen Erlebnisse werden nie mehr vergessen, und daher würde dieser Angstzustand immer wieder sofort ausgelöst, wenn das Tier allein im Auto ist.
Wenn man gezwungen ist, mit seinem Hund die öffentlichen Verkehrsmittel zu benutzen, dann hat man die Pflicht, dafür Sorge zu tragen, daß kein Fahrgast durch das Tier belästigt oder gar gefährdet wird. Der Hund muß also z. B. in Zügen oder auf Bahnhöfen stets so abgelegt werden, daß durch ihn keinerlei Behinderung für andere entsteht. Stoßzeiten sind deshalb mit dem Vierbeiner zu meiden, denn ein Fahren in dichtem Gedränge kann für das Tier nichts anderes als Qual bedeuten. Man sollte sich hier einmal genauestens in die Situation seines Hundes versetzen, der bei einer solch schrecklichen Fahrt schier zu ersticken droht und außerdem noch ganz dicht von Füßen umgeben ist, die ihn jeden Augenblick treten können. Kein Wunder, wenn er dann in Panik gerät und sich durch Beißen zur Wehr setzen und aus dieser für ihn so furchtbaren Lage befreien will. Damit aber ist ein Unheil schon vorprogrammiert.
Große Vorsicht ist auch bei allen automatischen Türen geboten, in die der Hund ganz schnell einmal furchtbar eingeklemmt werden kann. Das Betreten der Rolltreppen mit Hunden ist aus gutem Grund generell verboten. Hier könnte sich der Vierbeiner ganz schnell sehr schwere Verletzungen an den Pfoten zuziehen.
Als wir einmal einen Hundebesitzer darauf aufmerksam machten, meinte er: »Für meinen Hund ist die Rolltreppe kein Problem, der kennt das, weiß, wie er sich verhalten muß.« Wir fragten ihn daraufhin: »Aber, was ist, wenn der Hund von Leuten angestoßen wird, dadurch ins Rutschen gerät und dann eingeklemmt wird?« Da bekam der zuvor so sichere Mann einen ziemlichen Schreck. An diese Gefahr hatte er gar nicht gedacht.
Bevor man mit seinem Hund auf Reisen geht, sollte unbedingt geklärt sein, daß er am Urlaubsort auch im Hotel oder der Pension gern gesehen ist. Zum Reisegepäck muß auf alle Fälle das Körbchen des Vierbeiners gehören, weil er sich nämlich überall sehr wohl und sogleich zu Hause fühlt, wenn ihm dies zur Verfügung steht.
Man sollte auch stets daran denken, daß Klimawechsel für einen Hund durchaus keine unwesentliche Rolle spielt und ihn deshalb auch in den ersten Tagen am Urlaubsort keiner größeren Belastung, z. B. in Form einer längeren Wanderung, aussetzen wollen. Bei einem nicht ganz gesunden oder bereits älteren Hund ist es ratsam, sich vom Tierarzt ein paar schriftliche Informationen mitgeben zu lassen, damit jeder fremde Tierarzt, der möglicherweise bei einem Notfall während der Reise mit dem Hund aufgesucht werden muß, sogleich über dessen Gesundheitszustand bestens unterrichtet ist und daher dann schnell und ganz gezielt helfen kann. Generell hat vor Antritt der Reise ja sowieso überprüft zu werden, ob der Hund auch vollen Impfschutz besitzt. Sein Impfpaß sollte stets mit auf die Fahrt genommen werden. Bei Reisen ins Ausland ist dies ja ohnehin Pflicht. Wenn man eine Auslandsreise plant, gehört selbstverständlich auch dazu, sich rechtzeitig beim ADAC darüber Auskunft zu holen, ob man denn wirklich ohne weiteres mit einem Hund in das als Reiseziel vorgesehene Land einreisen kann, oder hier womöglich eine längere Quarantänezeit für das Tier vorgeschrieben ist.

Anhang zum Gehorsams-Trainingsprogramm

Wie wir bereits im Vorwort erwähnten, ist es unser Anliegen, jetzt bei der dritten Auflage des Buches den Hundeführern hier im Anhang durch Ergänzungen, Hinweise, praktische Beispiele und Abbildungen noch weitere Hilfestellung für die so notwendige Ausbildung ihrer Vierbeiner im Gehorsam zu geben. Dabei sind wir analog zum Trainingsprogramm vorgegangen, beziehen uns also jeweils auf Übungen der einzelnen Übungswochen. Es konnten jedoch nicht alle Übungen berücksichtigt werden, weil das einfach den Rahmen gesprengt hätte. Wir mußten uns hier auf Wesentliches beschränken, auf Beispiele, mit denen man recht deutlich zeigen kann, wie notwendig diese Gehorsamsübungen sind, wie sehr sie im Alltag gebraucht werden. Es handelt sich dabei um Grundübungen, die praktisch die tragenden Säulen der gesamten Ausbildung sind.

Ferner ist es unser Ziel, die Hundeführer auf diese Weise auch zu eigenen Ideen und so zu weiteren Anwendungsmöglichkeiten der verschiedenen Übungen anzuregen, damit die gesamte Ausbildung noch praxisbezogener gestaltet werden kann.

Wer sich gerade bemüht, seinen Vierbeiner auszubilden, der sollte deshalb diese Seiten besonders gründlich lesen.

Ergänzungen zur 1. Übungswoche

Zur Übung 1 A

Auf Seite 60 haben wir erklärt, daß die Führerleine durch beide Ösen der Halsung gezogen werden muß, damit keine Würgehalsung entsteht. Gleich dabei aber gibt's dann in unseren Kursen schon die ersten verzweifelten Blicke von handwerklich nicht so besonders versierten Hundeführern. Der Ring der Führerleine ist rund und manchmal zu groß und läßt sich daher gar nicht durch die beiden Ösen der Halsung ziehen. Ja, was nun? Keine Sorge, zur Lösung dieses Problems braucht man lediglich eine Zange oder einen Hammer. Zur Not tut's auch ein größerer Stein. Mit solchem Werkzeug läßt sich nämlich die Öse der Führerleine ganz leicht vom Ring in eine ovale Form bringen, die dann mühelos durch die beiden Ringe der Halsung geschoben werden kann (*s. Abbn. 120, 121 sowie Abb. 21 auf S. 60*).

Zu den Übungen 1 D, 1 E und 1 F

Die Wichtigkeit dieser Übungen sollte von keinem Hundeführer unterschätzt werden. Es ist ein unbedingtes Muß, daß der Hund ganz korrekt »bei Fuß« zu gehen lernt und dabei sehr auf seinen Führer achtet, weil anderenfalls unzählige Schwierigkeiten – manchmal sogar bis hin zum Tod des Tieres – regelrecht vorprogrammiert sind.

Selbstverständlich kann der Hund nicht immer nur »bei Fuß« gehen. Das wäre ja absoluter Schwachsinn. Es gibt wohl auch niemanden, der dies verlangen würde. Aber der Vierbeiner muß eben die Übungen erlernt haben, denn sie werden täglich gebraucht, z. B. in verkehrsreichen Straßen, auf Bahnhöfen, bei Schnee und Glatteis usw. Ein unausgebildeter Hund, der macht, was ihm gerade in den Sinn kommt, wird ja zur Qual, wenn er z. B. bei Glatteis wie verrückt zieht, so daß der Mensch am anderen Ende der Leine stürzt und sich die Knochen bricht oder auf der Straße stolpert und dann vielleicht angefahren oder gar überfahren wird.

Mit Ausnahme besonders leichtführiger Exemplare fällt es den meisten unausgebildeten Hunden im Traum nicht ein, dem Menschen dort noch viel Aufmerksamkeit zu widmen, wo andere Dinge,

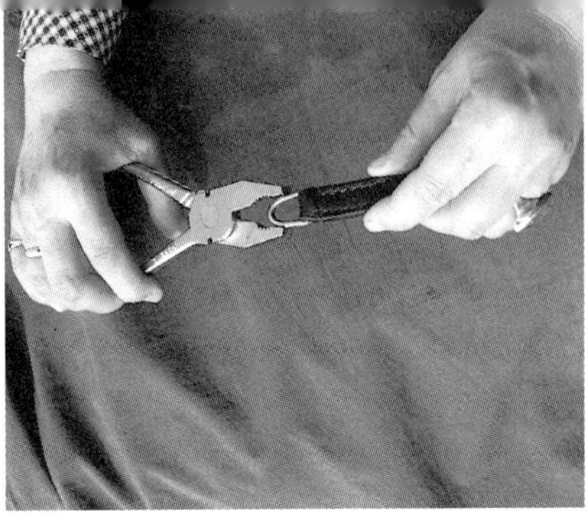

Abb. 120: Ein wenig Druck mit der Zange – schon hat die Öse eine ovale Form.

Abb. 121: Mit Hammer oder Stein läßt sich das ebenso erreichen.

wie z. B. Artgenossen, Vögel oder auch nur flatternde Blätter oder raschelndes Papier einen starken Reiz auf sie ausüben. Dieses Achten auf seinen Herrn, dieses Anpassen – auch gerade bei Verleitungen – muß der Hund einfach erst über solche Gehorsamsübungen erlernen.

Mit den *Übungen 1 E und 1 F* lassen sich seine Aufmerksamkeit und Konzentration schon enorm steigern. Noch jeder Hundeführer aus unseren Kursen wußte bereits nach verhältnismäßig kurzer Übungszeit glücklich und dankbar zu berichten, wie ganz anders sein Vierbeiner jetzt auf ihn achte, wieviel schneller er reagiere und wie die Augen des Tieres nun viel öfter die Augen des Menschen suchen *(s. Abbn. 122 und 123)*.

Der Kontakt zwischen Hund und Hundeführer wird insgesamt inniger, fester. Man kommt dann auch schon viel seltener wegen ungestümen, wilden Benehmens des Hundes ins Schwitzen oder gar in panische Angst. Das Zusammenleben beginnt sich weit angenehmer und harmonischer zu gestalten. Es lohnt sich also, bei der Ausbildung seines Vierbeiners keine Mühe zu scheuen. Bitte nicht verzagen und mutlos werden, wenn die ersten Übungsversuche mehr mißlingen als gelingen. Wichtig ist, daß Sie sich durchsetzen, und zwar nicht etwa mit Grobheit, sondern mit liebevoller Konsequenz, mit Güte und großer Geduld. Wer immer gleich aufsteckt, wenn's schwierig wird, der bringt's zu nichts.

Es darf kein Ungehorsam gestattet werden, man darf wirklich nichts durchgehen lassen. Wenn der Hund bei diesen Übungen anfangs an Ihnen hochspringen will, in die Leine beißt oder gar nach Ihrer Hand schnappt, dann heißt es: »Nein, laß das, das ist pfui«. Dabei aber nicht etwa stehenbleiben, sondern immer weitergehen. Schon sehr bald läßt der Hund diese Mätzchen und paßt sich an. Er hat nämlich durch Ihre Konsequenz gelernt, daß ihm das Theater nichts bringt, daß er sich fügen muß. Zeigt er nun dieses einsichtige, willige Verhalten, loben. Aber bitte nicht dafür stehenbleiben, sondern den Hund im Gehen – also während des Übens – loben.

Abb. 122: Der Blick des Hundes zeigt den guten Kontakt zum Führer.

Abb. 124a: Geduldig wird gewartet.

Abb. 124b: Er geht korrekt »bei Fuß«.

Lassen Sie uns hier fünf Beispiele aus der Praxis nehmen, die zeigen, wie wichtig die Übungen sind und wie man sie – wenn sie nach einigen Übungstagen bzw. Übungswochen schon recht gut sitzen – dann im Alltagsleben nutzen kann.

Beispiel 1

Der Hund geht mit erhobenem Kopf korrekt »bei Fuß«, achtet auf seinen Führer und paßt sich genau dessen Gangart an. Welch eine Hilfe in verkehrsreicher Gegend, wo man vielleicht einmal nur sehr langsam gehen, dann aber wieder flitzen muß, um noch über die Straße zu kommen, bevor die Ampel umschaltet. Und beim Warten an der Kreuzung setzt sich der Hund unaufgefordert neben einem hin, sobald man stehengeblieben ist, er hat es ja gelernt *(s. Abb. 124a und b)*. Mit einem ausgebildeten Hund ist das alles überhaupt kein Problem. Er bleibt stets lieb und gehorsam an der Leine neben einem und behindert daher in keiner Weise.

Aber, wohl gemerkt, der Hund muß an der Leine sein! Das »Frei-bei-Fuß-Gehen« darf von ihm erst weit später verlangt werden, wenn seine Ausbildung bereits abgeschlossen ist und man sich absolut auf seinen Gehorsam verlassen kann. Und auch dann sollte man aus Verantwortung für das Leben des Vierbeiners sehr vorsichtig sein und ihn an so gefährlichen Stellen, wie eben im dichten, hektischen Straßenverkehr, trotzdem stets an der Leine führen.

Abb. 123: Ihm ist wichtig, den geliebten Menschen anzuschauen.

Beispiel 2

Man war zu hastig, ist umgeknickt und hat sich den Knöchel verstaucht oder wird plötzlich aus irgendeinem anderen Grund von heftigen Schmerzen geplagt. Dann sagt man zum Vierbeiner »langsam« und schleicht heimwärts. Der Hund paßt sich sofort diesem Tempo an, es ist erlernt. So hat man durch ihn keinerlei zusätzliche Schwierigkeiten und

kann daher die schlimme Situation trotz Hund recht gut meistern.
Doch es muß ja nicht unbedingt ein Unfall sein. Auch durch schweres Gepäck wird man z. B. manchmal vielleicht nur langsam und mühevoll vorankommen *(s. Abb. 125)*. Wie schön, jetzt einen ausgebildeten Vierbeiner bei sich zu haben, von dem man problemlos wie ein Schatten begleitet wird und der einem eben nicht etwa durch Ziehen oder Herumspringen das Leben dann noch schwerer macht.
Wenn Sie sich *Abb. 125* genau anschauen, dann sehen Sie, daß sich der Hundeführer hier die Leine schon vorschriftsmäßig umgehängt hat, um beide Hände für das Gepäck frei zu haben. Das aber ist eine Übung, die erst in der 10. Übungswoche mit dem Hund erarbeitet werden soll *(s. Seite 93, 94 sowie Abb. 63)*.
Bitte diese Übung jetzt nicht etwa vorziehen, weil wir sie hier als Beispiel gebracht haben. Wir wollten Ihnen damit nur schon recht früh klar machen, wie sehr man sich den Alltag erleichtern kann, wenn man seinen Vierbeiner gut im Gehorsam trainiert hat.
Wegen der besseren Einwirkungsmöglichkeit muß die Leine am Anfang der Ausbildung jedoch stets so gehalten werden, wie wir das auf Seite 63 und 64 erklärt haben. Wer übereifrig und ungeduldig vorprescht und sich nicht an die im Trainingsprogramm vorgeschriebene Reihenfolge hält, handelt sich garantiert nur Rückschläge ein. Dies sollte hier noch erwähnt werden, damit es zu keinen Mißverständnissen kommt.

Beispiel 3

Sie gehen mit Ihrem Vierbeiner durch eine Geschäftsstraße, sehen hier dies und dort jenes im Schaufenster, das Ihr Interesse weckt und das Sie deshalb in aller Ruhe ein wenig länger betrachten möchten. Kein Problem mit einem ausgebildeten Hund *(s. Abb. 126)*, denn er hat ja mit der *Übung 1 E, Seite 64*, gelernt, daß er sich nicht nur sofort gehorsam neben Ihnen setzen muß, wenn Sie stehenbleiben, sondern daß er auch still und ruhig zu sitzen hat, solange Sie stehenbleiben. Es dürfte aber jedem klar sein, daß der Hund solcher Anforderung erst gerecht werden kann, wenn dies bereits längere Zeit täglich mit ihm geübt wurde.

Abb. 125: Der Hund ist so keine Belastung.

Abb. 126: Alles kann in Ruhe betrachtet werden.

Abb. 127: Sicherheit neben der Führerin.

Beispiel 4

Abb. 127 zeigt, wie Hund und Hundeführerin auf einer Verkehrsinsel an der Haltestelle auf die Straßenbahn warten. Wie sollte das wohl mit einem unausgebildeten, wilden Vierbeiner möglich sein? Nicht nur Hund und Hundeführerin wären hier ständig in Gefahr, sondern auch noch andere, ebenfalls dort wartende Verkehrsteilnehmer.

Beispiel 5

Ein so ruhiges Gespräch mit anderen (*s. Abb. 128*) ist ohne ausgebildeten Hund nicht möglich, denn der wäre undiszipliniert und daher ungeduldig und unruhig und würde Sie bald hier- bald dorthin ziehen. Gewiß würden Sie dadurch nur Bruchstücke von vielleicht wichtigen Informationen mitbekommen, die Ihnen der andere gerade geben wollte – keine erfreuliche Sache, auch nicht für Ihren Gesprächspartner.

An dieser Stelle müssen wir andererseits aber auch genauso vor jeglicher Übertreibung warnen. Der Mensch hat die unbedingte Pflicht, Rücksicht auf sein Tier zu nehmen und Gehorsamsforderungen niemals auf die Spitze zu treiben, so daß dies einer Drangsalierung des Hundes gleichkäme. Der verantwortungsbewußte Hundeführer wird also bemüht sein, sich im Gespräch kurz zu fassen und dies nicht zu einer endlosen Plauderei ausarten zu lassen. Sollte vielleicht einmal notgedrungen mehr zu besprechen sein, dann wird jeder liebevolle, gewissenhafte Hundeführer zum Vierbeiner »Platz und bleib« sagen. Dies wird ja mit *Übung 2 G* erlernt *(s. Seite 69–71)*.

Wenn der Hund nämlich über eine längere Zeit so stille sitzen muß, wird das Warten für ihn unangenehm, kann ihn sogar im Rücken schmerzen. Fünf Minuten aber hält er das natürlich jederzeit beschwerdefrei aus. Wenn's dann länger wird, sollte man ihm die Möglichkeit geben, im »Platz« zu warten, weil er sich in dieser Lage dann viel wohler fühlt. Er kann jetzt seine Läufe bewegen und sich auch ein wenig hin- und herdrehen, seinen Kopf hochhalten oder auch auf den Boden legen und verkrampft sich daher nicht. Er stört so keinesfalls, weil er ja mit dem Befehl »Platz und bleib« zum stillen, ruhigen Verbleiben bei seinem Herrn veranlaßt wurde *(s. Abb. 129)*.

Gerade an diesem Beispiel wird deutlich, wie wichtig es ist, daß ein Hundeführer nicht einfach nur gedankenlos oder gar noch herrschsüchtig dem Hund Befehle erteilt, sondern dabei stets liebevoll und rücksichtsvoll bedenkt, welche Folgen der eine oder andere Befehl für sein Tier hat. Dummes, unsinniges Zeug darf also nie verlangt werden!

Zur Übung 1 G

Wir haben in unseren Kursen immer wieder feststellen können, daß bei dieser Übung von einigen Hundeführern gleich zwei Fehler gemacht werden, und zwar

Erster Fehler

Sie halten dem Hund die Innenfläche der Hand zu dicht vor die Nase. Das hat dann zur Folge, daß der Vierbeiner sei-

Abb. 128: Das Gespräch wird nicht gestört.

Abb. 129: Wenn's länger dauert, »Platz und bleib«.

nen Kopf weit nach vorne streckt oder sogar aufsteht, weil er meint, daß er die Hand abschnuppern soll. Der Abstand zwischen Handfläche und Hundenase muß also größer sein, damit es nicht zu solch einem Mißverständnis kommt. Bitte schauen Sie sich hierzu die *Abb. 28* auf *Seite 65* noch einmal gründlich an.

Zweiter Fehler

Von manchen Hundeführern wird das Wort »pendeln« falsch verstanden. Sie stellen sich in Leinenabstand vor ihrem Vierbeiner hin und schwenken die Leine hin und her. Das ist aber nicht richtig. Mit dem »Pendeln« meinen wir vielmehr, daß der Hundeführer sich selbst – und nicht etwa die Leine – bewegen soll, indem er in Leinenabstand vor seinem Hund hin- und hergeht, und zwar mit langsamen, ruhigen Schritten. Schnelle, hektische Bewegungen würden den Hund zu sehr aufregen. Man muß ja bedenken, daß diese Übung an und für sich schon schwer genug für den Hund ist und bereits ziemlich viel Disziplin von ihm verlangt.

Stille sitzen zu bleiben, während Sie vor ihm hin- und hermarschieren, kostet den Vierbeiner einige Überwindung, denn er möchte doch viel lieber selbst auch herumlaufen. Man zwingt ihn also mit dieser Übung, sich sehr zu beherrschen – keine leichte Sache. Das kennen wir alle aus unserem eigenen Leben.

Wenn sich der Hund bei dieser Übung korrekt verhält, hat er wirklich etwas geleistet, und kein Hundeführer sollte diese Leistung unterschätzen. Der Vierbeiner hat dafür besonderes Lob verdient!

Zur Übung 1 H

Hier fordert man vom Hund nicht nur eine noch größere Selbstbeherrschung, sondern verlangt außerdem von ihm, daß er seinem Herrn blindlings vertraut. Während er nämlich gehorsam stillesitzt, kann er nicht sehen, was hinter seinem Rücken geschieht. Er kann nur hoffen und vertrauen, daß ihm kein Schaden zugefügt wird. Deshalb ist es bei dieser Übung besonders wichtig, daß der Hundeführer äußerst vorsichtig ist, das Tier nicht anstößt oder gar aus Versehen beim Umkreisen auf die Rute des Hundes tritt.

Wenn dergleichen passiert, ist die Übung nicht nur restlos danebengegangen, sondern das Vertrauen des Tieres zu seinem Herrn erst einmal gründlich gestört. Also, gut aufpassen, damit es nicht zu solchen folgeschweren Ungeschicklichkeiten kommt.

Anhand von zwei Beispielen möchten wir Ihnen jetzt zeigen, wie sich gerade die Übungen 1 G und 1 H gut in der Praxis bewähren.

Beispiel 1

Es klingelt, Sie wissen nicht, wer draußen vor der Haustür steht. Aus Sorge, daß Ihr Hund irgendetwas anstellen könnte, wenn Sie jetzt die Tür öffnen (z. B. Fremde furchtbar anknurren oder den Postboten gar beißen) sperren Sie

Ihren Vierbeiner im Zimmer ein. Keine besonders gute Lösung, denn Ihr Hund versteht die Welt nicht mehr. Von seiner Anlage her will er doch wachen und beschützen. Wie aber kann er das, wenn gerade Sie, seine geliebte Bezugsperson, der er beistehen will, ihn in einem solchen Augenblick wegsperren? Merken Sie, in welch innere Notsituation, in welch großen Konflikt Sie Ihr Tier damit bringen?

Solch negative Erfahrungen sind für den Hund nur schwer zu verkraften und müssen keinesfalls sein. Wenn Sie fleißig mit ihm geübt haben und er bereits verläßliche Leistungen bei den *Übungen 1 G und 1 H* zeigt, dann verhalten Sie sich, wenn es klingelt, wie folgt:

Sie geben in größerer Entfernung von der Haustür Ihrem Hund den Befehl »Sitz und bleib« (Hand als Stoppschild nicht vergessen). Damit ist das ganze Problem gelöst. Sie können nun zur Tür gehen, sie öffnen und mit dem Fremden reden oder dem Postboten z. B. den Einschreibbrief quittieren. Nichts passiert, alles bleibt ruhig und friedlich, denn Ihr Hund hat ja gelernt, daß er gehorsam dort sitzen bleiben muß, wo Sie ihm dazu den Befehl erteilt haben.

Dabei ist allerdings noch folgendes zu beachten:

1. Der Hund soll immer in einiger Entfernung von der Haustür sitzen – also nicht zu dicht am Geschehen sein – und er soll
2. in Blickrichtung zur Haustür hingesetzt werden, damit er alles beobachten kann.

Sollte Ihr Flur dafür zu klein sein, wird der Hund eben ins Zimmer oder die Küche gesetzt und die Tür offengelassen, so daß er dann von dort aus alles gut mitbekommen kann, was an der Haustür geschieht *(s. Abb. 130)*. Damit ist er gleichzeitig für Sie auch noch ein gewisser Schutz.

Und wenn Sie die Haustür dann wieder geschlossen haben, loben Sie Ihren Hund sehr und belohnen ihn am besten noch mit einem guten Brocken für sein diszipliniertes, gehorsames Verhalten.

Abb. 130: Er ist für Fremde keine Gefahr, aber Schutz für die Besitzerin.

Diese Anerkennung braucht Ihr Hund! Das ist wirklich sehr wichtig, denn ein Hundeführer, der alle guten Leistungen seines Vierbeiners für selbstverständlich hält und sich nicht die Mühe macht, Gehorsam auch gebührend zu würdigen, wird schon bald Mißerfolge haben. Der Hund stumpft dann nämlich ab, macht alles nur noch lustlos, ohne jede Freude und gehorcht nur noch widerwillig, ja, oft gar nicht mehr. Das zeigt deutlich, wie sehr es in den Händen des Menschen liegt, was aus seinem Tier wird.

Beispiel 2

Sie erwarten Gäste. Von Gastgeber und Gästen wird es nicht gerade als sehr angenehm empfunden, wenn dann der über den Besuch glückliche Hund zwischen den Gästen herumspringt und tobt, sie regelrecht belästigt und daran hindert, ihre Garderobe abzulegen und mitgebrachte Blumen oder Geschenke zu überreichen.

Solch Gastgeber wie Gäste gleichermaßen strapazierende Situation muß durchaus nicht sein. Denn bevor man noch die

Haustür öffnet, erhält der Hund auch hier wieder in einiger Entfernung von der Tür den Befehl »Sitz und bleib«. In aller Ruhe werden die Gäste nun begrüßt, die Garderobe abgelegt und Mitbringsel entgegengenommen. Dabei schaut Ihr Hund aus der Entfernung zu, fühlt sich daher nicht ausgeschlossen, stört aber nicht *(s. Abb. 131)*. Dabei gilt es jedoch, noch folgendes zu beachten:

1. Niemand der Gäste darf den sich hier so beherrschenden Hund zum Ungehorsam verleiten, indem er zu sehr auf ihn zugeht, ihn anspricht oder gar mit aufmunternden Bewegungen zur Begrüßung herausfordert. Es ist also Ihre Pflicht, den Gästen – noch bevor sie überhaupt hereingebeten werden – zu erklären, wie sie sich dem Hund gegenüber verhalten sollen, d. h., daß sie ihn erst ansprechen und begrüßen dürfen, wenn der Hundeführer seinen Vierbeiner zum Kommen und Begrüßen aufgefordert hat. Diese Aufforderung hat also – wohlgemerkt – nie durch irgendeinen Gast, sondern stets nur durch den Hundeführer selbst zu erfolgen. Wenn nicht so gehandelt wird, bringt man das Tier völlig durcheinander, taugt eben die gesamte Ausbildung nichts.
2. Denken Sie bitte auch daran, daß Ihr Hund ein Ventil für seine Freude braucht. Sie dürfen daher keinesfalls sein Glück über den Besuch restlos unterdrücken wollen, das wäre schlimmste Tyrannei.

Nachdem der Hund im »Sitz und bleib« so gehorsam gewartet hat, muß es ihm gestattet sein, ein wenig herumzutollen und damit seiner Freude Ausdruck zu verleihen. Sollte er dabei allerdings allzu wild und stürmisch werden, muß man ihn natürlich wieder ein wenig bremsen. Das läßt sich recht gut erreichen, indem man ihn irgendwie ablenkt und beschäftigt, z. B. mit ihm etwas Ball spielt oder dergleichen. Gartenbesitzer haben es da leicht. Sie machen einfach die Haus- oder Terrassentür auf und lassen den Hund ein wenig im Garten herumsausen, damit er den überschüssigen Dampf ablassen kann.

Abb. 131: Die Begrüßung wird durch ihn nicht gestört.

3. Haben die Gäste für Ihren Hund ein Leckerli mitgebracht, so dürfen nur Sie als Hundeführer ihm dieses geben. Wenn der Vierbeiner nämlich den guten Brocken von Ihren Gästen bekommt, wäre das ein schwerwiegender Fehler. Der Hund würde damit Fremden gegenüber viel zu vertrauensselig und könnte daher leicht von einem Bösewicht gestohlen oder gar vergiftet werden.

Ergänzungen zur 2. Übungswoche

Zur allgemeinen Erklärung, 1. Absatz

Beim Wiederholen aber bitte nicht immer die gleiche Reihenfolge der Übungen einhalten, sonst kennt der Hund das gesamte Programm schon bald auswendig und arbeitet nur noch ganz mechanisch mit. Deshalb beim Wiederholen springen, d. h. zuerst vielleicht Übung D, dann A, dann F usw. nehmen, damit der Hund eben nie ahnen kann, welche Übung Sie als nächste von ihm fordern.

Zu den Übungen 2 A und 2 B

Wenn gewissenhaft mit dem Hund geübt wurde, paßt er sich bereits gut an, sperrt sich längst nicht mehr so sehr, sondern kommt Ihnen weitgehend entgegen, ist insgesamt viel williger. Dies verpflichtet den Hundeführer andererseits, ebenfalls

echt Anteil am Leben seines Vierbeiners zu nehmen, ihn viel zu beobachten, auf ihn einzugehen – eben ein wirklicher Kumpel für ihn zu sein. Nur so wird der Hundeführer zur heißgeliebten Respektsperson – eine Grundvoraussetzung für die erfolgreiche Ausbildung.
Man darf sich also nicht etwa nur auf das Ausbilden des Hundes beschränken und alles weitere anderen Familienmitgliedern überlassen wollen. Wer mit dem Hund übt, muß sich auch sonst viel mit ihm beschäftigen. Dazu gehören der Spaziergang, das Spielen, die Pflege und auch das Füttern.

Zu den Übungen 2 C, 2 D und 2 E

Sobald der Hund diese Übungen begriffen hat, also genau weiß, was er machen soll, müssen Sie ihm jedesmal, wenn Sie ihm einen »Komm«-Befehl erteilt haben, einen Augenblick warten, ihm damit die Entscheidungsfreiheit lassen, auf den Befehl hin von allein zu kommen, ohne daß Sie selbst durch Ziehen an der Leine einwirken. Sollte der Hund den Befehl jedoch ignorieren, muß an der Leine gezogen werden. Loben Sie ihn trotzdem, obwohl er ja von allein gar nicht gekommen wäre. Es lohnt sich, hier Diplomat zu sein. Wenn Sie ihm statt dessen erst lange eine Standpauke halten wollten, weil er nicht gekommen ist, würde das gar nichts bringen, nur unnötig Zeit kosten.
Jedoch darf Ihnen keinesfalls der Fehler unterlaufen, daß Sie zu früh an der Leine ziehen, also noch bevor Sie den »Komm«-Befehl überhaupt erteilt haben. Gedankenlosigkeit darf sich ein Hundeführer nie leisten!
Manche haben am Anfang Schwierigkeiten beim Einholen der Leine. Das muß genauso geschehen, wie man das später auch mit der Feldleine macht *(s. Seite 97 und Abb. 70)*. Einigen Hundeführern gelingt das Einholen der Leine besser, wenn sie dabei die linke Hand als Führung benutzen, d. h. die Leine durch die linke Hand gleiten lassen und mit der rechten Hand an der Leine ziehen, loslassen, nachgreifen und wieder ziehen usw. *(s. Abb. 132)*. Zum Schluß die Leine etwas über den Rücken des Hundes halten *(s. Abb. 33 auf Seite 68)*.
Bitte diese »Komm«-Übungen schon bald und ganz konsequent in der Praxis anwenden, d. h. der Hund muß sich jedesmal korrekt vor Ihnen hinsetzen, wenn er gekommen ist. Schade, wenn die Ausbildung erfolglos bleiben sollte, weil Sie inkonsequent oder einfach zu träge sind und deshalb Schlampereien durchgehen lassen.
Den »Komm«-Befehl auch nur erteilen, wenn man ihn durchsetzen kann (s. hierzu Ergänzung zu Übung 11 C, Seite 155).

Abb. 132: Leine durch die linke Hand gleiten lassen und mit der rechten ziehen.

Zur Übung 2 F und 2 G

Bei den meisten Hunden funktioniert diese Übung von Anfang an völlig problemlos. Es gibt aber auch einige, die sich dabei zuerst mächtig sträuben. Diese Tiere haben fast alle irgendwann einmal eine schlechte Erfahrung gemacht und sind daher ängstlich geworden. Manchmal handelt es sich dabei aber auch um Hunde mit einem schlechten Nervenkostüm, die sich immer gleich furchtbar aufregen und dann leicht in Panik geraten.
Diese Unsicherheit und Angst kann man seinem Vierbeiner nur nehmen, ihn da-

Abb. 133: Fuß geschickt auf die Leine stellen.

von befreien, wenn man ihm beweist, daß ihm am Boden nichts passiert, daß er Vertrauen haben kann. Dazu muß man ihn also runterbringen und dafür sorgen, daß er wenigstens für kurze Zeit auch am Boden bleibt.
Wenn man das nicht durchsetzt, sondern dem Hund nachgibt und damit selbst aufgibt, kann er ja nie die tröstliche und beruhigende Erfahrung machen, daß das Liegen am Boden keine Gefahr für ihn bedeutet. Er würde sich somit weiterhin unnötig ängstigen. Sie können ihm also nur durch ein konsequentes Verhalten helfen.
Bei sehr ungestümen, aufgeregten, mißtrauischen und besonders ängstlichen Hunden hat es sich in der Praxis als gute Hilfe erwiesen, den Fuß ein kleines Stück hinter der Halsung auf die Leine zu stellen *(s. Abb. 133)*. Dabei nicht etwa grob sein, sondern nur verhindern, daß der Hund aufstehen kann. Selbst wenn Ihr Vierbeiner sich dann vielleicht zuerst wie ein Irrer gebärden sollte, geben Sie bitte im Interesse des Hundes nicht nach. Er würde nicht lernen, sich zu überwinden und könnte so nie erfahren, daß es sich lohnt, zu Ihnen Vertrauen zu haben. In einer solchen Phase des Durchdrehens also nicht nachgeben oder gar selbst die Nerven verlieren, sondern den Befehl konsequent durchsetzen. Dabei leise, sehr liebevoll und beruhigend mit dem Tier sprechen, auch wenn es ein fürchterliches Theater macht. Dann werden Sie etwas sehr Positives erleben. Ihr Hund beruhigt sich plötzlich, ist still und wie umgewandelt. Er hat sich in diesem Moment nicht nur gefügt, sich Ihnen untergeordnet, sondern gleichzeitig gelernt, daß er Vertrauen zu Ihnen haben kann, weil Sie dafür sorgen, daß ihm nichts passiert.
Und damit sind Sie dann in der Ausbildung einen großen Schritt vorangekommen, das sollten Sie nicht unterschätzen. Gerade bei einem Hund, der sich so widersetzt und ohne Ausbildung schnell zur Plage würde, ist das besonders wichtig. Aber vorsichtig, der Hund darf dabei natürlich keinerlei negative Erfahrung machen. Sie müssen einfach hier sehr flink und sehr geschickt sein.

Ergänzungen zur 3. Übungswoche

Zu den Übungen 3 A bis 3 D

Beziehen Sie diese Übung schon früh in den Alltag ein, denn sie wird ständig gebraucht. Damit erziehen Sie sich einen ruhigen, konzentrierten Hund *(s. hierzu auch Übung 11 A und 11 C, Seite 96–98 und 20 A, Seite 122, 123 sowie die Ergänzung dazu auf den Seiten 157 und 158)*.

Zur Übung 3 E

Für diese Übung müssen Sie die Korallenhalsung so anordnen, daß die Kette im Nacken des Hundes liegt. Dann können Sie gut mit der Hand in die Halsung greifen und sich auch nicht verletzen, wenn der Hund anfangs hier noch unru-

Abb. 134: Kette liegt auf dem Nacken. Stets von unten in die Halsung greifen.

Abb. 135: Alles korrekt ausgeben lassen und das Lob nicht vergessen.

hig ist und seinen Kopf hin- und herbewegt.
Und immer von unten in die Halsung fassen *(s. Abb. 134),* weil man sich sonst bei heftigen Bewegungen des Vierbeiners die Hand verstauchen könnte. Man hat so auch viel festeren Halt und damit bessere Einwirkungsmöglichkeit auf das Tier.
Wenn Ihr Hund bei dieser Übung schon ganz ergeben Ihre Hand duldet, ist viel gewonnen.
Es gibt nicht wenige Hunde, die alles, was sie irgendwo finden, in den Fang stecken. Dabei sind nicht etwa nur Tannenzapfen, Stöckchen und alte Knochen interessant, sondern auch Steine, Papierfetzen und sogar Plastiktüten. Klappt die Übung 1 E, kann man dem Hund diese Dinge problemlos wieder abnehmen *(s. Abb. 135).* Vergiftung, Verstopfung oder sogar Operation wegen irgendwelcher verschlungenen Gegenstände bleiben dem Hund auf diese Weise erspart und dem Hundeführer eine Menge Angst und Aufregung *(s. hierzu auch Ergänzung zu Übung 19 A, Seite 157 und Ergänzung zu Übung 20 B, Seite 158).*

Zur Übung 3 F

Den anfänglich bei der Downhaltung teils aus Erregung, teils aus einer gewissen Unsicherheit heraus etwas zitternden Hund kann man zusätzlich gut beruhigen, wenn man ihn mit der linken Hand streichelt, sobald er vorschriftsmäßig am Boden liegt. Dabei muß es sich aber um ein ganz langsames Streicheln handeln, denn schnelle Bewegungen der Hand würden den Hund ja erst recht aufregen. Also, am Nacken des Hundes beginnen und sehr sehr langsam – praktisch wie Hypnose – mit der linken Hand über den gesamten Rücken des Hundes streichen und dabei ganz leise und liebevoll mit ihm reden. Sie werden staunen, wie sich Ihr Vierbeiner dadurch schon bald entspannt und völlig ruhig und friedlich wird.
Das ist auch ein ausgezeichnetes Mittel, sehr aufgeregte, sehr nervöse Hunde ruhigzustellen. Die werden zum Schluß dann oft tatsächlich so friedlich und so ruhig, daß sie beinahe in der Downlage einschlafen.
Lassen Sie uns im übrigen hier noch einmal darauf hinweisen, daß das »Down« die wichtigste Übung der gesamten Ausbildung ist. Nur wenn ihr Vierbeiner alle im Trainingsprogramm vorkommenden »Down«-Übungen später einwandfrei beherrscht, haben Sie eine Bremse und damit eine echte Chance, sein Leben in einem Gefahrenmoment zu retten. Nur über das »Down« kriegen Sie ihn wirklich in den Griff.

Ergänzungen zur 4. Übungswoche

Zur Übung 4 F

Alle Übungen mit dem Lederhandschuh sind notwendig, weil sie den Hund zum vorsichtigen Apportieren erziehen. Wenn hier korrekt mit ihm geübt wurde, kann man dem Vierbeiner dann ruhig etwas Wertvolleres, wie z. B. einen Taschenschirm, anvertrauen, ohne Sorge haben zu müssen, daß er darauf herumknautscht oder gar den Gegenstand zerbeißt.
Für den Jäger mit seinem Jagdhund sind das also ganz besonders nützliche Übungen, denn plattgedrücktes Wild ist nicht nur unappetitlich, sondern oft genug auch gar nicht mehr brauchbar.

Ergänzungen zur 5. Übungswoche

Zur Übung 5 A

Wenn Sie für diese Übung einen Fingerhandschuh benutzen, soll er in Längsrichtung in der Mitte zusammengefaltet und der Daumen in diese Falte hineingelegt werden *(s. Abb. 136)*. Dann gibt man dem Hund den Handschuh auch in Längsrichtung in den Fang, und zwar so, daß der gefaltete Handschuhrücken zu-

Abb. 136: Den Fingerhandschuh in Längsrichtung falten und den Daumen in die Falte hineinlegen, damit er nicht stört.

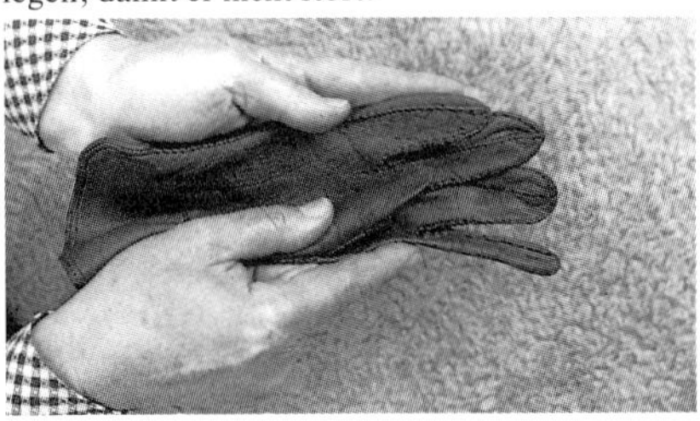

Abb. 137: Den Fausthandschuh nicht falten, sondern dem Hund so geben, daß der Daumen gar nicht in den Fang kommt.

erst hineinkommt, also dann am tiefsten im Fang ist *(s. Abb. 51, Seite 82)*.
Ein Fausthandschuh wird dagegen zu sperrig, wenn man ihn zusammenlegt. Deshalb muß er logischerweise in Längsrichtung so in den Fang des Hundes gebracht werden, daß der Daumen nicht stört, also gar nicht in den Fang hineinkommt *(s. Abb. 137)*.

Zur Übung 5 B

Fernseher oder Radio können bei dieser Übung laufen, dürfen aber nicht zu laut eingestellt sein. Der Hund empfindet das sonst als dauernden Lärm, der ihn stört und ihm sehr unangenehm ist.
Damit hier keine Verwechslung entsteht: Das hat nichts mit der Schußfestigkeit von Jagdhunden zu tun.

Ergänzungen zur 7. Übungswoche

Zur Übung 7 B

Wir möchten hier nur noch einmal darauf hinweisen, daß der Hund – bevor

man mit ihm übt – Auslauf gehabt und sich auch gelöst (sein Geschäft verrichtet) haben muß. Wer anders vorgeht, handelt unverantwortlich, ja, quält sein Tier. Wie könnte der Hund wohl so ruhig liegen, wenn er dringend austreten müßte? Das wäre für ihn ja eine furchtbare Qual.
Sie sehen auch hier wieder, daß bei jedem Üben großes Verständnis und große Gewissenhaftigkeit gegenüber dem Tier erforderlich sind.

Ergänzungen zur 10. Übungswoche

Zur Übung 10 H

Vorsicht, wenn Sie mit dem linken Fuß schnell auf die Leine treten. Sie dürfen ihn nicht zu hoch heben, sonst bekommt der Hund Angst und versucht, seitlich wegzuspringen. Also, sehr geschickt sein und den linken Fuß nur ganz geringfügig heben!

Ergänzungen zur 11. Übungswoche

Zur Übung 11 A

Wer beim Einholen der Feldleine mit der unter 11 A beschriebenen Methode nicht so gut zurechtkommt, der sollte es einmal so versuchen, wie wir es bei der Ergänzung zur 2. Übungswoche zu den Übungen 2 C, 2 D und 2 E erklärt haben. Es könnte sein, daß Sie damit mehr Erfolg haben.

Zur Übung 11 C

Für diese Übung kann in der Praxis beim täglichen Spaziergang die Flexileine Nr. 8 eingesetzt werden, die wir bereits auf Seite 47 erwähnt haben, denn der Hund kann während der Ausbildung ja sowieso nur selten frei laufen, weil er hierbei zu leicht lernen könnte, daß Sie völlig machtlos sind, wenn er nicht an der Leine ist und deshalb dann auch nicht zu folgen braucht. Wie schädlich eine solche Erfahrung des Hundes sich auf die gesamte Ausbildung auswirken würde, kann sich gewiß jeder vorstellen. Deshalb auch beim augenblicklichen Stand der Ausbildung dem Hund am besten überhaupt keine Befehle erteilen, wenn er einmal frei ist und Sie damit keine Einwirkungsmöglichkeit auf ihn haben. Aber beim Spaziergang an der Flexileine Nr. 8 hat der Vierbeiner ja recht gute Bewegungsmöglichkeit (ca. 8 m) und steht trotzdem unter Ihrem Einfluß.
Üben Sie während des Spaziergangs ab und an mit dem Hund das Kommen so, wie wir es unter 11 C beschrieben haben. Ob man dabei die Feldleine oder die Flexileine verwendet, hat keine so große Bedeutung. Aber bitte den Hund nun auch nicht zu oft während des Spazierengehens rufen, denn dann würde er sich zu Recht schikaniert fühlen.

Ergänzungen zur 16. Übungswoche

Zur Übung 16 B

Wenn der Hund beim »Down« den Kopf gehoben hat, ist es am besten, wenn Sie gar nicht von vorn auf ihn zugehen, sondern so verfahren, wie wir das bei der Übung 12 B auf Seite 105 beschrieben haben. Damit läßt sich das Risiko, daß der Hund die Flucht ergreift, noch weiter verringern.

Zur Übung 16 C

Diese Übung ist, wie gesagt, für Jäger mit ihren Jagdhunden ein Muß. Aber in etwas abgeänderter Form bringt sie für

jeden Hundeführer sehr viel, wenn er wie folgt vorgeht:
Sie legen Ihren Hund mit »Platz und bleib« im Wald ab (Hut danebenlegen) und entfernen sich in Blickrichtung vom Hund, um sich dann irgendwo hinter einem Baum zu verstecken. Hier fällt also kein Schuß, aber Sie warten ebenfalls eine Weile und gehen erst dann zu Ihrem Hund wieder zurück. Alles läuft also so ab, wie unter 16 C beschrieben.
Beim nun erreichten Leistungsstand sollen Sie die Zeit, die Sie Ihren Hund ablegen, ständig variieren, also einmal 10, dann nur 5, ein anderes Mal 15 Minuten. Über 20 Minuten sollten Sie dabei aber nicht hinausgehen.
Die Zeit muß jetzt so variiert werden, denn Sie wissen ja, der Hund hat eine innere Uhr. Wenn Sie ihn daher immer 10 Minuten ablegen würden, könnte es ganz leicht sein, daß er prompt nach 10 Minuten aufsteht, weil sich der schlaue Vierbeiner sagt: »Die 10 Minuten sind um, Ende der Vorstellung!«
Wenn Sie alle »Platz und bleib«-Übungen mit Ihrem Hund immer gewissenhaft nach Anweisung gemacht haben, dürfte es für Sie jetzt gar kein Problem mehr sein, diese Übung in etwas abgewandelter Form auch dafür zu benutzen, daß der Hund einmal für eine etwas längere Zeit in der Wohnung oder im Haus allein bleibt, wenn Sie irgendetwas erledigen müssen und ihn dorthin nicht mitnehmen können.
Allerdings müssen Sie dabei auf alle Fälle folgendes beachten:
1. Wenn Sie für längere Zeit weggehen, können Sie den Hund nun nicht ins »Platz und bleib« legen, das wäre Tierquälerei. Sie sagen stattdessen zum Hund: »Du mußt jetzt hierbleiben, ich komme gleich wieder und bringe Dir etwas Feines mit.« Diesmal wird dem Hund also nicht die Hand als Stoppschild gezeigt.
2. Sie müssen aber unbedingt Ihr Versprechen halten, also dem Hund bei Ihrer Rückkehr auch wirklich etwas sehr Gutes geben. Das hat er bald kapiert und wartet deshalb viel lieber ruhig und geduldig auf Sie. Bitte den Hund hier wirklich nie enttäuschen.
3. Sperren Sie den Hund nicht in einen Raum ein, sondern lassen Sie die Türen offen. Er fühlt sich dann nicht eingeengt und erträgt das Alleinsein daher viel leichter.
4. Stellen Sie das Radio leise ein. Das hilft dem Hund und gibt ihm das Gefühl, gar nicht einsam und allein zu sein.
5. Bleiben Sie am Anfang nur wenige Minuten weg (also gleich hinter der Haustür stehenbleiben) und gewöhnen Sie den Hund allmählich daran, einmal etwas länger ganz allein zu bleiben. Über drei Stunden hinaus sollte man diese Zeit jedoch nur in allergrößten Notfällen ausdehnen und den Hund insgesamt nur sehr selten allein lassen.
6. Denken Sie auch daran, daß der Vierbeiner natürlich zuvor Auslauf gehabt haben muß und sich auch gelöst hat, denn anderenfalls könnte er ja in arge Bedrängnis kommen und dann bestimmt nie wieder allein bleiben wollen.
Wir könnten hier schlimme Dinge berichten, wie verängstigt und verstört Hunde waren, wenn sie direkt in einen Raum eingesperrt wurden oder eben zu lange – und das zu allem Übel auch noch oft – alleingelassen wurden. Hier kann der Mensch furchtbaren Schaden, häufig irreparablen Schaden anrichten.
Alle Anweisungen, die wir jetzt hier gegeben haben, gelten gleichermaßen für das Verbleiben des Hundes im Auto. Bitte lesen Sie diesbezüglich auch die *Seite 141 und 142.*

Ergänzungen zur 19. Übungswoche

Zur Übung 19 A

Sie haben inzwischen Ihren Hund zu einem guten Apporteur ausgebildet, Gratulation! Von nun an sollten Apportierübungen für Ihren Vierbeiner stets ein

Höhepunkt in seinem Tagesablauf sein. Wie alle anderen Hunde aus unseren Kursen wird auch er gewiß glücklich darüber sein, jetzt nicht nur zu spielen, sondern richtige, ernste Arbeit leisten zu können. Am Verhalten der Hunde kann man deutlich erkennen, wie stolz sie darüber sind, wenn sie dafür gelobt werden. Dann sind sie sich so richtig ihrer Würde bewußt – ein wunderschönes Erlebnis für Hund und Hundeführer!

Das Apportel soll also täglich für das Arbeiten mit dem Hund eingesetzt werden. Darüber hinaus sollte man dem Hund nun noch weitere Gelegenheiten zum ernsthaften Apportieren bieten, z. B. Post, eine Zeitung (in Längsrichtung falten) oder die Hausschuhe (jeden einzeln) auf Befehl Herrli zu bringen, für Frauli den Taschenschirm auf dem Spazierweg eine Weile zu tragen oder vielleicht hübsch verpackte Geschenke einem Geburtstagskind zu bringen usw. Es gibt viele Möglichkeiten, seinen Hund mit ernster Arbeit zu beschäftigen, sein Leben damit reicher und bunter zu gestalten.

Dabei müssen Sie jedoch stets darauf achten, daß Ihr Hund nun auch wieder nicht überfordert wird. Er darf also nichts schleppen, das für seine Körpergröße zu groß oder zu schwer ist. Bitte immer Rücksicht auf das Tier nehmen. Sie würden sich anderenfalls ja auch nur selber furchtbar schaden. Wenn der Hund überfordert wird, verliert er logischerweise jede Freude am Apportieren und streikt. Damit wäre all Ihre Mühe und Ihre ganze Arbeit erst einmal umsonst gewesen und sie müßten nun wieder ganz von vorn beginnen.

Auch den Taschenschirm kann man den Hund nun nicht etwa ständig auf dem Spazierweg tragen lassen, sondern muß ihn dem Vierbeiner nach einer Weile wieder abnehmen, aber bitte vorschriftsmäßig!

Und noch etwas ist wichtig:

Weil Ihr Hund nunmehr gute Leistungen im Apportieren zeigt, wird er Ihnen künftig auch ohne Befehl Dinge zutragen, die er irgendwo findet. Darüber müssen Sie sich stets sehr freuen, ihn mächtig loben und vorschriftsmäßig ausgeben lassen.

Dabei wird er ganz sicher auch einmal mit einem toten Vogel oder einer halbverwesten Maus ankommen, mit Dingen also, vor denen Sie sich eigentlich ekeln und die Sie nicht gern anfassen möchten. Wir haben aus diesem Grund immer Papiertaschentücher bei uns. Mit einem solchen Tuch kann man dem Hund alles gut abnehmen, ohne selbst damit in Berührung zu kommen.

Sie dürfen das, was Ihnen Ihr Hund freudig und stolz bringt, auch niemals gleich achtlos wegwerfen und dabei womöglich auch noch »Pfui« schreien. Der Hund würde an Ihnen verzweifeln. Nein, Sie müssen sich einfach überwinden – aus Liebe zum Tier kann man vieles – und dem Vierbeiner unbedingt die große Freude machen, daß Sie ihn nicht nur loben, sondern das, was er Ihnen gebracht hat, auch tragen und ein Stück mitnehmen, bis Sie es dann viel später – wenn der Hund nicht mehr kommt, um zu kontrollieren, ob Sie es auch noch haben – irgendwo fallen lassen, aber natürlich so, daß der Vierbeiner es nicht merkt und deshalb auch nicht enttäuscht wird.

Es sei abschließend noch einmal erwähnt, daß das Apportieren und Ausgeben stets so zu erfolgen hat, wie der Hund es lernte. Man darf also nie etwas dabei auslassen.

Den Jägern raten wir, nunmehr mit ihren Jagdhunden gemäß den in unserem Buch »Hundeausbildung für die Jagd« gegebenen Anweisungen weiterzuarbeiten.

Ergänzungen zur 20. Übungswoche

Zur Übung 20 A

Bitte denken Sie immer daran, daß weder Mensch noch Tier durch Ihren freilaufenden Hund belästigt oder gar ge-

Abb. 138: Auch auf große Entfernung im »Down« gehalten.

fährdet werden darf. Seien Sie für andere ein Vorbild, indem Sie sich nie leichtsinnig verhalten, sondern stets Ihrer Aufsichtspflicht gewissenhaft nachkommen. Dazu gehört, die gesamte Umgebung dort aufmerksam zu beobachten, wo Sie sich gerade mit Ihrem Hund befinden.

Sollte sich irgendwo eine für Sie nicht ausreichend überschaubare oder gar eine gefährliche Situation ergeben, müssen Sie den Hund sofort zu sich rufen. Durch sorgfältiges Beobachten des Vierbeiners können Sie jederzeit an seinem gesamten Verhalten deutlich erkennen, ob seine Gehorsamsleistung abzusinken beginnt oder er vielleicht sogar schon kurz davor ist, durchzustarten, um sich Ihrer Einwirkung zu entziehen. Dann muß blitzschnell reagiert und »Down« gerufen oder »Down« gepfiffen werden (*s. Abb. 138*).

Bitte vergessen Sie nicht, »Down« ist niemals Strafe, sondern vielmehr die einzige, dafür aber eine hervorragende Möglichkeit, seinen Hund jederzeit zu bremsen und damit im Griff zu behalten. Es ist dringend anzuraten, zwischendurch ein paar Gehorsamsübungen mit dem Vierbeiner zu machen, sobald Sie ein Nachlassen seines Gehorsams bemerken, und ihn danach dann erst wieder frei laufen zu lassen. Diese quasi als Erinnerungsstütze eingelegte Übungsphase bewirkt, daß Ihr Hund schnell wieder zur Disziplin zurückfindet und Ihnen somit nicht aus der Hand gerät.

Zur Übung 20 B

Daß der freilaufende Hund sehr leicht einer lebensbedrohlichen Gefahr, nämlich Gift, ausgesetzt sein kann, haben wir bereits auf Seite 50 erwähnt. Allein schon aus diesem Grund ist es unbedingt erforderlich, daß der Vierbeiner nie hinter Ihnen zurückbleibt, sondern stets vor Ihnen läuft, so daß Sie ihn jeden Augenblick unter Kontrolle haben.

Und deshalb kann auch nur dringend davon abgeraten werden, den Hund in der Dämmerung oder gar bei Dunkelheit frei herumlaufen zu lassen. Er gehört dann einfach an die Leine. Wird dafür die Flexileine genommen, die dem Vierbeiner ja noch verhältnismäßig viel Bewegungsfreiheit läßt, muß höllisch aufgepaßt werden, weil eben bei Dunkelheit leider allzu schnell etwas unbemerkt bleiben könnte.

Wie man »gierigen Engeln« – wozu nicht selten die Beagle gehören – das Verschlingen herumliegender Brocken verleiden kann, haben wir ebenfalls auf Seite 50 erklärt (bitte das Fressen nicht mit dem Apportieren irgendwelcher Dinge verwechseln!).

Wir möchten hier gern noch »verschärfend« ergänzen, daß man seinem Vierbeiner diese gefährliche Gefräßigkeit sehr schön um einige Grade mehr vermiesen kann, wenn man die ausgelegten Brocken zuvor z. B. mit Cayennepfeffer versehen oder mit Tabasco gewürzt hat. Das zeigt Wirkung! Aber, aufgepaßt, denn unsere Hunde sind ja nicht dumm. Wenn sie Pfeffer oder Tabasco wittern, lassen sie die Brocken natürlich großzügig liegen. Deshalb muß die »feurige Überraschung« gut im Brocken versteckt werden, z. B. in einem Bällchen aus schmackhaftem Rinderhack. Daß der Vierbeiner danach bestimmt Wasser braucht, dürfte klar sein.

Fehler und ihre Beseitigung

Wie wir im Vorwort zur vierten Auflage erwähnten, möchten wir hier auf Fehler hinweisen, die häufig im Umgang mit dem Hund gemacht werden. Wir hoffen, damit helfen zu können und zur Vermeidung bzw. Beseitigung von Fehlern beizutragen.

Der gravierendste Fehler besteht gewiß darin, sich einen Hund anzuschaffen, ohne sich zuvor darüber klar geworden zu sein, welche Aufgaben und Pflichten man damit übernimmt. Wer z. B. gern viel verreist oder abends oft ausgeht, der merkt sehr schnell, daß er durch das Tier gezwungen wird, seine bisherigen Lebensgewohnheiten zu ändern. Da ist jetzt ein Lebewesen, das auf einen angewiesen ist, einen dringend braucht und nicht wie ein Gegenstand in die Ecke gestellt werden kann, sobald es einem lästig wird, einem Einschränkungen auferlegt. Es wäre furchtbar, wenn sich der Mensch dann nicht seiner hohen Verantwortung bewußt sein würde. Jeder hat schon einmal von den Grausamkeiten gehört, zu denen Menschen gegenüber dem Hund fähig sind (einfach irgendwo aussetzen und dergl.) und sich als Bestien erweisen.

Nein, Opfer müssen ohne Murren gebracht werden! Der Hund sollte nach Möglichkeit immer um einen herum sein können und nur ganz selten allein gelassen werden. Und wo ein Wille ist, da ist auch ein Weg! Wir nehmen z. B. unseren Hund sogar ins Museum mit. Damit man uns Einlaß gewährt, kommt unser Foxel in den Rucksack (s. Abb. 139), dessen Boden mit einem Kissen schön gepolstert wird. Und damit den Hund dort, wo der Rucksack zugebunden wird, nichts stört, abschnürt oder dergl., wird auch hier zum Schutz ein kleineres Kissen eingesetzt. Wir nehmen Rücksicht auf unseren Vierbeiner und dehnen einen solchen Museumsbesuch nie zu lange aus. Aber er kann bei uns sein, und wir merken, wie glücklich er darüber ist.

Der Einsatz des Rucksackes ist auch all denen zu empfehlen, die gern größere Wanderungen (z. B. im Gebirge) machen, deren kleiner oder sehr junger Hund dabei jedoch total überfordert

Abb. 139: Dabeisein ist alles.

Abb. 140: Ein zweiter Erwachsener ist für den Spaziergang nützlich.

würde. So kommt er nach einer bestimmten Wegstrecke in den Rucksack, sieht alles wunderschön und kann sich bestens erholen.
Wenn Mütter mit Kleinkind und Hund spazieren gehen, gefällt uns das natürlich sehr. Trotzdem, wir haben Angst, denn hier kann durch fremde, aggressive Hunde, die frei herumlaufen, der Spaziergang plötzlich äußerst problematisch werden. Man will seinem Hund helfen, läßt deshalb den Kinderwagen los, der wegrollt usw. Jeder hat genug Phantasie, sich vorstellen zu können, welche Gefahren dann lauern. Es ist deshalb viel besser, wenn bei solchen Spaziergängen noch ein zweiter Erwachsener als Begleitung und Beistand zugegen ist (s. Abb. 140).
Ein Hundeführer kann während des Spaziergangs mit seinem Vierbeiner nie so vor sich hintrotteln, sondern muß stets in einer »Hab-Acht-Stellung« sein. Nur dann wird er Gefahren (Schafherden, Pferde usw.) rechtzeitig sehen und sein Tier schützen können.
In einer Zeit, in der sich Sprachlosigkeit immer mehr breitmacht – Ehepaare haben sich nichts mehr zu sagen, Kinder wollen nicht mit den Eltern reden, nur wenige bringen die Geduld auf, alten Menschen zuzuhören –, da kommen nun wir und fordern, daß man sogar mit seinem Hund sprechen soll und außerdem liebevoll auf ihn achten muß, um zu verstehen, was er einem gern mitteilen möchte, was ihm wichtig ist. Wie deutlich kann doch der Vierbeiner mit seinen Augen und mit seinem gesamten Verhalten zum Ausdruck bringen, was er fühlt, was er möchte, wie es ihm geht. Wir Menschen, auf die das Tier so angewiesen ist, haben einfach die Pflicht, uns ständig um Einfühlungsvermögen und Verständnis für den Hund zu bemühen. Enttäuschung und Einsamkeit machen krank – auch den Hund –, was dann häufig zu schlimmen, ja oft irreparablen Verhaltensstörungen führt. Wer sich jedoch liebevoll um sein Tier kümmert – wozu eben auch das Sprechen gehört –, dem werden viel seltener Fehler im Umgang mit dem Hund unterlaufen. Wer dagegen dergleichen als Last empfindet oder für »übertriebenen Blödsinn« hält, sollte wirklich keinen Hund haben. Für

den sind ein paar Fische im Aquarium viel angebrachter.
Aber nicht nur Worte, sondern ebenso liebevolles Streicheln, ja, auch herzliches Drücken gehört dazu, wenn die »Chemie« zwischen Hund und Hundeführer stimmen soll (s. Abbn. 141 und 142).
Daß beim Abliebeln auch übertrieben werden kann, haben wir auf Seite 11 erwähnt. Einen solchen Fehler machen häufig Kinder, aber auch ältere Menschen, die einsam sind und sich unverstanden oder zurückgesetzt fühlen. Sie überschütten ihren Hund regelrecht mit Liebe. Wenn das Tier auf solch einen Gefühlsüberschwang schon fast aggressiv reagiert, wird dies leider falsch interpretiert und traurig und enttäuscht von »Undankbarkeit« gesprochen. Solch Fehler unterbleibt, wenn Eltern hier bremsend auf ihre Kinder einwirken und Erwachsene ihr eigenes Verhalten stets kritisch hinterfragen und so auch das rechte Maß bei den Streicheleinheiten finden.
Warum der Mensch mit seinem Hund (besonders mit dem jungen Tier) viel spielen soll, haben wir auf Seite 10 erklärt. Wenn nun ältere Menschen dazu jedoch gar nicht mehr in der Lage sein sollten, muß diese wichtige Aufgabe von jüngeren Verwandten oder Bekannten übernommen werden. Es wäre ein unverantwortlicher Fehler, wollte man von einem jungen Tier erwarten oder gar verlangen, daß es sich wie ein alter Mensch verhält (s. Seite 137 f.).

Abb. 141: Er fühlt sich geborgen.

Abb. 142: Hund und Hundeführer sind echte Kumpel.

Sich viel mit dem Hund zu beschäftigen und viel mit ihm zu spielen, ist unsere strikte Forderung. Aber irgendwann muß Schluß sein, denn man hat ja noch eine Menge anderer Verpflichtungen, kann sich also nicht ständig so intensiv um das Tier kümmern. Es wäre sehr lieblos, ja geradezu grausam, den durch das gemeinsame Spielen glücklichen Hund total zu frustrieren, indem man das Spiel abrupt abbricht, den Hund plötzlich nicht mehr beachtet und einfach gedankenlos weggeht. Nein, er muß zuvor – wie auf Seite 16 beschrieben – mit dem Wort »aus« eindeutig darauf hingewiesen werden, daß jetzt leider Schluß sein muß. Dieser Befehl soll daher einfühlsam und liebevoll, aber trotzdem konsequent gegeben werden. Das versteht der Hund einwandfrei, ist dann eben nicht »vor den Kopf gestoßen« und damit auch nicht so bitter vom Menschen enttäuscht.
Man tut gut daran, dafür zu sorgen, daß der Vierbeiner Spielzeug hat, mit dem er sich gemeinsam mit dem Menschen oder auch allein herrlich beschäftigen kann. So wird verhindert, daß Langeweile aufkommt, und der Hund dann irgendwann etwas Dummes anstellt, z. B. sein Körbchen, den Plastik-Futternapf oder gar Möbel und Teppiche anknabbert, ja manchmal sogar Telefonschnüre durchbeißt. Solche Fehler müssen doch wirklich nicht sein! Im Fachhandel wird heute schon sehr gutes Spielzeug für den Vierbeiner angeboten. Tennisbälle lieben alle Hunde. Trotzdem sollte man sie meiden und dafür eben lieber Bälle nehmen, die es im Fachhandel gibt und die »hundgerecht« sind. Auf den Tennisbällen befindet sich nämlich eine Schicht, die wie Schmirgelpapier auf die Zähne des Hundes wirkt und damit schaden kann. Vorsicht beim Werfen des Balles; nicht hoch, sondern flach und weit! Sonst versucht der Hund, den Ball durch Hochspringen zu fangen. Dabei könnte er sich überschlagen, was zu Verletzungen der Wirbelsäule führen kann (bis hin zur Querschnittslähmung).
Mit Plüschtieren – wir denken dabei nicht an teure Markenartikel, sondern an billigere Exemplare, die wunderschön sind und die es fast überall zu kaufen gibt – können Hunde allerliebst spielen. Hierbei besteht jedoch die Gefahr – besonders bei jungen Hunden –, daß Augen oder Nase aus dem Plüschtier herausgefieselt und dann auch noch verschluckt werden. Dem läßt sich gut vorbeugen, indem man das nämlich gleich selbst tut und die so entstehenden Löcher ordentlich vernäht. Solche Stofftiere sind waschbar und halten erstaunlich viel aus. Dem Hund kann deshalb ruhig gestattet werden, kräftig an diesem Spielzeug zu ziehen, es heftig zu schütteln, also abzubeuteln. Das bereitet ihm unheimlich Vergnügen, und er kommt dann gar nicht erst auf die Idee, für solch einen Spaß z. B. das gute Sofakissen zu mißbrauchen.
Allerdings sollte das Plüschtier im Verhältnis zur Körpergröße des Hundes nur klein bis mittelgroß sein, damit er nicht auf den Gedanken kommt, es für einen Deckakt zu benutzen. Auch keinen Stoffhund nehmen, um jede Aggression gegen Artgenossen zu vermeiden.
Reißt durch das stürmische Herumtoben eine Naht oder dergl., kein Problem. Das Loch wird schnell wieder gründlich zugenäht. Diese Reparatur hat allerdings sofort zu erfolgen, denn der Hund darf keinesfalls mit der Füllung des Stofftieres in Berührung kommen, von der er leicht etwas verschlucken könnte.
Wie bei kleinen Kindern, sollte man auch Hunde nie ganz aus dem Blickfeld verlieren, sondern sie möglichst viel beobachten und damit stets unter Kontrolle haben. Auch wenn man selbst gerade mit irgendeiner Arbeit beschäftigt ist, wird dies im allgemeinen durchaus möglich sein. Von Hundebesitzern muß man einfach verlangen können, daß sie sich nicht als Schlafmützen erweisen, sondern flinker und umsichtiger als der Durchschnitt sind.
Man muß überhaupt darauf achten, daß der junge Hund, den ja alles brennend interessiert, nicht an irgendwelche für ihn gefährlichen Dinge herankommen kann (also nichts achtlos herumliegen

Abb. 143: Ein Hund – besonders der junge – braucht Spielzeug.

lassen). Weder Unaufmerksamkeit noch Unordnung kann sich ein Hundebesitzer leisten, denn Fehler, die darauf zurückzuführen sind, können verheerenden Schaden anrichten, ja sogar den Tod des Hundes verursachen.

Sollte trotz aller Umsicht und Vorsicht der Vierbeiner doch einmal etwas erwischt haben und sich der Gegenstand nicht mehr mit den Fingern aus seinem Fang holen oder durch Kopfstellen und Schütteln des Hundes nicht wieder herausbringen lassen, keinesfalls in Panik geraten, sondern blitzschnell reagieren, d. h. beruhigend auf den Vierbeiner einwirken und sich unverzüglich mit einem Tierarzt in Verbindung setzen.

Das gilt genauso, wenn der Hund an Giftiges, gar Ätzendes geraten sein sollte. Auf keinen Fall Milch zu trinken geben (ein schlimmer Fehler, der leider sehr häufig gemacht wird), sondern sofort einen Tierarzt aufsuchen. Er wird in den meisten Fällen den Hund retten können. Aber die ärztliche Hilfe muß sehr schnell kommen, sonst ist's zu spät.

Auf den Seiten 16 und 22 haben wir Kauknochen erwähnt. Auch hier wird's gefährlich, wenn das letzte Stück des Knochens noch verhältnismäßig groß ist und der Hund es verschluckt. Daher solche Enden, wenn sie irgendwo herumliegen, am besten gleich wegwerfen, was man klugerweise in einem Augenblick tun soll, in dem der Hund es gar nicht bemerkt.

Doch noch einmal zurück zu den Plüschtieren, von denen unser Hund mehrere besitzt (s. Abb. 143). Wir haben es erst nicht fassen können, er ist tatsächlich in der Lage, sie alle auseinanderzuhalten. Voraussetzung hierfür war, daß jedes Stofftier einen festen Namen bekam, den wir immer verwendeten. Fragen wir nun unseren Terrier »Wo ist Dein Pingu?« »Geh, hol Deinen Pingu«, dann läuft er an seinem Teddy und am Biber vorbei, nimmt den Pinguin und bringt ihn uns freudig. Eine unglaublich hohe Leistung, die vielleicht nicht jeder Vierbeiner erreichen wird. Wir sind zwar sehr daran interessiert, die Intelligenz unseres Vier-

beiners zu fördern, doch peinlich darauf bedacht, hier nichts zu übertreiben und das Gehirn unseres Foxels nicht etwa zu überfordern, denn ein Hund muß Hund sein und bleiben dürfen, kann kein Mensch werden.
Zum nächsten Fehler: Viele wollen es zwar nicht wahrhaben, aber Kinder können das Verhalten eines Hundes außerordentlich negativ beeinflussen, wenn sie von ihren Eltern nicht dazu erzogen worden sind, Achtung vor jedem Lebewesen, auch dem Hund, zu haben und Rücksicht zu üben. Einem Kind muß unmißverständlich klargemacht werden, daß seine Eltern nie dulden, daß es sich böse und aggressiv dem Hund gegenüber verhält oder ihm keine Ruhe läßt. Erwachsene sollten Kinder mit Hunden nie allein und unbeobachtet lassen. Da kann zu leicht zu viel passieren, wenn die Aufsichtspflicht verletzt wird (s. Seite 133 ff.).
Man darf auch nicht den schwerwiegenden Fehler begehen und zulassen, daß Kinder dem Hund Befehle erteilen (s. Seite 59 und 136). Es gibt Kinder und Jugendliche, die zum regelrechten Schikanieren neigen, von einer häßlichen Herrschsucht geplagt sind. Sie kommandieren pausenlos mit dem Hund herum und versuchen so, Druck, den sie »von oben« kriegen, weiterzuleiten. Wer hiervor die Augen verschließt und nicht energisch ein- und durchgreift, zieht einen Tyrannen auf, handelt unverantwortlich. Nein, Kinder dürfen sich niemals gegenüber dem Hund zum Befehlshaber aufschwingen!
Uns ärgern reißerische Zeitungsüberschriften wie »Kind von Hund zerfleischt«, weil damit in unverantwortlicher Weise suggeriert wird, daß Hunde Bestien seien. Sicher kann sich durchaus einmal ein krankes (Gehirntumor), verhaltensgestörtes Tier völlig abwegig benehmen, so daß es zu solch schrecklichen Dingen kommt. Doch wenn man nach der Wahrheit forscht, die von solchen Journalisten gern verschwiegen wird, dann kommt meist ans Tageslicht, daß es sich gar nicht um Fehlverhalten des Hundes handelte, sondern um eine eigentlich ganz normale Reaktion des Tieres auf böse Quälereien durch den Menschen. Wenn ein Hund durch Knurren seinen Unmut kundtut, dann muß ein Kind gelernt haben, diese Warnung sehr ernst zu nehmen.
Gar nicht selten berichten uns Hundeführer, sie hätten als Kind daheim gemeinsam mit ihrem Hund aus einer Schüssel gefressen. Sie leiten daraus oft genug auch noch ganz stolz ein besonderes Verständnis für das Tier ab. Wir werden dann immer verlegen und wissen nicht, ob wir über soviel Dummheit lachen oder wütend werden sollen. Nein, schon aus hygienischen Gründen hat weder am Futter- noch am Wassernapf eines Hundes ein Kind etwas zu suchen, geschweige denn Anstalten zu machen, dem Vierbeiner etwas (vielleicht einen Knochen) wegnehmen zu wollen.
An diesen wohlgemeinten Rat sollten sich die Erwachsenen ebenfalls halten. Man muß doch bedenken, daß Futter für den Hund etwas sehr Wichtiges ist, das er sich höchstens von jemandem nehmen läßt, zu dem er uneingeschränktes Vertrauen hat und daher genau weiß, daß der ihn keinesfalls schikanieren würde.
So wie beim Fressen hat auch jede Störung zu unterbleiben, wenn der Hund schläft (s. Seite 12). Anderenfalls wäre leicht durch Schreckreaktion des Tieres ein Fehlverhalten möglich. Muß der Vierbeiner aus irgendeinem Grund doch einmal geweckt werden, so soll das sehr einfühlsam geschehen, indem man ihn erst leise anspricht, bevor man ihn berührt.
Oft klagen Hundebesitzer, daß sich ihr Vierbeiner Fremden gegenüber zu freundlich verhält. Er soll keinesfalls aggressiv sein, aber plumpe Vertraulichkeit könnte für ihn sehr gefährlich werden, wenn er z. B. an Verbrecher gerät, die Hunde stehlen oder vergiften. Und wenn der zutrauliche Hund dem Dieb zeigt, wo das Silber liegt, dürfte er seiner Aufgabe wohl nicht so ganz gerecht werden. Diese Vertrauensseligkeit kann ein Hund von seinen Vorfahren geerbt ha-

ben. Meist steckt jedoch dahinter ein Fehler des Menschen, der ihm gar nicht bewußt geworden ist. Wenn z. B. jeder Besucher mit meinem Hund schmusen und herumtoben darf, ihm vielleicht auch Spielzeug mitbringt oder Leckerli schenkt, kann ich doch von ihm keine Reserviertheit Fremden gegenüber erwarten. Ich handle dagegen richtig und fördere die Zurückhaltung meines Hundes, wenn ich den Besucher ebenfalls um Zurückhaltung gegenüber meinem Tier bitte, mitgebrachtes Spielzeug sowie Leckerli mir selbst geben lasse, um dies dann an meinen Vierbeiner weiterzuleiten, weil er dergleichen nur aus meiner Hand bekommen soll. Zeigt der Hund Fremden gegenüber Reserviertheit (keine Aggression), muß ich ihm durch Lob deutlich zu erkennen geben, daß er damit meinem Wunsch entspricht.

Wer in Gegenwart seines Hundes fremde Tiere abliebelt oder auch nur sehr freundlich mit ihnen spricht, muß wissen, daß er seinen Vierbeiner damit quält und bei ihm Eifersucht mit möglicherweise bösen Folgen hervorruft. Große Eifersucht kann auch entstehen, wenn sich der Hund innerhalb der Familie zurückgesetzt und vernachlässigt fühlt. Dies geschieht z. B. leicht, wenn Nachwuchs ins Haus kommt, alle sich rührend um das Neugeborene kümmern und dabei den Hund völlig vergessen. Nein, so bitte nicht!

Man handelt dagegen klug, wenn Angehörige eine mit Urin des Babys getränkte Windel aus der Klinik mit heimnehmen, um den Vierbeiner daran ausgiebig schnuppern zu lassen, wobei man ständig den Namen des Säuglings wiederholt. Kommt der Neuling dann heim, wird er dem Hund zum Aufnehmen des Geruchs unter Nennung des Namens gezeigt. Und da Name und Geruch dem Vierbeiner bereits bekannt sind, wird der Säugling von ihm freudig begrüßt, ins Rudel aufgenommen und liebend gern treu bewacht (s. Abb. 144).

Die häufigsten Fehler bei der Ausbildung im Gehorsam entstehen durch Unregelmäßigkeit, Inkonsequenz und Un-

Abb. 144: Ein aufmerksamer Beschützer.

geduld beim Üben sowie Uneinsichtigkeit, zu wenig Einfühlungsvermögen und Unkonzentriertheit des Hundeführers oder auch, wenn dieser energische Konsequenz mit Grobheit verwechselt. Junge Erwachsene neigen überdies leicht dazu, vom Hund zu schnell zu viel zu verlangen.

Manche sind auch der irrigen Ansicht, daß man einem kleinen Hund, wie z. B. dem Jack-Russel- oder dem Yorkshire-Terrier, eine Gehorsamsausbildung gar nicht zumuten kann und darf. Sie vergessen dabei, daß ihr Tier nur einen kleineren Körper mit kürzeren Läufen hat, ansonsten aber ein vollwertiger Hund ist, der genauso lernen muß, was im Umgang mit seinem Zweibeiner, ja, überhaupt in seinem Leben, richtig oder falsch ist. In unseren Ausbildungskursen sind diese kleinen Vierbeiner ihren großen Artgenossen gegenüber nichts schuldig geblieben. Sie haben interessiert und freudig mitgemacht und ihrer Größe ent-

Abb. 145: Der kleine Kerl hat große Freude am Handschuhtragen.

sprechend hervorragende Leistungen gezeigt (s. Abb. 145 und 146).
Es gibt leider auch Hundeführer, die die Zeit nicht abwarten können und den sträflichen Fehler begehen, ihrem sehr jungen Hund viel zu früh schon ernsthafte Gehorsamsübungen zuzumuten (s. Seite 53). Bedauerlicherweise sind das meist sehr uneinsichtige Menschen, die nicht einmal fähig sind, zu merken, welch schlechten Dienst sie damit einem solch jungen Tier erweisen.
Um jegliches Mißverständnis auszuräumen, sei hier noch einmal eindeutig darauf hingewiesen, daß der günstigste Zeitpunkt für den Beginn der Gehorsamsausbildung dann erreicht ist, wenn der Vierbeiner sich *im siebten Lebensmonat* befindet. Erst dann ist er nämlich fähig, sich ohne nervlichen Schaden schon soweit zu konzentrieren, daß ernstes Üben mit ihm möglich ist und dabei sein noch ziemlich weicher Knochenbau nicht geschädigt wird. Eine Altersbegrenzung nach oben gibt es nicht, denn auch der ältere Hund zeigt durchaus erhebliche Lernfähigkeit.
Abschließend sei noch einmal darauf hingewiesen, wie entscheidend bei allem die innere Einstellung des Menschen zu seinem Tier ist und wie sehr Fehlervermeidung im Umgang mit dem Hund von der Fähigkeit des Hundebesitzers abhängt, sein gesamtes Verhalten und Handeln gegenüber seinem Vierbeiner immer wieder einer schonungslosen Selbstkritik zu unterziehen.

Abb. 146: Für ihn ist apportieren ernste Arbeit, die er freudig verrichtet.

Stichwortverzeichnis

Vom selben Autorenteam bereits erschienen:

Manfred und Maria Baatz
Hundeausbildung für die Jagd
Praktische Anleitung für alle Jagdhunderassen und Jagdhundeprüfungen
Praktischer Ratgeber für die erfolgreiche Ausbildung aller Jagdhunderassen in allen jagdlichen Fächern: Hasenspur, Quersuche mit Vorstehen, Stöbern, Bauarbeit, Apportieren von Wild und vieles mehr.

Manfred und Maria Baatz
Hunde
Die wichtigsten Rassen. Abstammung, Merkmale, Aufgaben
Rund 150 Hunderassen, gegliedert nach Dienst- und Gebrauchshunden, Begleithunden, Jagd- und Windhunden: Abstammung, Geschichte, Wesen, typische Merkmale.

Weitere Buchtips für Hundehalter

George Macleod
Homöopathischer Ratgeber Hunde
Erprobte Rezepturen
Umfassendes Grundlagenwissen zu homöopathischen Behandlungsmethoden für Hunde, gegliedert nach Krankheitserscheinungen: Ursachen, Symptome, Diagnose, Behandlung; homöopathische Mittel und deren gezielte Anwendung.

Bruce Fogle
Hunde kennen und verstehen
Körpersprache und Verhalten
Hunde verstehen wie nie zuvor: liebenswerter und informativer Bildband, der faszinierende Einblicke in Leben, Verhalten, »Sprache« und Rituale der Hunde bietet.

Anna Gondrexon
Hunderassen der Welt
341 Hunderassen mit Angaben über Ursprung, Gebrauch, äußerliche Kennzeichen und Charakter.

Angela Wegmann
Hunde richtig halten
Entscheidungshilfen für den Kauf der geeigneten Rasse und wichtiges Basiswissen für den artgerechten Umgang mit dem Hund.

Ludwig W. Friedl
Was fehlt denn meinem Hund?
Hundekrankheiten erkennen, behandeln, vermeiden
Praxisbuch, um medizinische Daten nachschlagen zu können, Erste Hilfe zu leisten und geeignete Heilmittel selbst einsetzen zu können.